The Hunchback of Notre-Dame III

Victor Hugo

BrotherSun Incorported
500 North Rainbow Boulevard
Suite 300A
Las Vegas NV 89107
www.brothersuninc.com

Victor Hugo

Learn by Reading is a series of electronic books that aims at helping students learn French and get familiar with the French culture. It features famous but simple, short texts, side-by-side with their translation.

II BOSSU, BORGNE, BOITEUX

CHAPTER II. HUNCHBACKED, ONE EYED, LAME.

Toute ville au moyen âge, et, jusqu'à Louis XII, toute ville en France avait ses lieux d'asile. Ces lieux d'asile, au milieu du déluge de lois pénales et de juridictions barbares qui inondaient la cité, étaient des espèces d'îles qui s'élevaient au-dessus du niveau de la justice humaine. Tout criminel qui y abordait était sauvé. Il y avait dans une banlieue presque autant de lieux d'asile que de lieux patibulaires. C'était l'abus de l'impunité à côté de l'abus des supplices, deux choses mauvaises qui tâchaient de se corriger l'une par l'autre. Les palais du roi, les hôtels des princes, les églises surtout avaient droit d'asile. Quelquefois d'une ville tout entière qu'on avait besoin de repeupler on faisait temporairement un lieu de refuge. Louis XI fit Paris asile en 1467.

Every city during the Middle Ages, and every city in France down to the time of Louis XII. had its places of asylum. These sanctuaries, in the midst of the deluge of penal and barbarous jurisdictions which inundated the city, were a species of islands which rose above the level of human justice. Every criminal who landed there was safe. There were in every suburb almost as many places of asylum as gallows. It was the abuse of impunity by the side of the abuse of punishment; two bad things which strove to correct each other. The palaces of the king, the hotels of the princes, and especially churches, possessed the right of asylum. Sometimes a whole city which stood in need of being repeopled was temporarily created a place of refuge. Louis XI. made all Paris a refuge in 1467.

Victor Hugo

[handwritten top: criminels were sacre/sacred, asylums blend in flood]

[handwritten left margin: cudal, strappado – victims hands are attached to a rope and they hang until their arms are jerked and their shoulders are dislocated]

[handwritten left margin: gibbet – type execution decoration on a gibbet; gallows; bodies hung from the mathross arm]

[handwritten left margin: abbey – building occupied by a community of nuns/monks]

Une fois le pied dans l'asile, le criminel était sacré ; mais il fallait qu'il se gardât d'en sortir. Un pas hors du sanctuaire, il retombait dans le flot. La roue, le gibet, l'estrapade faisaient bonne garde à l'entour du lieu de refuge, et guettaient sans cesse leur proie comme les requins autour du vaisseau. On a vu des condamnés qui blanchissaient ainsi dans un cloître, sur l'escalier d'un palais, dans la culture d'une abbaye, sous un porche d'église ; de cette façon l'asile était une prison comme une autre. Il arrivait quelquefois qu'un arrêt solennel du parlement violait le refuge et restituait le condamné au bourreau ; mais la chose était rare. Les parlements s'effarouchaient des évêques, et, quand ces deux robes-là en venaient à se froisser, la simarre n'avait pas beau jeu avec la soutane. Parfois cependant, comme dans l'affaire des assassins de Petit-Jean, bourreau de Paris, et dans celle d'Emery Rousseau, meurtrier de Jean Valleret, la justice sautait par-dessus l'église et passait outre à l'exécution de ses sentences ; mais, à moins d'un arrêt du parlement, malheur à qui violait à main armée un lieu d'asile ! On sait quelle fut la mort de Robert de Clermont, maréchal de France, et de Jean de Châlons, maréchal de Champagne ; et pourtant il ne s'agissait que d'un certain Perrin Marc, garçon d'un changeur, un misérable assassin ; mais les deux maréchaux avaient brisé les portes de Saint-Méry. Là était l'énormité.

Il y avait autour des refuges un tel respect, qu'au dire de la tradition, il prenait parfois jusqu'aux animaux. Aymoin conte qu'un cerf, chassé par Dagobert, s'étant réfugié près du tombeau de saint Denys, la meute s'arrêta tout court en aboyant.

His foot once within the asylum, the criminal was sacred; but he must beware of leaving it; one step outside the sanctuary, and he fell back into the flood. The wheel, the gibbet, the strappado, kept good guard around the place of refuge, and lay in watch incessantly for their prey, like sharks around a vessel. Hence, condemned men were to be seen whose hair had grown white in a cloister, on the steps of a palace, in the enclosure of an abbey, beneath the porch of a church; in this manner the asylum was a prison as much as any other. It sometimes happened that a solemn decree of parliament violated the asylum and restored the condemned man to the executioner; but this was of rare occurrence. Parliaments were afraid of the bishops, and when there was friction between these two robes, the gown had but a poor chance against the cassock. Sometimes, however, as in the affair of the assassins of Petit–Jean, the headsman of Paris, and in that of Emery Rousseau, the murderer of Jean Valleret, justice overleaped the church and passed on to the execution of its sentences; but unless by virtue of a decree of Parliament, woe to him who violated a place of asylum with armed force! The reader knows the manner of death of Robert de Clermont, Marshal of France, and of Jean de Châlons, Marshal of Champagne; and yet the question was only of a certain Perrin Marc, the clerk of a money–changer, a miserable assassin; but the two marshals had broken the doors of St. Méry. Therein lay the enormity.

Such respect was cherished for places of refuge that, according to tradition, animals even felt it at times. Aymoire relates that a stag, being chased by Dagobert, having taken refuge near the tomb of Saint–Denis, thepack of hounds stopped short and barked.

Les églises avaient d'ordinaire une logette préparée pour recevoir les suppliants. En 1407, Nicolas Flamel leur fit bâtir, sur les voûtes de Saint-Jacques-de-la-Boucherie, une chambre qui lui coûta quatre livres six sols seize deniers parisis.

À Notre-Dame, c'était une cellule établie sur les combles des bas côtés sous les arcs-boutants, en regard du cloître, précisément à l'endroit où la femme du concierge actuel des tours s'est pratiqué un jardin, qui est aux jardins suspendus de Babylone ce qu'une laitue est à un palmier, ce qu'une portière est à Sémiramis.

C'est là qu'après sa course effrénée et triomphale sur les tours et les galeries, Quasimodo avait déposé la Esmeralda. Tant que cette course avait duré, la jeune fille n'avait pu reprendre ses sens, à demi assoupie, à demi éveillée, ne sentant plus rien sinon qu'elle montait dans l'air, qu'elle y flottait, qu'elle y volait, que quelque chose l'enlevait au-dessus de la terre. De temps en temps, elle entendait le rire éclatant, la voix bruyante de Quasimodo à son oreille ; elle entrouvrait ses yeux ; alors au-dessous d'elle elle voyait confusément Paris marqueté de ses mille toits d'ardoises et de tuiles comme une mosaïque rouge et bleue, au-dessus de sa tête la face effrayante et joyeuse de Quasimodo. Alors sa paupière retombait ; elle croyait que tout était fini, qu'on l'avait exécutée pendant son évanouissement, et que le difforme esprit qui avait présidé à sa destinée l'avait reprise et l'emportait. Elle n'osait le regarder et se laissait aller.

Churches generally had a small apartment prepared for the reception of supplicants. In 1407, Nicolas Flamel caused to be built on the vaults of Saint-Jacques de la Boucherie, a chamber which cost him four livres six sous, sixteen farthings, parisis.

At Notre-Dame it was a tiny cell situated on the roof of the side aisle, beneath the flying buttresses, precisely at the spot where the wife of the present janitor of the towers has made for herself a garden, which is to the hanging gardens of Babylon what a lettuce is to a palm-tree, what a porter's wife is to a Semiramis.

It was here that Quasimodo had deposited la Esmeralda, after his wild and triumphant course. As long as that course lasted, the young girl had been unable to recover her senses, half unconscious, half awake, no longer feeling anything, except that she was mounting through the air, floating in it, flying in it, that something was raising her above the earth. From time to time she heard the loud laughter, the noisy voice of Quasimodo in her ear; she half opened her eyes; then below her she confusedly beheld Paris checkered with its thousand roofs of slate and tiles, like a red and blue mosaic, above her head the frightful and joyous face of Quasimodo. Then her eyelids drooped again; she thought that all was over, that they had executed her during her swoon, and that the misshapen spirit which had presided over her destiny, had laid hold of her and was bearing her away. She dared not look at him, and she surrendered herself to her fate.

Mais quand le sonneur de cloches échevelé et haletant l'eut déposée dans la cellule du refuge, quand elle sentit ses grosses mains détacher doucement la corde qui lui meurtrissait les bras, elle éprouva cette espèce de secousse qui réveille en sursaut les passagers d'un navire qui touche au milieu d'une nuit obscure. Ses pensées se réveillèrent aussi, et lui revinrent une à une. Elle vit qu'elle était dans Notre-Dame, elle se souvint d'avoir été arrachée des mains du bourreau, que Phœbus était vivant, que Phœbus ne l'aimait plus ; et ces deux idées, dont l'une répandait tant d'amertume sur l'autre, se présentant ensemble à la pauvre condamnée se tourna vers Quasimodo qui se tenait debout devant elle, et qui lui faisait peur. Elle lui dit : « Pourquoi m'avez-vous sauvée ? »

But when the bellringer, dishevelled and panting, had deposited her in the cell of refuge, when she felt his huge hands gently detaching the cord which bruised her arms, she felt that sort of shock which awakens with a start the passengers of a vessel which runs aground in the middle of a dark night. Her thoughts awoke also, and returned to her one by one. She saw that she was in Notre-Dame; she remembered having been torn from the hands of the executioner; that Phoebus was alive, that Phoebus loved her no longer; and as these two ideas, one of which shed so much bitterness over the other, presented themselves simultaneously to the poor condemned girl; she turned to Quasimodo, who was standing in front of her, and who terrified her; she said to him,--"Why have you saved me?"

Il la regarda avec anxiété comme cherchant à deviner ce qu'elle lui disait. Elle répéta sa question. Alors il lui jeta un coup d'œil profondément triste, et s'enfuit.

Elle resta étonnée.

Quelques moments après il revint, apportant un paquet qu'il jeta à ses pieds. C'étaient des vêtements que des femmes charitables avaient déposés pour elle au seuil de l'église.

Alors elle abaissa ses yeux sur elle-même, se vit presque nue, et rougit. La vie revenait.

Quasimodo parut éprouver quelque chose de cette pudeur. Il voila son regard de sa large main et s'éloigna encore une fois, mais à pas lents.

He gazed at her with anxiety, as though seeking to divine what she was saying to him. She repeated her question. Then he gave her a profoundly sorrowful glance and fled.

She was astonished.

A few moments later he returned, bearing a package which he cast at her feet. It was clothing which some charitable women had left on the threshold of the church for her.

Then she dropped her eyes upon herself and saw that she was almost naked, and blushed. Life had returned.

Quasimodo appeared to experience something of this modesty. He covered his eyes with his large hand and retired once more, but slowly.

Elle se hâta de se vêtir. C'était une robe blanche avec un voile blanc. Un habit de novice de l'Hôtel-Dieu.

She made haste to dress herself. The robe was a white one with a white veil,––the garb of a novice of the Hôtel–Dien.

Elle achevait à peine qu'elle vit revenir Quasimodo. Il portait un panier sous un bras et un matelas sous l'autre. Il y avait dans le panier une bouteille, du pain, et quelques provisions. Il posa le panier à terre, et dit : « Mangez. » Il étendit le matelas sur la dalle, et dit : « Dormez. »

She had barely finished when she beheld Quasimodo returning. He carried a basket under one arm and a mattress under the other. In the basket there was a bottle, bread, and some provisions. He set the basket on the floor and said, "Eat!" He spread the mattress on the flagging and said, "Sleep."

C'était son propre repas, c'était son propre lit que le sonneur de cloches avait été chercher.

It was his own repast, it was his own bed, which the bellringer had gone in search of.

L'égyptienne leva les yeux sur lui pour le remercier ; mais elle ne put articuler un mot. Le pauvre diable était vraiment horrible. Elle baissa la tête avec un tressaillement d'effroi.
Alors il lui dit :

The gypsy raised her eyes to thank him, but she could not articulate a word. She dropped her head with a quiver of terror.

Then he said to her. –

« Je vous fais peur. Je suis bien laid, n'est-ce pas ? Ne me regardez point. Écoutez-moi seulement. — Le jour, vous resterez ici ; la nuit, vous pouvez vous promener par toute l'église. Mais ne sortez de l'église ni jour ni nuit. Vous seriez perdue. On vous tuerait et je mourrais. »

"I frighten you. I am very ugly, am I not? Do not look at me; only listen to me. During the day you will remain here; at night you can walk all over the church. But do not leave the church either by day or by night. You would be lost. They would kill you, and I should die."

Émue, elle leva la tête pour lui répondre. Il avait disparu. Elle se retrouva seule, rêvant aux paroles singulières de cet être presque monstrueux, et frappée du son de sa voix qui était si rauque et pourtant si douce.

She was touched and raised her head to answer him. He had disappeared. She found herself alone once more, meditating upon the singular words of this almost monstrous being, and struck by the sound of his voice, which was so hoarse yet so gentle.

Puis, elle examina sa cellule. C'était une chambre de quelque six pieds carrés, avec une petite lucarne et une porte sur le plan légèrement incliné du toit en pierres plates. Plusieurs gouttières à figures d'animaux semblaient se pencher autour d'elle et tendre le cou pour la voir par la lucarne. Au bord de son toit, elle apercevait le haut de mille cheminées qui faisaient monter sous ses yeux les fumées de tous les feux de Paris. Triste spectacle pour la pauvre égyptienne, enfant trouvée, condamnée à mort, malheureuse créature, sans patrie, sans famille, sans foyer.

Then she examined her cell. It was a chamber about six feet square, with a small window and a door on the slightly sloping plane of the roof formed of flat stones. Many gutters with the figures of animals seemed to be bending down around her, and stretching their necks in order to stare at her through the window. Over the edge of her roof she perceived the tops of thousands of chimneys which caused the smoke of all the fires in Paris to rise beneath her eyes. A sad sight for the poor gypsy, a foundling, condemned to death, an unhappy creature, without country, without family, without a hearthstone.

Au moment où la pensée de son isolement lui apparaissait ainsi, plus poignante que jamais, elle sentit une tête velue et barbue se glisser dans ses mains, sur ses genoux. Elle tressaillit (tout l'effrayait maintenant), et regarda. C'était la pauvre chèvre, l'agile Djali, qui s'était échappée à sa suite, au moment où Quasimodo avait dispersé la brigade de Charmolue, et qui se répandait en caresses à ses pieds depuis près d'une heure, sans pouvoir obtenir un regard. L'égyptienne la couvrit de baisers.

At the moment when the thought of her isolation thus appeared to her more poignant than ever, she felt a bearded and hairy head glide between her hands, upon her knees. She started (everything alarmed her now) and looked. It was the poor goat, the agile Djali, which had made its escape after her, at the moment when Quasimodo had put to flight Charmolue's brigade, and which had been lavishing caresses on her feet for nearly an hour past, without being able to win a glance. The gypsy covered him with kisses.

« Oh ! Djali, disait-elle, comme je t'ai oubliée ! Tu songes donc toujours à moi ! Oh ! tu n'es pas ingrate, toi ! »

"Oh! Djali!" she said, "how I have forgotten thee! And so thou still thinkest of me! Oh! thou art not an ingrate!"

En même temps, comme si une main invisible eût soulevé le poids qui comprimait ses larmes dans son cœur depuis si longtemps, elle se mit à pleurer ; et à mesure que ses larmes coulaient, elle sentait s'en aller avec elles ce qu'il y avait de plus âcre et de plus amer dans sa douleur.

At the same time, as though an invisible hand had lifted the weight which had repressed her tears in her heart for so long, she began to weep, and, in proportion as her tears flowed, she felt all that was most acrid and bitter in her grief depart with them.

Le soir venu, elle trouva la nuit si belle, la lune si douce, qu'elle fit le tour de la galerie élevée qui enveloppe l'église. Elle en éprouva quelque soulagement, tant la terre lui parut calme, vue de cette hauteur.

III SOURD

Le lendemain matin, elle s'aperçut en s'éveillant qu'elle avait dormi. Cette chose singulière l'étonna. Il y avait si longtemps qu'elle était déshabituée du sommeil. Un joyeux rayon du soleil levant entrait par sa lucarne et lui venait frapper le visage. En même temps que le soleil, elle vit à cette lucarne un objet qui l'effraya, la malheureuse figure de Quasimodo. Involontairement elle referma les yeux, mais en vain ; elle croyait toujours voir à travers sa paupière rose ce masque de gnome, borgne et brèche-dent. Alors, tenant toujours ses yeux fermés, elle entendit une rude voix qui disait très doucement :

« N'ayez pas peur. Je suis votre ami. J'étais venu vous voir dormir, cela ne vous fait pas de mal, n'est-ce pas, que je vienne vous voir dormir ? Qu'est-ce que cela vous fait que je sois là quand vous avez les yeux fermés ? Maintenant je vais m'en aller. Tenez, je me suis mis derrière le mur. Vous pouvez rouvrir les yeux. »

Evening came, she thought the night so beautiful that she made the circuit of the elevated gallery which surrounds the church. It afforded her some relief, so calm did the earth appear when viewed from that height.

CHAPTER III. DEAF.

On the following morning, she perceived on awaking, that she had been asleep. This singular thing astonished her. She had been so long unaccustomed to sleep! A joyous ray of the rising sun entered through her window and touched her face. At the same time with the sun, she beheld at that window an object which frightened her, the unfortunate face of Quasimodo. She involuntarily closed her eyes again, but in vain; she fancied that she still saw through the rosy lids that gnome's mask, one-eyed and gap-toothed. Then, while she still kept her eyes closed, she heard a rough voice saying, very gently,--

"Be not afraid. I am your friend. I came to watch you sleep. It does not hurt you if I come to see you sleep, does it? What difference does it make to you if I am here when your eyes are closed! Now I am going. Stay, I have placed myself behind the wall. You can open your eyes again."

Il y avait quelque chose de plus plaintif encore que ces paroles, c'était l'accent dont elles étaient prononcées. L'égyptienne touchée ouvrit les yeux. Il n'était plus en effet à la lucarne. Elle alla à cette lucarne, et vit le pauvre bossu blotti à un angle de mur, dans une attitude douloureuse et résignée. Elle fit un effort pour surmonter la répugnance qu'il lui inspirait.

There was something more plaintive than these words, and that was the accent in which they were uttered. The gypsy, much touched, opened her eyes. He was, in fact, no longer at the window. She approached the opening, and beheld the poor hunchback crouching in an angle of the wall, in a sad and resigned attitude. She made an effort to surmount the repugnance with which he inspired her.

« Venez », lui dit-elle doucement. Au mouvement des lèvres de l'égyptienne, Quasimodo crut qu'elle le chassait ; alors il se leva et se retira en boitant, lentement, la tête baissée, sans même oser lever sur la jeune fille son regard plein de désespoir.

"Come," she said to him gently. From the movement of the gypsy's lips, Quasimodo thought that she was driving him away; then he rose and retiredlimping, slowly, with drooping head, without even daring to raise to the young girl his gaze full of despair.

« Venez donc », cria-t-elle. Mais il continuait de s'éloigner. Alors elle se jeta hors de sa cellule, courut à lui, et lui prit le bras. En se sentant touché par elle, Quasimodo trembla de tous ses membres. Il releva son œil suppliant, et, voyant qu'elle le ramenait près d'elle, toute sa face rayonna de joie et de tendresse. Elle voulut le faire entrer dans sa cellule, mais il s'obstina à rester sur le seuil. « Non, non, dit-il, le hibou n'entre pas dans le nid de l'alouette. »

"Do come," she cried, but he continued to retreat. Then she darted from her cell, ran to him, and grasped his arm. On feeling her touch him, Quasimodo trembled in every limb. He raised his suppliant eye, and seeing that she was leading him back to her quarters, his whole face beamed with joy and tenderness. She tried to make him enter the cell; but he persisted in remaining on the threshold. "No, no," said he; "the owl enters not the nest of the lark."

Alors elle s'accroupit gracieusement sur sa couchette avec sa chèvre endormie à ses pieds. Tous deux restèrent quelques instants immobiles, considérant en silence, lui tant de grâce, elle tant de laideur. À chaque moment, elle découvrait en Quasimodo quelque difformité de plus. Son regard se promenait des genoux cagneux au dos bossu, du dos bossu à l'œil unique. Elle ne pouvait comprendre qu'un être si gauchement ébauché existât. Cependant il y avait sur tout cela tant de tristesse et de douceur répandues qu'elle commençait à s'y faire.

Then she crouched down gracefully on her couch, with her goat asleep at her feet. Both remained motionless for several moments, considering in silence, she so much grace, he so much ugliness. Every moment she discovered some fresh deformity in Quasimodo. Her glance travelled from his knock knees to his humped back, from his humped back to his only eye. She could not comprehend the existence of a being so awkwardly fashioned. Yet there was so much sadness and so much gentleness spread over all this, that she began to become reconciled to it.

Il rompit le premier ce silence. « Vous me disiez donc de revenir ? »

He was the first to break the silence. "So you were telling me to return?"

Elle fit un signe de tête affirmatif, en disant : « Oui. »

She made an affirmative sign of the head, and said, "Yes."

Il comprit le signe de tête. « Hélas ! dit-il comme hésitant à achever, c'est que… je suis sourd. »

He understood the motion of the head. "Alas!" he said, as though hesitating whether to finish, "I am––I am deaf."

« Pauvre homme ! » s'écria la bohémienne avec une expression de bienveillante pitié.

"Poor man!" exclaimed the Bohemian, with an expression of kindly pity.

Il se mit à sourire douloureusement.

He began to smile sadly.

« Vous trouvez qu'il ne me manquait que cela, n'est-ce pas ? Oui, je suis sourd. C'est comme cela que je suis fait. C'est horrible, n'est-il pas vrai ? Vous êtes si belle, vous ! »

"You think that that was all that I lacked, do you not? Yes, I am deaf, that is the way I am made. 'Tis horrible, is it not? You are so beautiful!"

Il y avait dans l'accent du misérable un sentiment si profond de sa misère qu'elle n'eut pas la force de dire une parole. D'ailleurs il ne l'aurait pas entendue. Il poursuivit.

There lay in the accents of the wretched man so profound a consciousness of his misery, that she had not the strength to say a word. Besides, he would not have heard her. He went on,––

« Jamais je n'ai vu ma laideur comme à présent. Quand je me compare à vous, j'ai bien pitié de moi, pauvre malheureux monstre que je suis ! Je dois vous faire l'effet d'une bête, dites. – Vous, vous êtes un rayon de soleil, une goutte de rosée, un chant d'oiseau ! – Moi, je suis quelque chose d'affreux, ni homme, ni animal, un je ne sais quoi plus dur, plus foulé aux pieds et plus difforme qu'un caillou ! »

"Never have I seen my ugliness as at the present moment. When I compare myself to you, I feel a very great pity for myself, poor unhappy monster that I am! Tell me, I must look to you like a beast. You, you are a ray of sunshine, a drop of dew, the song of a bird! I am something frightful, neither man nor animal, I know not what, harder, more trampled under foot, and more unshapely than a pebble stone!"

Alors il se mit à rire, et ce rire était ce qu'il y a de plus déchirant au monde. Il continua :

Then he began to laugh, and that laugh was the most heartbreaking thing in the world. He continued,--

« Oui, je suis sourd. Mais vous me parlerez par gestes, par signes. J'ai un maître qui cause avec moi de cette façon. Et puis, je saurai bien vite votre volonté au mouvement de vos lèvres, à votre regard.

"Yes, I am deaf; but you shall talk to me by gestures, by signs. I have a master who talks with me in that way. And then, I shall very soon know your wish from the movement of your lips, from your look."

– Eh bien ! reprit-elle en souriant, dites-moi pourquoi vous m'avez sauvée. »

"Well!" she interposed with a smile, "tell me why you saved me."

Il la regarda attentivement tandis qu'elle parlait.

He watched her attentively while she was speaking.

« J'ai compris, répondit-il. Vous me demandez pourquoi je vous ai sauvée. Vous avez oublié un misérable qui a tenté de vous enlever une nuit, un misérable à qui le lendemain même vous avez porté secours sur leur infâme pilori. Une goutte d'eau et un peu de pitié, voilà plus que je n'en paierai avec ma vie. Vous avez oublié ce misérable ; lui, il s'est souvenu. »

"I understand," he replied. "You ask me why I saved you. You have forgotten a wretch who tried to abduct you one night, a wretch to whom you rendered succor on the following day on their infamous pillory. A drop of water and a little pity,--that is more than I can repay with my life. You have forgotten that wretch; but he remembers it."

Elle l'écoutait avec un attendrissement profond. Une larme roulait dans l'œil du sonneur, mais elle n'en tomba pas. Il parut mettre une sorte de point d'honneur à la dévorer.

She listened to him with profound tenderness. A tear swam in the eye of the bellringer, but did not fall. He seemed to make it a sort of point of honor to retain it.

« Écoutez, reprit-il quand il ne craignit plus que cette larme s'échappât, nous avons là des tours bien hautes, un homme qui en tomberait serait mort avant de toucher le pavé ; quand il vous plaira que j'en tombe, vous n'aurez pas même un mot à dire, un coup d'œil suffira. »

"Listen," he resumed, when he was no longer afraid that the tear would escape; "our towers here are very high, a man who should fall from them would be dead before touching the pavement; when it shall please you to have me fall, you will not have to utter even a word, a glance will suffice."

Alors il se leva. Cet être bizarre, si malheureuse que fût la bohémienne, éveillait encore quelque compassion en elle. Elle lui fit signe de rester.

Then he rose. Unhappy as was the Bohemian, this eccentric being still aroused some compassion in her. She made him a sign to remain.

« Non, non, dit-il. Je ne dois pas rester trop longtemps. Je ne suis pas à mon aise quand vous me regardez. C'est par pitié que vous ne détournez pas les yeux. Je vais quelque part d'où je vous verrai sans que vous me voyiez. Ce sera mieux. »

"No, no," said he; "I must not remain too long. I am not at my ease. It is out of pity that you do not turn away your eyes. I shall go to some place where I can see you without your seeing me: it will be better so."

Il tira de sa poche un petit sifflet de métal.

He drew from his pocket a little metal whistle.

« Tenez, dit-il, quand vous aurez besoin de moi, quand vous voudrez que je vienne, quand vous n'aurez pas trop d'horreur à me voir, vous sifflerez avec ceci. J'entends ce bruit-là. »

"Here," said he, "when you have need of me, when you wish me to come, when you will not feel too ranch horror at the sight of me, use this whistle. I can hear this sound."

Il déposa le sifflet à terre et s'enfuit.

He laid the whistle on the floor and fled.

IV GRÈS ET CRISTAL

CHAPTER IV. EARTHENWARE AND CRYSTAL.

Les jours se succédèrent.

Day followed day.

Le calme revenait peu à peu dans l'âme de la Esmeralda. L'excès de la douleur, comme l'excès de la joie, est une chose violente qui dure peu. Le cœur de l'homme ne peut rester longtemps dans une extrémité. La bohémienne avait tant souffert qu'il ne lui en restait plus que l'étonnement.

Calm gradually returned to the soul of la Esmeralda. Excess of grief, like excess of joy is a violent thing which lasts but a short time. The heart of man cannot remain long in one extremity. The gypsy had suffered so much, that nothing was left her but astonishment.

Avec la sécurité l'espérance lui était revenue. Elle était hors de la société, hors de la vie, mais elle sentait vaguement qu'il ne serait peut-être pas impossible d'y rentrer. Elle était comme une morte qui tiendrait en réserve une clé de son tombeau.

Elle sentait s'éloigner d'elle peu à peu les images terribles qui l'avaient si longtemps obsédée. Tous les fantômes hideux, Pierrat Torterue, Jacques Charmolue, s'effaçaient dans son esprit, tous, le prêtre lui-même.

Et puis, Phœbus vivait, elle en était sûre, elle l'avait vu. La vie de Phœbus, c'était tout. Après la série de secousses fatales qui avaient tout fait écrouler en elle, elle n'avait retrouvé debout dans son âme qu'une chose, qu'un sentiment, son amour pour le capitaine. C'est que l'amour est comme un arbre, il pousse de lui-même, jette profondément ses racines dans tout notre être, et continue souvent de verdoyer sur un cœur en ruines.

Et ce qu'il y a d'inexplicable, c'est que plus cette passion est aveugle, plus elle est tenace. Elle n'est jamais plus solide que lorsqu'elle n'a pas de raison en elle.

With security, hope had returned to her. She was outside the pale of society, outside the pale of life, but she had a vague feeling that it might not be impossible to return to it. She was like a dead person, who should hold in reserve the key to her tomb.

She felt the terrible images which had so long persecuted her, gradually departing. All the hideous phantoms, Pierrat Torterue, Jacques Charmolue, were effaced from her mind, all, even the priest.

And then, Phoebus was alive; she was sure of it, she had seen him. To her the fact of Phoebus being alive was everything. After the series of fatal shocks which had overturned everything within her, she had found but one thing intact in her soul, one sentiment,--her love for the captain. Love is like a tree; it sprouts forth of itself, sends its roots out deeply through our whole being, and often continues to flourish greenly over a heart in ruins.

And the inexplicable point about it is that the more blind is this passion, the more tenacious it is. It is never more solid than when it has no reason in it.

Sans doute la Esmeralda ne songeait pas au capitaine sans amertume. Sans doute il était affreux qu'il eût été trompé aussi lui, qu'il eût cru cette chose impossible, qu'il eût pu comprendre un coup de poignard venu de celle qui eût donné mille vies pour lui. Mais enfin, il ne fallait pas trop lui en vouloir : n'avait-elle pas avoué son crime ? n'avait-elle pas cédé, faible femme, à la torture ? Toute la faute était à elle. Elle aurait dû se laisser arracher les ongles plutôt qu'une telle parole. Enfin, qu'elle revît Phœbus une seule fois, une seule minute, il ne faudrait qu'un mot, qu'un regard pour le détromper, pour le ramener. Elle n'en doutait pas. Elle s'étourdissait aussi sur beaucoup de choses singulières, sur le hasard de la présence de Phœbus le jour de l'amende honorable, sur la jeune fille avec laquelle il était. C'était sa sœur sans doute. Explication déraisonnable, mais dont elle se contentait, parce qu'elle avait besoin de croire que Phœbus l'aimait toujours et n'aimait qu'elle. Ne lui avait-il pas juré ? Que lui fallait-il de plus, naïve et crédule qu'elle était ? Et puis, dans cette affaire, les apparences n'étaient-elles pas bien plutôt contre elle que contre lui ? Elle attendait donc. Elle espérait.

La Esmeralda did not think of the captain without bitterness, no doubt. No doubt it was terrible that he also should have been deceived; that he should have believed that impossible thing, that he could have conceived of a stab dealt by her who would have given a thousand lives for him. But, after all, she must not be too angry with him for it; had she not confessed her crime? had she not yielded, weak woman that she was, to torture? The fault was entirely hers. She should have allowed her finger nails to be torn out rather than such a word to be wrenched from her. In short, if she could but see Phoebus once more, for a single minute, only one word would be required, one look, in order to undeceive him, to bring him back. She did not doubt it. She was astonished also at many singular things, at the accident of Phoebus's presence on the day of the penance, at the young girl with whom he had been. She was his sister, no doubt. An unreasonable explanation, but she contented herself with it, because she needed to believe that Phoebus still loved her, and loved her alone. Had he not sworn it to her? What more was needed, simple and credulous as she was? And then, in this matter, were not appearances much more against her than against him? Accordingly, she waited. She hoped.

Ajoutons que l'église, cette vaste église qui l'enveloppait toutes parts, qui la gardait, qui la sauvait, était elle-même un souverain calmant. Les lignes solennelles de cette architecture, l'attitude religieuse de tous les objets qui entouraient la jeune fille, les pensées pieuses et sereines qui se dégageaient, pour ainsi dire, de tous les pores de cette pierre, agissaient sur elle à son insu. L'édifice avait aussi des bruits d'une telle bénédiction et d'une telle majesté qu'ils assoupissaient cette âme malade. Le chant monotone des officiants, les réponses du peuple aux prêtres, quelquefois inarticulées, quelquefois tonnantes, l'harmonieux tressaillement des vitraux, l'orgue éclatant comme cent trompettes, les trois clochers bourdonnant comme des ruches de grosses abeilles, tout cet orchestre sur lequel bondissait une gamme gigantesque montant et descendant sans cesse d'une foule à un clocher, assourdissait sa mémoire, son imagination, sa douleur. Les cloches surtout la berçaient. C'était comme un magnétisme puissant que ces vastes appareils répandaient sur elle à larges flots.

Let us add that the church, that vast church, which surrounded her on every side, which guarded her, which saved her, was itself a sovereign tranquillizer. The solemn lines of that architecture, the religious attitude of all the objects which surrounded the young girl, the serene and pious thoughts which emanated, so to speak, from all the pores of that stone, acted upon her without her being aware of it. The edifice had also sounds fraught with such benediction and such majesty, that they soothed this ailing soul. The monotonous chanting of the celebrants, the responses of the people to the priest, sometimes inarticulate, sometimes thunderous, the harmonious trembling of the painted windows, the organ, bursting forth like a hundred trumpets, the three belfries, humming like hives of huge bees, that whole orchestra on which bounded a gigantic scale, ascending, descending incessantly from the voice of a throng to that of one bell, dulled her memory, her imagination, her grief. The bells, in particular, lulled her. It was something like a powerful magnetism which those vast instruments shed over her in great waves.⸏

Aussi chaque soleil levant la trouvait plus apaisée, respirant mieux, moins pâle. À mesure que ses plaies se fermaient, sa grâce et sa beauté refleurissaient sur son visage, mais plus recueillies et plus reposées. Son ancien caractère lui revenait aussi, quelque chose même de sa gaieté, sa jolie moue, son amour de sa chèvre, son goût de chanter, sa pudeur. Elle avait soin de s'habiller le matin dans l'angle de sa logette, de peur que quelque habitant des greniers voisins ne la vît par la lucarne.

Thus every sunrise found her more calm, breathing better, less pale. In proportion as her inward wounds closed, her grace and beauty blossomed once more on her countenance, but more thoughtful, more reposeful. Her former character also returned to her, somewhat even of her gayety, her pretty pout, her love for her goat, her love for singing, her modesty. She took care to dress herself in the morning in the corner of her cell for fear some inhabitants of the neighboring attics might see her through the window.

Quand la pensée de Phœbus lui en laissait le temps, l'égyptienne songeait quelquefois à Quasimodo. C'était le seul lien, le seul rapport, la seule communication qui lui restât avec les hommes, avec les vivants. La malheureuse ! elle était plus hors du monde que Quasimodo ! Elle ne comprenait rien à l'étrange ami que le hasard lui avait donné. Souvent elle se reprochait de ne pas avoir une reconnaissance qui fermât les yeux, mais décidément elle ne pouvait s'accoutumer au pauvre sonneur. Il était trop laid.

When the thought of Phoebus left her time, the gypsy sometimes thought of Quasimodo. He was the sole bond, the sole connection, the sole communication which remained to her with men, with the living. Unfortunate girl! she was more outside the world than Quasimodo. She understood not in the least the strange friend whom chance had given her. She often reproached herself for not feeling a gratitude which should close her eyes, but decidedly, she could not accustom herself to the poor bellringer. He was too ugly.

Elle avait laissé à terre le sifflet qu'il lui avait donné. Cela n'empêcha pas Quasimodo de reparaître de temps en temps les premiers jours. Elle faisait son possible pour ne pas se détourner avec trop de répugnance quand il venait lui apporter le panier de provisions ou la cruche d'eau, mais il s'apercevait toujours du moindre mouvement de ce genre, et alors il s'en allait tristement.

She had left the whistle which he had given her lying on the ground. This did not prevent Quasimodo from making his appearance from time to time during the first few days. She did her best not to turn aside with too much repugnance when he came to bring her her basket of provisions or her jug of water, but he always perceived the slightest movement of this sort, and then he withdrew sadly.

Une fois, il survint au moment où elle caressait Djali. Il resta quelques moments pensif devant ce groupe gracieux de la chèvre et de l'égyptienne. Enfin il dit en secouant sa tête lourde et mal faite :

« Mon malheur, c'est que je ressemble encore trop à l'homme. Je voudrais être tout à fait une bête, comme cette chèvre. »

Elle leva sur lui un regard étonné.

Il répondit à ce regard : « Oh ! je sais bien pourquoi. » Et il s'en alla.

Une autre fois, il se présenta à la porte de la cellule (où il n'entrait jamais) au moment où la Esmeralda chantait une vieille ballade espagnole, dont elle ne comprenait pas les paroles, mais qui était restée dans son oreille parce que les bohémiennes l'en avaient bercée tout enfant. À la vue de cette vilaine figure qui survenait brusquement au milieu de sa chanson, la jeune fille s'interrompit avec un geste d'effroi involontaire. Le malheureux sonneur tomba à genoux sur le seuil de la porte et joignit d'un air suppliant ses grosses mains informes. « Oh ! dit-il douloureusement, je vous en conjure, continuez et ne me chassez pas. » Elle ne voulut pas l'affliger, et, toute tremblante, reprit sa romance. Par degrés cependant son effroi se dissipa, et elle se laissa aller tout entière à l'impression de l'air mélancolique et traînant qu'elle chantait. Lui, était resté à genoux, les mains jointes, comme en prière, attentif, respirant à peine, son regard fixé sur les prunelles brillantes de la bohémienne. On eût dit qu'il entendait sa chanson dans ses yeux.

Once he came at the moment when she was caressing Djali. He stood pensively for several minutes before this graceful group of the goat and the gypsy; at last he said, shaking his heavy and ill-formed head,--

"My misfortune is that I still resemble a man too much. I should like to be wholly a beast like that goat."

She gazed at him in amazement.

He replied to the glance,-- "Oh! I well know why," and he went away.

On another occasion he presented himself at the door of the cell (which he never entered) at the moment when la Esmeralda was singing an old Spanish ballad, the words of which she did not understand, but which had lingered in her ear because the gypsy women had lulled her to sleep with it when she was a little child. At the sight of that villanous form which made its appearance so abruptly in the middle of her song, the young girl paused with an involuntary gesture of alarm. The unhappy bellringer fell upon his knees on the threshold, and clasped his large, misshapen hands with a suppliant air. "Oh!" he said, sorrowfully, "continue, I implore you, and do not drive me away." She did not wish to pain him, and resumed her lay, trembling all over. By degrees, however, her terror disappeared, and she yielded herself wholly to the slow and melancholy air which she was singing. He remained on his knees with hands clasped, as in prayer, attentive, hardly breathing, his gaze riveted upon the gypsy's brilliant eyes.

Une autre fois encore, il vint à elle d'un air gauche et timide. « Écoutez-moi, dit-il avec effort, j'ai quelque chose à vous dire. » Elle lui fit signe qu'elle l'écoutait. Alors il se mit à soupirer, entr'ouvrit ses lèvres, parut un moment prêt à parler, puis il la regarda, fit un mouvement de tête négatif, et se retira lentement, son front dans la main, laissant l'égyptienne stupéfaite.

On another occasion, he came to her with an awkward and timid air. "Listen," he said, with an effort; "I have something to say to you." She made him a sign that she was listening. Then he began to sigh, half opened his lips, appeared for a moment to be on the point of speaking, then he looked at her again, shook his head, and withdrew slowly, with his brow in his hand, leaving the gypsy stupefied.

Parmi les personnages grotesques sculptés dans le mur, il y en avait un qu'il affectionnait particulièrement, et avec lequel il semblait souvent échanger des regards fraternels. Une fois l'égyptienne l'entendit qui lui disait :

Among the grotesque personages sculptured on the wall, there was one to whom he was particularly attached, and with which he often seemed to exchange fraternal glances. Once the gypsy heard him saying to it,––

« Oh ! que ne suis-je de pierre comme toi ! »

"Oh! why am not I of stone, like you!"

Un jour enfin, un matin, la Esmeralda s'était avancée jusqu'au bord du toit et regardait dans la place par-dessus la toiture aiguë de Saint-Jean-le-Rond. Quasimodo était là, derrière elle. Il se plaçait ainsi de lui-même, afin d'épargner le plus possible à la jeune fille le déplaisir de le voir. Tout à coup la bohémienne tressaillit, une larme et un éclair de joie brillèrent à la fois dans ses yeux, elle s'agenouilla au bord du toit et tendit ses bras avec angoisse vers la place en criant : « Phœbus ! viens ! viens ! un mot, un seul mot, au nom du ciel ! Phœbus ! Phœbus ! » Sa voix, son visage, son geste, toute sa personne avaient l'expression déchirante d'un naufragé qui fait le signal de détresse au joyeux navire qui passe au loin dans un rayon de soleil à l'horizon.

At last, one morning, la Esmeralda had advanced to the edge of the roof, and was looking into the Place over the pointed roof of Saint–Jean le Rond. Quasimodo was standing behind her. He had placed himself in that position in order to spare the young girl, as far as possible, the displeasure of seeing him. All at once the gypsy started, a tear and a flash of joy gleamed simultaneously in her eyes, she knelt on the brink of the roof and extended her arms towards the Place with anguish, exclaiming: "Phoebus! come! come! a word, a single word in the name of heaven! Phoebus! Phoebus!" Her voice, her face, her gesture, her whole person bore the heartrending expression of a shipwrecked man who is making a signal of distress to the joyous vessel which is passing afar off in a ray of sunlight on the horizon.

Quasimodo se pencha sur la place, et vit que l'objet de cette tendre et délirante prière était un jeune homme, un capitaine, un beau cavalier tout reluisant d'armes et de parures, qui passait en caracolant au fond de la place, et saluait du panache une belle dame souriant à son balcon. Du reste, l'officier n'entendait pas la malheureuse qui l'appelait. Il était trop loin.

Quasimodo leaned over the Place, and saw that the object of this tender and agonizing prayer was a young man, a captain, a handsome cavalier all glittering with arms and decorations, prancing across the end of the Place, and saluting with his plume a beautiful lady who was smiling at him from her balcony. However, the officer did not hear the unhappy girl calling him; he was too far away.

Mais le pauvre sourd entendait, lui. Un soupir profond souleva sa poitrine. Il se retourna. Son cœur était gonflé de toutes les larmes qu'il dévorait ; ses deux poings convulsifs se heurtèrent sur sa tête, et quand il les retira il avait à chaque main une poignée de cheveux roux.

But the poor deaf man heard. A profound sigh heaved his breast; he turned round; his heart was swollen with all the tears which he was swallowing; his convulsively-clenched fists struck against his head, and when he withdrew them there was a bunch of red hair in each hand.

L'égyptienne ne faisait aucune attention à lui. Il disait à voix basse en grinçant des dents :

The gypsy paid no heed to him. He said in a low voice as he gnashed his teeth,--

« Damnation ! Voilà donc comme il faut être ! il n'est besoin que d'être beau en dessus ! »

"Damnation! That is what one should be like! 'Tis only necessary to be handsome on the outside!"

Cependant elle était restée à genoux et criait avec agitation extraordinaire :

Meanwhile, she remained kneeling, and cried with extraor- dinary agitation,--

« Oh ! le voilà qui descend de cheval ! – Il va entrer dans cette maison ! – Phœbus ! – Il ne m'entend pas ! – Phœbus ! – Que cette femme est méchante de lui parler en même temps que moi ! – Phœbus ! Phœbus ! »

"Oh! there he is alighting from his horse! He is about to enter that house!--Phoebus!--He does not hear me! Phoebus!--How wicked that woman is to speak to him at the same time with me! Phoebus! Phoebus!"

Le sourd la regardait. Il comprenait cette pantomime. L'œil du pauvre sonneur se remplissait de larmes, mais il n'en laissait couler aucune. Tout à coup il la tira doucement par le bord de sa manche. Elle se retourna. Il avait pris un air tranquille. Il lui dit :

The deaf man gazed at her. He understood this pantomime. The poor bellringer's eye filled with tears, but he let none fall. All at once he pulled her gently by the border of her sleeve. She turned round. He had assumed a tranquil air; he said to her,--

« Voulez-vous que je vous l'aille chercher ? »

Elle poussa un cri de joie.

« Oh ! va ! allez ! cours ! vite ! ce capitaine ! ce capitaine ! amenez-le-moi ! je t'aimerai ! »

Elle embrassait ses genoux. Il ne put s'empêcher de secouer la tête douloureusement.

« Je vais vous l'amener », dit-il d'une voix faible. Puis il tourna la tête et se précipita à grands pas sous l'escalier, étouffé de sanglots.

Quand il arriva sur la place, il ne vit plus rien que le beau cheval attaché à la porte du logis Gondelaurier. Le capitaine venait d'y entrer.

Il leva son regard vers le toit de l'église. La Esmeralda y était toujours à la même place, dans la même posture. Il lui fit un triste signe de tête. Puis il s'adossa à l'une des bornes du porche Gondelaurier, déterminé à attendre que le capitaine sortît.

C'était, dans le logis Gondelaurier, un de ces jours de gala qui précèdent les noces. Quasimodo vit entrer beaucoup de monde et ne vit sortir personne. De temps en temps il regardait vers le toit. L'égyptienne ne bougeait pas plus que lui. Un palefrenier vint détacher le cheval, et le fit entrer à l'écurie du logis.

La journée entière se passa ainsi, Quasimodo sur la borne, la Esmeralda sur le toit, Phœbus sans doute aux pieds de Fleur-de-Lys.

"Would you like to have me bring him to you?"

She uttered a cry of joy.

"Oh! go! hasten! run! quick! that captain! that captain! bring him to me! I will love you for it!"

She clasped his knees. He could not refrain from shaking his head sadly.

"I will bring him to you," he said, in a weak voice. Then he turned his head and plunged down the staircase with great strides, stifling with sobs.

When he reached the Place, he no longer saw anything except the handsome horse hitched at the door of the Gondelaurier house; the captain had just entered there.

He raised his eyes to the roof of the church. La Esmeralda was there in the same spot, in the same attitude. He made her a sad sign with his head; then he planted his back against one of the stone posts of the Gondelaurier porch, determined to wait until the captain should come forth.

In the Gondelaurier house it was one of those gala days which precede a wedding. Quasimodo beheld many people enter, but no one come out. He cast a glance towards the roof from time to time; the gypsy did not stir any more than himself. A groom came and unhitched the horse and led it to the stable of the house.

The entire day passed thus, Quasimodo at his post, la Esmeralda on the roof, Phoebus, no doubt, at the feet of Fleur-de-Lys.

Enfin la nuit vint ; une nuit sans lune, une nuit obscure. Quasimodo eut beau fixer son regard sur la Esmeralda. Bientôt ce ne fut plus qu'une blancheur dans le crépuscule ; puis rien. Tout s'effaça, tout était noir.

At length night came, a moonless night, a dark night. Quasimodo fixed his gaze in vain upon la Esmeralda; soon she was no more than a whiteness amid the twilight; then nothing. All was effaced, all was black.

Quasimodo vit s'illuminer du haut en bas de la façade les fenêtres du logis Gondelaurier. Il vit s'allumer l'une après l'autre les autres croisées de la place ; il les vit aussi s'éteindre jusqu'à la dernière. Car il resta toute la soirée à son poste. L'officier ne sortait pas. Quand les derniers passants furent rentrés chez eux, quand toutes les croisées des autres maisons furent éteintes, Quasimodo demeura tout à fait seul, tout à fait dans l'ombre. Il n'y avait pas alors de luminaire dans le Parvis de Notre-Dame.

Quasimodo beheld the front windows from top to bottom of the Gondelaurier mansion illuminated; he saw the other casements in the Place lighted one by one, he also saw them extinguished to the very last, for he remained the whole evening at his post. The officer did not come forth. When the last passers–by had returned home, when the windows of all the other houses were extinguished, Quasimodo was left entirely alone, entirely in the dark. There were at that time no lamps in the square before Notre–Dame.

Cependant les fenêtres du logis Gondelaurier étaient restées éclairées, même après minuit. Quasimodo immobile et attentif voyait passer sur les vitraux de mille couleurs une foule d'ombres vives et dansantes. S'il n'eût pas été sourd, à mesure que la rumeur de Paris endormi s'éteignait, il eût entendu de plus en plus distinctement, dans l'intérieur du logis Gondelaurier, un bruit de fête, de rires et de musiques.

Meanwhile, the windows of the Gondelaurier mansion remained lighted, even after midnight. Quasimodo, motionless and attentive, beheld a throng of lively, dancing shadows pass athwart the many–colored painted panes. Had he not been deaf, he would have heard more and more distinctly, in proportion as the noise of sleeping Paris died away, a sound of feasting, laughter, and music in the Gondelaurier mansion.

Vers une heure du matin, les conviés commencèrent à se retirer. Quasimodo enveloppé de ténèbres les regardait tous sous le porche éclairé de flambeaux. Aucun n'était le capitaine.

Towards one o'clock in the morning, the guests began to take their leave. Quasimodo, shrouded in darkness watched them all pass out through the porch illuminated with torches. None of them was the captain.

Il était plein de pensées tristes. Par moments il regardait en l'air, comme ceux qui s'ennuient. De grands nuages noirs, lourds, déchirés, crevassés, pendaient comme des hamacs de crêpe sous le cintre étoilé de la nuit. On eût dit les toiles d'araignée de la voûte du ciel.

He was filled with sad thoughts; at times he looked upwards into the air, like a person who is weary of waiting. Great black clouds, heavy, torn, split, hung like crape hammocks beneath the starry dome of night. One would have pronounced them spiders' webs of the vault of heaven.

Dans un de ces moments, il vit tout à coup s'ouvrir mystérieusement la porte-fenêtre du balcon dont la balustrade de pierre se découpait au-dessus de sa tête. La frêle porte de vitre donna passage à deux personnes derrière lesquelles elle se referma sans bruit. C'était un homme et une femme.

In one of these moments he suddenly beheld the long window on the balcony, whose stone balustrade projected above his head, open mysteriously. The frail glass door gave passage to two persons, and closed noiselessly behind them; it was a man and a woman.

Ce ne fut pas sans peine que Quasimodo parvint à reconnaître dans l'homme le beau capitaine, dans la femme la jeune dame qu'il avait vue le matin souhaiter la bienvenue à l'officier, du haut de ce même balcon. La place était parfaitement obscure, et un double rideau cramoisi qui était retombé derrière la porte au moment où elle s'était refermée ne laissait guère arriver sur le balcon la lumière de l'appartement.

It was not without difficulty that Quasimodo succeeded in recognizing in the man the handsome captain, in the woman the young lady whom he had seen welcome the officer in the morning from that very balcony. The place was perfectly dark, and a double crimson curtain which had fallen across the door the very moment it closed again, allowed no light to reach the balcony from the apartment.

Le jeune homme et la jeune fille, autant qu'en pouvait juger notre sourd qui n'entendait pas une de leurs paroles, paraissaient s'abandonner à un fort tendre tête-à-tête. La jeune fille semblait avoir permis à l'officier de lui faire une ceinture de son bras, et résistait doucement à un baiser.

The young man and the young girl, so far as our deaf man could judge, without hearing a single one of their words, appeared to abandon themselves to a very tender tête–a–tête. The young girl seemed to have allowed the officer to make a girdle for her of his arm, and gently repulsed a kiss.

Quasimodo assistait d'en bas à cette scène d'autant plus gracieuse à voir qu'elle n'était pas faite pour être vue. Il contemplait ce bonheur, cette beauté avec amertume. Après tout, la nature n'était pas muette chez le pauvre diable, et sa colonne vertébrale, toute méchamment tordue qu'elle était, n'était pas moins frémissante qu'une autre. Il songeait à la misérable part que la providence lui avait faite, que la femme, l'amour, la volupté lui passeraient éternellement sous les yeux, et qu'il ne ferait jamais que voir la félicité des autres. Mais ce qui le déchirait le plus dans ce spectacle, ce qui mêlait de l'indignation à son dépit, c'était de penser à ce que devait souffrir l'égyptienne si elle voyait. Il est vrai que la nuit était bien noire, que la Esmeralda, si elle était restée à sa place (et il n'en doutait pas), était fort loin, et que c'était tout au plus s'il pouvait distinguer lui-même les amoureux du balcon. Cela le consolait.

Quasimodo looked on from below at this scene which was all the more pleasing to witness because it was not meant to be seen. He contemplated with bitterness that beauty, that happiness. After all, nature was not dumb in the poor fellow, and his human sensibility, all maliciously contorted as it was, quivered no less than anyother. He thought of the miserable portion which Providence had allotted to him; that woman and the pleasure of love, would pass forever before his eyes, and that he should never do anything but behold the felicity of others. But that which rent his heart most in this sight, that which mingled indignation with his anger, was the thought of what the gypsy would suffer could she behold it. It is true that the night was very dark, that la Esmeralda, if she had remained at her post (and he had no doubt of this), was very far away, and that it was all that he himself could do to distinguish the lovers on the balcony. This consoled him.

Cependant leur entretien devenait de plus en plus animé. La jeune dame paraissait supplier l'officier de ne rien lui demander de plus. Quasimodo ne distinguait de tout cela que les belles mains jointes, les sourires mêlés de larmes, les regards levés aux étoiles de la jeune fille, les yeux du capitaine ardemment abaissés sur elle.

Meanwhile, their conversation grew more and more animated. The young lady appeared to be entreating the officer to ask nothing more of her. Of all this Quasimodo could distinguish only the beautiful clasped hands, the smiles mingled with tears, the young girl's glances directed to the stars, the eyes of the captain lowered ardently upon her.

Heureusement, car la jeune fille commençait à ne plus lutter que faiblement, la porte du balcon se rouvrit subitement, une vieille dame parut, la belle sembla confuse, l'officier prit un air dépité, et tous trois rentrèrent.

Fortunately, for the young girl was beginning to resist but feebly, the door of the balcony suddenly opened once more and an old dame appeared; the beauty seemed confused, the officer assumed an air of displeasure, and all three withdrew.

Un moment après, un cheval piaffa sous le porche et le brillant officier, enveloppé de son manteau de nuit, passa rapidement devant Quasimodo.

Le sonneur lui laissa doubler l'angle de la rue, puis il se mit à courir après lui avec son agilité de singe, en criant : « Hé ! le capitaine ! »

Le capitaine s'arrêta.

« Que me veut ce maraud ? » dit-il en avisant dans l'ombre cette espèce de figure déhanchée qui accourait vers lui en cahotant.

Quasimodo cependant était arrivé à lui, et avait pris hardiment la bride de son cheval : « Suivez-moi, capitaine, il y a ici quelqu'un qui veut vous parler.

– Cornemahom ! grommela Phœbus, voilà un vilain oiseau ébouriffé qu'il me semble avoir vu quelque part. – Holà ! maître, veux-tu bien laisser la bride de mon cheval ?

– Capitaine, répondit le sourd, ne me demandez-vous pas qui ?

– Je te dis de lâcher mon cheval, repartit Phœbus impatienté. Que veut ce drôle qui se pend au chanfrein de mon destrier ? Est-ce que tu prends mon cheval pour une potence ? »

Quasimodo, loin de quitter la bride du cheval, se disposait à lui faire rebrousser chemin. Ne pouvant s'expliquer la résistance du capitaine, il se hâta de lui dire :

« Venez, capitaine, c'est une femme qui vous attend. » Il ajouta avec effort : « Une femme qui vous aime.

A moment later, a horse was champing his bit under the porch, and the brilliant officer, enveloped in his night cloak, passed rapidly before Quasimodo.

The bellringer allowed him to turn the corner of the street, then he ran after him with his ape-like agility, shouting: "Hey there! captain!"

The captain halted.

"What wants this knave with me?" he said, catching sight through the gloom of that hipshot form which ran limping after him.

Meanwhile, Quasimodo had caught up with him, and had boldly grasped his horse's bridle: "Follow me, captain; there is one here who desires to speak with you!

"~Cornemahom~!" grumbled Phoebus, "here's a villanous; ruffled bird which I fancy I have seen somewhere. Holà master, will you let my horse's bridle alone?"

"Captain," replied the deaf man, "do you not ask me who it is?"

"I tell you to release my horse," retorted Phoebus, impatiently. "What means the knave by clinging to the bridle of my steed? Do you take my horse for a gallows?"

Quasimodo, far from releasing the bridle, prepared to force him to retrace his steps. Unable to comprehend the captain's resistance, he hastened to say to him,--

"Come, captain, 'tis a woman who is waiting for you." He added with an effort: "A woman who loves you."

— Rare faquin ! dit le capitaine, qui me croit obligé d'aller chez toutes les femmes qui m'aiment ! ou qui le disent ! – Et si par hasard elle te ressemble, face de chat-huant ? – Dis à celle qui t'envoie que je vais me marier, et qu'elle aille au diable !

— Écoutez, s'écria Quasimodo croyant vaincre d'un mot son hésitation, venez, monseigneur ! c'est l'égyptienne que vous savez ! »

Ce mot fit en effet une grande impression sur Phœbus, mais non celle que le sourd en attendait. On se rappelle que notre galant officier s'était retiré avec Fleur-de-Lys quelques moments avant que Quasimodo sauvât la condamnée des mains de Charmolue. Depuis, dans toutes ses visites au logis Gondelaurier, il s'était bien gardé de reparler de cette femme dont le souvenir, après tout, lui était pénible ; et de son côté Fleur-de-Lys n'avait pas jugé politique de lui dire que l'égyptienne vivait. Phœbus croyait donc la pauvre Similar morte, et qu'il y avait déjà un ou deux mois de cela. Ajoutons que depuis quelques instants le capitaine songeait à l'obscurité profonde de la nuit, à la laideur surnaturelle, à la voix sépulcrale de l'étrange messager, que minuit était passé, que la rue était déserte comme le soir où le moine bourru l'avait accosté, et que son cheval soufflait en regardant Quasimodo.

« L'égyptienne ! s'écria-t-il presque effrayé. Or çà, viens-tu de l'autre monde ? » Et il mit sa main sur la poignée de sa dague.

"A rare rascal!" said the captain, "who thinks me obliged to go to all the women who love me! or who say they do. And what if, by chance, she should resemble you, you face of a screech-owl? Tell the woman who has sent you that I am about to marry, and that she may go to the devil!"

"Listen," exclaimed Quasimodo, thinking to overcome his hesitation with a word, "come, monseigneur! 'tis the gypsy whom you know!"

This word did, indeed, produce a great effect on Phoebus, but not of the kind which the deaf man expected. It will be remembered that our gallant officer had retired with Fleur-de-Lys several moments before Quasimodo had rescued the condemned girl from the hands of Charmolue. Afterwards, in all his visits to the Gondelaurier mansion he had taken care not to mention that woman, the memory of whom was, after all, painful to him; and on her side, Fleur-de-Lys had not deemed it politic to tell him that the gypsy was alive. Hence Phoebus believed poor "Similar" to be dead, and that a month or two had elapsed since her death. Let us add that for the last few moments the captain had been reflecting on the profound darkness of the night, the supernatural ugliness, the sepulchral voice of the strange messenger; that it was past midnight; that the street was deserted, as on the evening when the surly monk had accosted him; and that his horse snorted as it looked at Quasimodo.

"The gypsy!" he exclaimed, almost frightened. "Look here, do you come from the other world?" And he laid his hand on the hilt of his dagger.

« Vite, vite, dit le sourd cherchant à entraîner le cheval. Par ici ! » Phœbus lui asséna un vigoureux coup de botte dans la poitrine.

L'œil de Quasimodo étincela. Il fit un mouvement pour se jeter sur le capitaine. Puis il dit en se roidissant : « Oh ! que vous êtes heureux qu'il y ait quelqu'un qui vous aime ! »

Il appuya sur le mot quelqu'un, et lâchant la bride du cheval : « Allez-vous-en ! » Phœbus piqua des deux en jurant. Quasimodo le regarda s'enfoncer dans le brouillard de la rue.

« Oh ! disait tout bas le pauvre sourd, refuser cela ! » Il rentra dans Notre-Dame, alluma sa lampe et remonta dans la tour. Comme il l'avait pensé, la bohémienne était toujours à la même place.

Du plus loin qu'elle l'aperçut, elle courut à lui.

« Seul ! s'écria-t-elle en joignant douloureusement ses belles mains.

– Je n'ai pu le retrouver, dit froidement Quasimodo.

– Il fallait l'attendre toute la nuit ! » reprit-elle avec emportement.

Il vit son geste de colère et comprit le reproche.

« Je le guetterai mieux une autre fois, dit-il en baissant la tête.
– Va-t'en ! » lui dit-elle.

Il la quitta. Elle était mécontente de lui. Il avait mieux aimé être maltraité par elle que de l'affliger. Il avait gardé toute la douleur pour lui.

"Quick, quick," said the deaf man, endeavoring to drag the horse along; "this way!" Phoebus dealt him a vigorous kick in the breast.

Quasimodo's eye flashed. He made a motion to fling himself on the captain. Then he drew himself up stiffly and said,-- "Oh! how happy you are to have some one who loves you!"

He emphasized the words "some one," and loosing the horse's bridle,-- "Begone!" Phoebus spurred on in all haste, swearing. Quasimodo watched him disappear in the shades of the street.

"Oh!" said the poor deaf man, in a very low voice; "to refuse that!" He re-entered Notre-Dame, lighted his lamp and climbed to the tower again. The gypsy was still in the same place, as he had supposed.

She flew to meet him as far off as she could see him.

"Alone!" she cried, clasping her beautiful hands sorrowfully.

"I could not find him," said Quasimodo coldly.

"You should have waited all night," she said angrily.

He saw her gesture of wrath, and understood the reproach.

"I will lie in wait for him better another time," he said, dropping his head.

"Begone!" she said to him.

He left her. She was displeased with him. He preferred to have her abuse him rather than to have afflicted her. He had kept all the pain to himself.

À dater de ce jour, l'égyptienne ne le vit plus. Il cessa de venir à sa cellule. Tout au plus entrevoyait-elle quelquefois au sommet d'une tour la figure du sonneur mélancoliquement fixée sur elle. Mais dès qu'elle l'apercevait, il disparaissait.

From that day forth, the gypsy no longer saw him. He ceased to come to her cell. At the most she occasionally caught a glimpse at the summit of the towers, of the bellringer's face turned sadly to her. But as soon as she perceived him, he disappeared.

Nous devons dire qu'elle était peu affligée de cette absence volontaire du pauvre bossu. Au fond du cœur, elle lui en savait gré. Au reste, Quasimodo ne se faisait pas illusion à cet égard.

We must admit that she was not much grieved by this voluntary absence on the part of the poor hunchback. At the bottom of her heart she was grateful to him for it. Moreover, Quasimodo did not deceive himself on this point.

Elle ne le voyait plus, mais elle sentait la présence d'un bon génie autour d'elle. Ses provisions étaient renouvelées par une main invisible pendant son sommeil. Un matin, elle trouva sur sa fenêtre une cage d'oiseaux. Il y avait au-dessus de sa cellule une sculpture qui lui faisait peur. Elle l'avait témoigné plus d'une fois devant Quasimodo. Un matin (car toutes ces choses-là se faisaient la nuit), elle ne la vit plus. On l'avait brisée, celui qui avait grimpé jusqu'à cette sculpture avait dû risquer sa vie.

She no longer saw him, but she felt the presence of a good genius about her. Her provisions were replenished by an invisible hand during her slumbers. One morning she found a cage of birds on her window. There was a piece of sculpture above her window which frightened her. She had shown this more than once in Quasimodo's presence. One morning, for all these things happened at night, she no longer saw it, it had been broken. The person who had climbed up to that carving must have risked his life.

Quelquefois, le soir, elle entendait une voix cachée sous les abat-vent du clocher chanter comme pour l'endormir une chanson triste et bizarre. C'étaient des vers sans rime, comme un sourd en peut faire.

Sometimes, in the evening, she heard a voice, concealed beneath the wind screen of the bell tower, singing a sad, strange song, as though to lull her to sleep. The lines were unrhymed, such as a deaf person can make.

Ne regarde pas la figure,Jeune fille, regarde le cœur.Le cœur d'un beau jeune homme est souvent difforme.Il y a des cœurs où l'amour ne se conserve pas. Jeune fille, le sapin n'est pas beau,N'est pas beau comme le peuplier,Mais il garde son feuillage l'hiver. Hélas ! à quoi bon dire cela ?Ce qui n'est pas beau a tort d'être ;La beauté n'aime que la beauté,Avril tourne le dos à janvier. La beauté est parfaite,La beauté peut tout,La beauté est la seule chose qui n'existe pas à demi. Le corbeau ne vole que le jour,Le hibou ne vole que la nuit,Le cygne vole la nuit et le jour.

Look not at the face, young girl, look at the heart. The heart of a handsome young man is often deformed. There are hearts in which love does not keep. Young girl, the pine is not beautiful; it is not beautiful like the poplar, but it keeps its foliage in winter. Alas! What is the use of saying that? That which is not beautiful has no right to exist; beauty loves only beauty; April turns her back on January. Beauty is perfect, beauty can do all things, beauty is the only thing which does not exist by halves. The raven flies only by day, the owl flies only by night, the swan flies by day and by night.

Un matin, elle vit, en s'éveillant, sur sa fenêtre, deux vases pleins de fleurs. L'un était un vase de cristal fort beau et fort brillant, mais fêlé. Il avait laissé fuir l'eau dont on l'avait rempli, et les fleurs qu'il contenait étaient fanées. L'autre était un pot de grès, grossier et commun, mais qui avait conservé toute son eau, et dont les fleurs étaient restées fraîches et vermeilles.

One morning, on awaking, she saw on her window two vases filled with flowers. One was a very beautiful and very brilliant but cracked vase of glass. It had allowed the water with which it had been filled to escape, and the flowers which it contained were withered. The other was an earthenware pot, coarse and common, but which had preserved all its water, and its flowers remained fresh and crimson.

Je ne sais pas si ce fut avec intention, mais la Esmeralda prit le bouquet fané, et le porta tout le jour sur son sein.

I know not whether it was done intentionally, but La Esmeralda took the faded nosegay and wore it all day long upon her breast.

Ce jour-là, elle n'entendit pas la voix de la tour chanter.

That day she did not hear the voice singing in the tower.

Elle s'en soucia médiocrement. Elle passait ses journées à caresser Djali, à épier la porte du logis Gondelaurier, à s'entretenir tout bas de Phœbus, et à émietter son pain aux hirondelles.

She troubled herself very little about it. She passed her days in caressing Djali, in watching the door of the Gondelaurier house, in talking to herself about Phoebus, and in crumbling up her bread for the swallows.

Elle avait du reste tout à fait cessé de voir, cessé d'entendre Quasimodo. Le pauvre sonneur semblait avoir disparu de l'église. Une nuit pourtant, comme elle ne dormait pas et songeait à son beau capitaine, elle entendit soupirer près de sa cellule. Effrayée, elle se leva, et vit à la lumière de la lune une masse informe couchée en travers devant sa porte. C'était Quasimodo qui dormait là sur une pierre.

V LA CLEF DE LA PORTE-ROUGE

Cependant la voix publique avait fait connaître à l'archidiacre de quelle manière miraculeuse l'égyptienne avait été sauvée. Quand il apprit cela, il ne sut ce qu'il en éprouvait. Il s'était arrangé de la mort de la Esmeralda. De cette façon il était tranquille, il avait touché le fond de la douleur possible. Le cœur humain (dom Claude avait médité sur ces matières) ne peut contenir qu'une certaine quantité de désespoir. Quand l'éponge est imbibée, la mer peut passer dessus sans y faire entrer une larme de plus.

Or, la Esmeralda morte, l'éponge était imbibée, tout était dit pour dom Claude sur cette terre. Mais la sentir vivante, et Phœbus aussi, c'étaient les tortures qui recommençaient, les secousses, les alternatives, la vie. Et Claude était las de tout cela.

She had entirely ceased to see or hear Quasimodo. The poor bellringer seemed to have disappeared from the church. One night, nevertheless, when she was not asleep, but was thinking of her handsome captain, she heard something breathing near her cell. She rose in alarm, and saw by the light of the moon, a shapeless mass lying across her door on the outside. It was Quasimodo asleep there upon the stones.

CHAPTER V. THE KEY TO THE RED DOOR.

In the meantime, public minor had informed the archdeacon of the miraculous manner in which the gypsy had been saved. When he learned it, he knew not what his sensations were. He had reconciled himself to la Esmeralda's death. In that matter he was tranquil; he had reached the bottom of personal suffering. The human heart (Dora Claude had meditated upon these matters) can contain only a certain quantity of despair. When the sponge is saturated, the sea may pass over it without causing a single drop more to enter it.

Now, with la Esmeralda dead, the sponge was soaked, all was at an end on this earth for Dom Claude. But to feel that she was alive, and Phoebus also, meant that tortures, shocks, alternatives, life, were beginning again. And Claude was weary of all this.

Quand il sut cette nouvelle, il s'enferma dans sa cellule du cloître. Il ne parut ni aux conférences capitulaires, ni aux offices. Il ferma sa porte à tous, même à l'évêque. Il resta muré de cette sorte plusieurs semaines. On le crut malade. Il l'était en effet.

Que faisait-il ainsi enfermé ? Sous quelles pensées l'infortuné se débattait-il ? Livrait-il une dernière lutte à sa redoutable passion ? Combinait-il un dernier plan de mort pour elle et de perdition pour lui ?

Son Jehan, son frère chéri, son enfant gâté, vint une fois à sa porte, frappa, jura, supplia, se nomma dix fois. Claude n'ouvrit pas.

When he heard this news, he shut himself in his cell in the cloister. He appeared neither at the meetings of the chapter nor at the services. He closed his door against all, even against the bishop. He remained thus immured for several weeks. He was believed to be ill. And so he was, in fact.▯

What did he do while thus shut up? With what thoughts was the unfortunate man contending? Was he giving final battle to his formidable passion? Was he concocting a final plan of death for her and of perdition for himself?▯

His Jehan, his cherished brother, his spoiled child, came once to his door, knocked, swore, entreated, gave his name half a score of times. Claude did not open.▯

Il passait des journées entières la face collée aux vitres de sa fenêtre. De cette fenêtre, située dans le cloître, il voyait la logette de la Esmeralda, il la voyait souvent elle-même avec sa chèvre, quelquefois avec Quasimodo. Il remarquait les petits soins du vilain sourd, ses obéissances, ses façons délicates et soumises avec l'égyptienne. Il se rappelait, car il avait bonne mémoire, lui, et la mémoire est la tourmenteuse des jaloux, il se rappelait le regard singulier du sonneur sur la danseuse un certain soir. Il se demandait quel motif avait pu pousser Quasimodo à la sauver. Il fut témoin de mille petites scènes entre la bohémienne et le sourd dont la pantomime, vue de loin et commentée par sa passion, lui parut fort tendre. Il se défiait de la singularité des femmes. Alors il sentit confusément s'éveiller en lui une jalousie à laquelle il ne se fût jamais attendu, une jalousie qui le faisait rougir de honte et d'indignation. « Passe encore pour le capitaine, mais celui-ci ! » Cette pensée le bouleversait.

He passed whole days with his face close to the panes of his window. From that window, situated in the cloister, he could see la Esmeralda's chamber. He often saw herself with her goat, sometimes with Quasimodo. He remarked the little attentions of the ugly deaf man, his obedience, his delicate and submissive ways with the gypsy. He recalled, for he had a good memory, and memory is the tormentor of the jealous, he recalled the singular look of the bellringer, bent on the dancer upon a certain evening. He asked himself what motive could have impelled Quasimodo to save her. He was the witness of a thousand little scenes between the gypsy and the deaf man, the pantomime of which, viewed from afar and commented on by his passion, appeared very tender to him. He distrusted the capriciousness of women. Then he felt a jealousy which be could never have believed possible awakening within him, a jealousy which made him redden with shame and indignation: "One might condone the captain, but this one!" This thought upset him.

Ses nuits étaient affreuses. Depuis qu'il savait l'égyptienne vivante, les froides idées de spectre et de tombe qui l'avaient obsédé un jour entier s'étaient évanouies, et la chair revenait l'aiguillonner. Il se tordait sur son lit de sentir la brune jeune fille si près de lui.

His nights were frightful. As soon as he learned that the gypsy was alive, the cold ideas of spectre and tomb which had persecuted him for a whole day vanished, and the flesh returned to goad him. He turned and twisted on his couch at the thought that the dark-skinned maiden was so near him.

Chaque nuit, son imagination délirante lui représentait la Esmeralda dans toutes les attitudes qui avaient le plus fait bouillir ses veines. Il la voyait étendue sur le capitaine poignardé, les yeux fermés, sa belle gorge nue couverte du sang de Phœbus, à ce moment de délice où l'archidiacre avait imprimé sur ses lèvres pâles ce baiser dont la malheureuse, quoique à demi morte, avait senti la brûlure. Il la revoyait déshabillée par les mains sauvages des tortionnaires, laissant mettre à nu et emboîter dans le brodequin aux vis de fer son petit pied, sa jambe fine et ronde, son genou souple et blanc. Il revoyait encore ce genou d'ivoire resté seul en dehors de l'horrible appareil de Torterue. Il se figurait enfin la jeune fille en chemise, la corde au cou, épaules nues, pieds nus, presque nue, comme il l'avait vue le dernier jour. Ces images de volupté faisaient crisper ses poings et courir un frisson le long de ses vertèbres.

Every night his delirious imagination represented la Esmeralda to him in all the attitudes which had caused his blood to boil most. He beheld her outstretched upon the poniarded captain, her eyes closed, her beautiful bare throat covered with Phoebus's blood, at that moment of bliss when the archdeacon had imprinted on her pale lips that kiss whose burn the unhappy girl, though half dead, had felt. He beheld her, again, stripped by the savage hands of the torturers, allowing them to bare and to enclose in the boot with its iron screw, her tiny foot, her delicate rounded leg, her white and supple knee. Again he beheld that ivory knee which alone remained outside of Torterue's horrible apparatus. Lastly, he pictured the young girl in her shift, with the rope about her neck, shoulders bare, feet bare, almost nude, as he had seen her on that last day. These images of voluptuousness made him clench his fists, and a shiver run along his spine.

Une nuit entre autres, elles échauffèrent si cruellement dans ses artères son sang de vierge et de prêtre qu'il mordit son oreiller, sauta hors de son lit, jeta un surplis sur sa chemise, et sortit de sa cellule, sa lampe à la main, à demi nu, effaré, l'œil en feu.

One night, among others, they heated so cruelly his virgin and priestly blood, that he bit his pillow, leaped from his bed, flung on a surplice over his shirt, and left his cell, lamp in hand, half naked, wild, his eyes aflame.

Il savait où trouver la clef de la Porte-Rouge qui communiquait du cloître à l'église, et il avait toujours sur lui, comme on sait, une clef de l'escalier des tours.

He knew where to find the key to the red door, which connected the cloister with the church, and he always had about him, as the reader knows, the key of the staircase leading to the towers.

VI SUITE DE LA CLEF DE LA PORTE-ROUGE

CHAPTER VI. CONTINUATION OF THE KEY TO THE RED DOOR.

Cette nuit-là, la Esmeralda s'était endormie dans sa logette, pleine d'oubli, d'espérance et de douces pensées. Elle dormait depuis quelque temps, rêvant, comme toujours, de Phœbus, lorsqu'il lui sembla entendre du bruit autour d'elle. Elle avait un sommeil léger et inquiet, un sommeil d'oiseau. Un rien la réveillait. Elle ouvrit les yeux. La nuit était très noire. Cependant elle vit à sa lucarne une figure qui la regardait. Il y avait une lampe qui éclairait cette apparition. Au moment où elle se vit aperçue de la Esmeralda, cette figure souffla la lampe. Néanmoins la jeune fille avait eu le temps de l'entrevoir. Ses paupières se refermèrent de terreur.

That night, la Esmeralda had fallen asleep in her cell, full of oblivion, of hope, and of sweet thoughts. She had already been asleep for some time, dreaming as always, of Phoebus, when it seemed to her that she heard a noise near her. She slept lightly and uneasily, the sleep of a bird; a mere nothing waked her. She opened her eyes. The night was very dark. Nevertheless, she saw a figure gazing at her through the window; a lamp lighted up this apparition. The moment that the figure saw that la Esmeralda had perceived it, it blew out the lamp. But the young girl had had time to catch a glimpse of it; her eyes closed again with terror.

« Oh ! dit-elle d'une voix éteinte, le prêtre ! »

"Oh!" she said in a faint voice, "the priest!"

Tout son malheur passé lui revint comme dans un éclair. Elle retomba sur son lit, glacée.

All her past unhappiness came back to her like a flash of lightning. She fell back on her bed, chilled.

Un moment après, elle sentit le long de son corps un contact qui la fit tellement frémir qu'elle se dressa réveillée et furieuse sur son séant.

A moment later she felt a touch along her body which made her shudder so that she straightened herself up in a sitting posture, wide awake and furious.

Le prêtre venait de se glisser près d'elle. Il l'entourait de ses deux bras.
Elle voulut crier, et ne put.
« Va-t'en, monstre ! va-t'en, assassin ! dit-elle d'une voix tremblante et basse à force de colère et d'épouvante.

The priest had just slipped in beside her. He encircled her with both arms.

She tried to scream and could not.

"Begone, monster! begone assassin!" she said, in a voice which was low and trembling with wrath and terror.

– Grâce ! grâce ! » murmura le prêtre en lui imprimant ses lèvres sur les épaules.

"Mercy! mercy!" murmured the priest, pressing his lips to her shoulder.

Elle lui prit sa tête chauve à deux mains par son reste de cheveux, et s'efforça d'éloigner ses baisers comme si c'eût été des morsures.

She seized his bald head by its remnant of hair and tried to thrust aside his kisses as though they had been bites.

« Grâce ! répétait l'infortuné. Si tu savais ce que c'est que mon amour pour toi ! c'est du feu, du plomb fondu, mille couteaux dans mon cœur ! »

Et il arrêta ses deux bras avec une force surhumaine.

Éperdue : « Lâche-moi, lui dit-elle, ou je te crache au visage ! »

Il la lâcha. « Avilis-moi, frappe-moi, sois méchante ! fais ce que tu voudras ! Mais grâce ! aime-moi ! »

Alors elle le frappa avec une fureur d'enfant. Elle raidissait ses belles mains pour lui meurtrir la face. « Va-t'en, démon !

– Aime-moi ! aime-moi ! pitié ! » criait le pauvre prêtre en se roulant sur elle et en répondant à ses coups par des caresses.

Tout à coup, elle le sentit plus fort qu'elle. « Il faut en finir ! » dit-il en grinçant des dents.

Elle était subjuguée, palpitante, brisée, entre ses bras, à sa discrétion. Elle sentait une main lascive s'égarer sur elle. Elle fit un dernier effort, et se mit à crier : « Au secours ! à moi ! un vampire ! un vampire ! » Rien ne venait. Djali seule était éveillée, et bêlait avec angoisse.

« Tais-toi ! » disait le prêtre haletant.

Tout à coup, en se débattant, en rampant sur le sol, la main de l'égyptienne rencontra quelque chose de froid et de métallique. C'était le sifflet de Quasimodo. Elle le saisit avec une convulsion d'espérance, le porta à ses lèvres, et y siffla de tout ce qui lui restait de force. Le sifflet rendit un son clair, aigu, perçant.

« Qu'est-ce que cela ? » dit le prêtre.

"Mercy!" repeated the unfortunate man. "If you but knew what my love for you is! 'Tis fire, melted lead, a thousand daggers in my heart."

She stopped his two arms with superhuman force.

"Let me go," she said, "or I will spit in your face!"

He released her. "Vilify me, strike me, be malicious! Do what you will! But have mercy! love me!"

Then she struck him with the fury of a child. She made her beautiful hands stiff to bruise his face. "Begone, demon!"

"Love me! love me! pity!" cried the poor priest returning her blows with caresses.

All at once she felt him stronger than herself. "There must be an end to this!" he said, gnashing his teeth.

She was conquered, palpitating in his arms, and in his power. She felt a wanton hand straying over her. She made a last effort, and began to cry: "Help! Help! A vampire! a vampire!" Nothing came. Djali alone was awake and bleating with anguish.

"Hush!" said the panting priest.

All at once, as she struggled and crawled on the floor, the gypsy's hand came in contact with something cold and metal– lic–it was Quasimodo's whistle. She seized it with a convulsive hope, raised it to her lips and blew with all the strength that she had left. The whistle gave a clear, piercing sound.

"What is that?" said the priest.

Presque au même instant il se sentit enlever par un bras vigoureux ; la cellule était sombre, il ne put distinguer nettement qui le tenait ainsi ; mais il entendit des dents claquer de rage, et il y avait juste assez de lumière éparse dans l'ombre pour qu'il vît briller au-dessus de sa tête une large lame de coutelas.

Almost at the same instant he felt himself raised by a vigorous arm. The cell was dark; he could not distinguish clearly who it was that held him thus; but he heard teeth chattering with rage, and there was just sufficient light scattered among the gloom to allow him to see above his head the blade of a large knife.

Le prêtre crut apercevoir la forme de Quasimodo. Il supposa que ce ne pouvait être que lui. Il se souvint d'avoir trébuché en entrant contre un paquet qui était étendu en travers de la porte en dehors. Cependant, comme le nouveau venu ne proférait pas une parole, il ne savait que croire. Il se jeta sur le bras qui tenait le coutelas en criant : « Quasimodo ! » Il oubliait, en ce moment de détresse, que Quasimodo était sourd.

The priest fancied that he perceived the form of Quasimodo. He assumed that it could be no one but he. He remembered to have stumbled, as he entered, over a bundle which was stretched across the door on the outside. But, as the newcomer did not utter a word, he knew not what to think. He flung himself on the arm which held the knife, crying: "Quasimodo!" He forgot, at that moment of distress, that Quasimodo was deaf.

En un clin d'œil le prêtre fut terrassé, et sentit un genou de plomb s'appuyer sur sa poitrine.

In a twinkling, the priest was overthrown and a leaden knee rested on his breast.

À l'empreinte anguleuse de ce genou, il reconnut Quasimodo. Mais que faire ? comment de son côté être reconnu de lui ? la nuit faisait le sourd aveugle.

From the angular imprint of that knee he recognized Quasimodo; but what was to be done? how could he make the other recognize him? the darkness rendered the deaf man blind.

Il était perdu. La jeune fille, sans pitié, comme une tigresse irritée, n'intervenait pas pour le sauver. Le coutelas se rapprochait de sa tête. Le moment était critique. Tout à coup son adversaire parut pris d'une hésitation. « Pas de sang sur elle ! » dit-il d'une voix sourde.

He was lost. The young girl, pitiless as an enraged tigress, did not intervene to save him. The knife was approaching his head; the moment was critical. All at once, his adversary seemed stricken with hesitation. "No blood on her!" he said in a dull voice.

C'était en effet la voix de Quasimodo.

It was, in fact, Quasimodo's voice.

Alors le prêtre sentit la grosse main qui le traînait par le pied hors de la cellule. C'est là qu'il devait mourir.

Then the priest felt a large hand dragging him feet first out of the cell; it was there that he was to die.

Heureusement pour lui, la lune venait de se lever depuis quelques instants.

Quand ils eurent franchi la porte de la logette, son pâle rayon tomba sur la figure du prêtre. Quasimodo le regarda en face, un tremblement le prit, il lâcha le prêtre, et recula.

L'égyptienne, qui s'était avancée sur le seuil de la cellule, vit avec surprise les rôles changer brusquement. C'était maintenant le prêtre qui menaçait, Quasimodo qui suppliait.

Le prêtre, qui accablait le sourd de gestes de colère et de reproche, lui fit violemment signe de se retirer.

Le sourd baissa la tête, puis il vint se mettre à genoux devant la porte de l'égyptienne. « Monseigneur, dit-il d'une voix grave et résignée, vous ferez après ce qu'il vous plaira ; mais tuez-moi d'abord. »

En parlant ainsi, il présentait au prêtre son coutelas. Le prêtre hors de lui se jeta dessus, mais la jeune fille fut plus prompte que lui. Elle arracha le couteau des mains de Quasimodo, et éclata de rire avec fureur. « Approche ! » dit-elle au prêtre.

Elle tenait la lame haute. Le prêtre demeura indécis. Elle eût certainement frappé. « Tu n'oserais plus approcher, lâche ! » lui cria-t-elle. Puis elle ajouta avec une expression impitoyable, et sachant bien qu'elle allait percer de mille fers rouges le cœur du prêtre : « Ah ! je sais que Phœbus n'est pas mort ! » Le prêtre renversa Quasimodo à terre d'un coup de pied et se replongea en frémissant de rage sous la voûte de l'escalier.

Fortunately for him, the moon had risen a few moments before.

When they had passed through the door of the cell, its pale rays fell upon the priest's countenance. Quasimodo looked him full in the face, a trembling seized him, and he released the priest and shrank back.

The gypsy, who had advanced to the threshold of her cell, beheld with surprise their roles abruptly changed. It was now the priest who menaced, Quasimodo who was the suppliant.

The priest, who was overwhelming the deaf man with gestures of wrath and reproach, made the latter a violent sign to retire.

The deaf man dropped his head, then he came and knelt at the gypsy's door,--"Monseigneur," he said, in a grave and resigned voice, "you shall do all that you please afterwards, but kill me first."

So saying, he presented his knife to the priest. The priest, beside himself, was about to seize it. But the young girl was quicker than be; she wrenched the knife from Quasimodo's hands and burst into a frantic laugh,--"Approach," she said to the priest.

She held the blade high. The priest remained undecided. She would certainly have struck him. Then she added with a pitiless expression, well aware that she was about to pierce the priest's heart with thousands of red-hot irons,-- "Ah! I know that Phoebus is not dead! The priest overturned Quasimodo on the floor with a kick, and, quivering with rage, darted back under the vault of the staircase.

Quand il fut parti, Quasimodo ramassa le sifflet qui venait de sauver l'égyptienne. « Il se rouillait », dit-il en le lui rendant. Puis il la laissa seule.

La jeune fille, bouleversée par cette scène violente, tomba épuisée sur son lit, et se mit à pleurer à sanglots. Son horizon redevenait sinistre.

De son côté, le prêtre était rentré à tâtons dans sa cellule.

C'en était fait. Dom Claude était jaloux de Quasimodo ! Il répéta d'un air pensif sa fatale parole : « Personne ne l'aura ! »

LIVRE DIXIÈME

I GRINGOIRE A PLUSIEURS BONNES IDÉES DE SUITE RUE DES BERNARDINS

When he was gone, Quasimodo picked up the whistle which had just saved the gypsy. "It was getting rusty," he said, as he handed it back to her; then he left her alone.

The young girl, deeply agitated by this violent scene, fell back exhausted on her bed, and began to sob and weep. Her horizon was becoming gloomy once more.

The priest had groped his way back to his cell.

It was settled. Dom Claude was jealous of Quasimodo! He repeated with a thoughtful air his fatal words: "No one shall have her."

BOOK TENTH.

CHAPTER I. GRINGOIRE HAS MANY GOOD IDEAS IN SUCCESSION.--RUE DES BERNARDINS.

Depuis que Pierre Gringoire avait vu comment toute cette affaire tournait, et que décidément il y aurait corde, pendaison et autres désagréments pour les personnages principaux de cette comédie, il ne s'était plus soucié de s'en mêler. Les truands, parmi lesquels il était resté considérant qu'en dernier résultat c'était la meilleure compagnie de Paris, les truands avaient continué de s'intéresser à l'égyptienne. Il avait trouvé cela fort simple de la part de gens qui n'avaient, comme elle, d'autre perspective que Charmolue et Torterue, et qui ne chevauchaient pas comme lui dans les régions imaginaires entre les deux ailes de Pegasus. Il avait appris par leurs propos que son épousée au pot cassé s'était réfugiée dans Notre-Dame, et il en était bien aise. Mais il n'avait pas même la tentation d'y aller voir. Il songeait quelquefois à la petite chèvre, et c'était tout. Du reste, le jour il faisait des tours de force pour vivre, et la nuit il élucubrait un mémoire contre l'évêque de Paris, car il se souvenait d'avoir été inondé par les roues de ses moulins, et il lui en gardait rancune. Il s'occupait aussi de commenter le bel ouvrage de Baudry le Rouge, évêque de Noyon et de Tournay, De cupa petrarum, ce qui lui avait donné un goût violent pour l'architecture ; penchant qui avait remplacé dans son cœur sa passion pour l'hermétisme, dont il n'était d'ailleurs qu'un corollaire naturel, puisqu'il y a un lien intime entre l'hermétique et la maçonnerie. Gringoire avait passé de l'amour d'une idée à l'amour de la forme de cette idée.

As soon as Pierre Gringoire had seen how this whole affair was turning, and that there would decidedly be the rope, hanging, and other disagreeable things for the principal personages in this comedy, he had not cared to identify himself with the matter further. The outcasts with whom he had remained, reflecting that, after all, it was the best company in Paris,––the outcasts had continued to interest themselves in behalf of the gypsy. He had thought it very simple on the part of people who had, like herself, nothing else in prospect but Charmolue and Torterue, and who, unlike himself, did not gallop through the regions of imagination between the wings of Pegasus. From their remarks, he had learned that his wife of the broken crock had taken refugein Notre-Dame, and he was very glad of it. But he felt no temptation to go and see her there. He meditated occasionally on the little goat, and that was all. Moreover, he was busy executing feats of strength during the day for his living, and at night he was engaged in composing a memorial against the Bishop of Paris, for he remembered having been drenched by the wheels of his mills, and he cherished a grudge against him for it. He also occupied himself with annotating the fine work of Baudry-le-Rouge, Bishop of Noyon and Tournay, De Cupa Petrarum, which had given him a violent passion for architecture, an inclination which had replaced in his heart his passion for hermeticism, of which it was, moreover, only a natural corollary, since there is an intimate relation between hermeticism and masonry. Gringoire had passed from the love of an idea to the love of the form of that idea.

Un jour, il s'était arrêté près de Saint-Germain-l'Auxerrois à l'angle d'un logis qu'on appelait Le For-l'Évêque, lequel faisait face à un autre qu'on appelait Le For-le-Roi. Il y avait à ce For-l'Évêque une charmante chapelle du quatorzième siècle dont le chevet donnait sur la rue. Gringoire en examinait dévotement les sculptures extérieures. Il était dans un de ces moments de jouissance égoïste, exclusive, suprême, où l'artiste ne voit dans le monde que l'art et voit le monde dans l'art. Tout à coup, il sent une main se poser gravement sur son épaule. Il se retourne. C'était son ancien ami, son ancien maître, monsieur l'archidiacre.

Il resta stupéfait. Il y avait longtemps qu'il n'avait vu l'archidiacre, et dom Claude était un de ces hommes solennels et passionnés dont la rencontre dérange toujours l'équilibre d'un philosophe sceptique.

L'archidiacre garda quelques instants un silence pendant lequel Gringoire eut le loisir de l'observer. Il trouva dom Claude bien changé, pâle comme un matin d'hiver, les yeux caves, les cheveux presque blancs. Ce fut le prêtre qui rompit enfin le silence en disant d'un ton tranquille, mais glacial :

« Comment vous portez-vous, maître Pierre ?

One day he had halted near Saint Germain–l'Auxerrois, at the corner of a mansion called "For–l'Evêque " (the Bishop's Tribunal), which stood opposite another called "For–le–Roi" (the King's Tribunal). At this For–l'Evêque, there was a charming chapel of the fourteenth century, whose apse was on the street. Gringoire was devoutly examining its exterior sculptures. He was in one of those moments of egotistical, exclusive, supreme, enjoyment when the artist beholds nothing in the world but art, and the world in art. All at once he feels a hand laid gravely on his shoulder. He turns round. It was his old friend, his former master, monsieur the archdeacon.

He was stupefied. It was a long time since he had seen the archdeacon, and Dom Claude was one of those solemn and impassioned men, a meeting with whom always upsets the equilibrium of a sceptical philosopher.

The archdeacon maintained silence for several minutes, during which Gringoire had time to observe him. He found Dom Claude greatly changed; pale as a winter's morning, with hollow eyes, and hair almost white. The priest broke the silence at length, by saying, in a tranquil but glacial tone,––

"How do you do, Master Pierre?"

– Ma santé ? répondit Gringoire. Hé ! hé ! on en peut dire ceci et cela. Toutefois l'ensemble est bon. Je ne prends trop de rien. Vous savez, maître ? le secret de se bien porter, selon Hippocrates, id est cibi, potus, somni, Venus, omnia moderata sint.

– Vous n'avez donc aucun souci, maître Pierre ? reprit l'archidiacre en regardant fixement Gringoire.

– Ma foi, non.

– Et que faites-vous maintenant ?

– Vous le voyez, mon maître. J'examine la coupe de ces pierres, et la façon dont est fouillé ce bas-relief. »

Le prêtre se mit à sourire, de ce sourire amer qui ne relève qu'une des extrémités de la bouche.

« Et cela vous amuse ?

– C'est le paradis ! » s'écria Gringoire. Et se penchant sur les sculptures avec la mine éblouie d'un démonstrateur de phénomènes vivants :

« Est-ce donc que vous ne trouvez pas, par exemple, cette métamorphose de basse-taille exécutée avec beaucoup d'adresse, de mignardise et de patience ? Regardez cette colonnette. Autour de quel chapiteau avez-vous vu feuilles plus tendres et mieux caressées du ciseau ? Voici trois rondes-bosses de Jean Maillevin. Ce ne sont pas les plus belles œuvres de ce grand génie. Néanmoins, la naïveté, la douceur des visages, la gaieté des attitudes et des draperies, et cet agrément inexplicable qui se mêle dans tous les défauts, rendent les figurines bien égayées et bien délicates, peut-être même trop. – Vous trouvez que ce n'est pas divertissant ?

"My health?" replied Gringoire. "Eh! eh! one can say both one thing and another on that score. Still, it is good, on the whole. I take not too much of anything. You know, master, that the secret of keeping well, according to Hippocrates; ~id est: cibi, potus, somni, venus, omnia moderata sint~."

"So you have no care, Master Pierre?" resumed the archdeacon, gazing intently at Gringoire.

"None, i' faith!"

"And what are you doing now?"

"You see, master. I am examining the chiselling of these stones, and the manner in which yonder bas–relief is thrown out."

The priest began to smile with that bitter smile which raises only one corner of the mouth.

"And that amuses you?"

"'Tis paradise!" exclaimed Gringoire. And leaning over the sculptures with the fascinated air of a demonstrator of living phenomena:

"Do you not think, for instance, that yon metamorphosis in bas–relief is executed with much adroitness, delicacy and patience? Observe that slender column. Around what capital have you seen foliage more tender and better caressed by the chisel. Here are three raised bosses of Jean Maillevin. They are not the finest works of this great master. Nevertheless, the naivete, the sweetness of the faces, the gayety of the attitudes and draperies, and that inexplicable charm which is mingled with all the defects, render the little figures very diverting and delicate, perchance, even too much so. You think that it is not diverting?"

– Si fait ! dit le prêtre.

"Yes, certainly!" said the priest.

– Et si vous voyiez l'intérieur de la chapelle ! reprit le poète avec son enthousiasme bavard.

"And if you were to see the interior of the chapel!" resumed the poet, with his garrulous enthusiasm.

Partout des sculptures. C'est touffu comme un cœur de chou ! L'abside est d'une façon fort dévote et si particulière que je n'ai rien vu de même ailleurs ! » Dom Claude l'interrompit : « Vous êtes donc heureux ? »

"Carvings everywhere. 'Tis as thickly clustered as the head of a cabbage! The apse is of a very devout, and so peculiar a fashion that I have never beheld anything like it elsewhere!" Dom Claude interrupted him,–– "You are happy, then?"

Gringoire répondit avec feu : « En honneur, oui ! J'ai d'abord aimé des femmes, puis des bêtes. Maintenant j'aime des pierres. C'est tout aussi amusant que les bêtes et les femmes, et c'est moins perfide. »
Le prêtre mit sa main sur son front. C'était son geste habituel.
« En vérité !

Gringoire replied warmly;–– "On my honor, yes! First I loved women, then animals. Now I love stones. They are quite as amusing as women and animals, and less treacherous."

The priest laid his hand on his brow. It was his habitual gesture.

"Really?"

– Tenez ! dit Gringoire, on a des jouissances ! »

"Stay!" said Gringoire, "one has one's pleasures!"

Il prit le bras du prêtre qui se laissait aller, et le fit entrer sous la tourelle de l'escalier du For-l'Évêque. « Voilà un escalier ! chaque fois que je le vois, je suis heureux. C'est le degré de la manière la plus simple et la plus rare de Paris. Toutes les marches sont par-dessous délardées. Sa beauté et sa simplicité consistent dans les girons de l'une et de l'autre, portant un pied ou environ, qui sont entrelacés, enclavés, emboîtés, enchaînés, enchâssés, entretaillés l'un dans l'autre et s'entre-mordent d'une façon vraiment ferme et gentille !

He took the arm of the priest, who let him have his way, and made him enter the staircase turret of For–l'Evêque. "Here is a staircase! every time that I see it I am happy. It is of the simplest and rarest manner of steps in Paris. All the steps are bevelled underneath. Its beauty and simplicity consist in the interspacing of both, being a foot or more wide, which are interlaced, interlocked, fitted together, enchained enchased, interlined one upon another, and bite into each other in a manner that is truly firm and graceful."

– Et vous ne désirez rien ?
– Non.
– Et vous ne regrettez rien ?

"And you desire nothing?"
"No."
"And you regret nothing?"

— Ni regret ni désir. J'ai arrangé ma vie.

"Neither regret nor desire. I have arranged my mode of life."

— Ce qu'arrangent les hommes, dit Claude, les choses le dérangent.

"What men arrange," said Claude, "things disarrange."

— Je suis un philosophe pyrrhonien, répondit Gringoire, et je tiens tout en équilibre.

"I am a Pyrrhonian philosopher," replied Gringoire, "and I hold all things in equilibrium."

— Et comment la gagnez-vous, votre vie ?

"And how do you earn your living?"

— Je fais encore çà et là des épopées et des tragédies ; mais ce qui me rapporte le plus, c'est l'industrie que vous me connaissez, mon maître. Porter des pyramides de chaises sur mes dents.

"I still make epics and tragedies now and then; but that which brings me in most is the industry with which you are acquainted, master; carrying pyramids of chairs in my teeth."

— Le métier est grossier pour un philosophe.

"The trade is but a rough one for a philosopher."

— C'est encore de l'équilibre, dit Gringoire. Quand on a une pensée, on la retrouve en tout.

"'Tis still equilibrium," said Gringoire. "When one has an idea, one encounters it in everything."

— Je le sais », répondit l'archidiacre.

"I know that," replied the archdeacon.

Après un silence, le prêtre reprit : « Vous êtes néanmoins assez misérable ?

After a silence, the priest resumed,-- "You are, nevertheless, tolerably poor?"

— Misérable, oui ; malheureux, non. »

"Poor, yes; unhappy, no."

En ce moment, un bruit de chevaux se fit entendre, et nos deux interlocuteurs virent défiler au bout de la rue une compagnie des archers de l'ordonnance du roi, les lances hautes, l'officier en tête. La cavalcade était brillante et résonnait sur le pavé.

At that moment, a trampling of horses was heard, and our two interlocutors beheld defiling at the end of the street, a company of the king's unattached archers, their lances borne high, an officer at their head. The cavalcade was brilliant, and its march resounded on the pavement.

« Comme vous regardez cet officier ! dit Gringoire à l'archidiacre.

"How you gaze at that officer!" said Gringoire, to the archdeacon.

— C'est que je crois le reconnaître.

"Because I think I recognize him."

— Comment le nommez-vous ?

"What do you call him?"

– Je crois, dit Claude, qu'il s'appelle Phœbus de Châteaupers.

"I think," said Claude, "that his name is Phoebus de Châteaupers."

– Phœbus ! un nom de curiosité ! Il y a aussi Phœbus, comte de Foix. J'ai souvenir d'avoir connu une fille qui ne jurait que par Phœbus.

"Phoebus! A curious name! There is also a Phoebus, Comte de Foix. I remember having known a wench who swore only by the name of Phoebus."

– Venez-vous-en, dit le prêtre. J'ai quelque chose à vous dire. »

"Come away from here," said the priest. "I have something to say to you."

Depuis le passage de cette troupe, quelque agitation perçait sous l'enveloppe glaciale de l'archidiacre. Il se mit à marcher. Gringoire le suivait, habitué à lui obéir, comme tout ce qui avait approché une fois cet homme plein d'ascendant. Ils arrivèrent en silence jusqu'à la rue des Bernardins qui était assez déserte. Dom Claude s'y arrêta.

From the moment of that troop's passing, some agitation had pierced through the archdeacon's glacial envelope. He walked on. Gringoire followed him, being accustomed to obey him, like all who had once approached that man so full of ascendency. They reached in silence the Rue des Bernardins, which was nearly deserted. Here Dom Claude paused.

« Qu'avez-vous à me dire, mon maître ? lui demanda Gringoire.

"What have you to say to me, master?" Gringoire asked him.

– Est-ce que vous ne trouvez pas, répondit l'archidiacre d'un air de profonde réflexion, que l'habit de ces cavaliers que nous venons de voir est plus beau que le vôtre et que le mien ? » Gringoire hocha la tête.

"Do you not think that the dress of those cavaliers whom we have just seen is far handsomer than yours and mine?" Gringoire tossed his head.

« Ma foi ! j'aime mieux ma gonelle jaune et rouge que ces écailles de fer et d'acier. Beau plaisir, de faire en marchant le même bruit que le quai de la Ferraille par un tremblement de terre !

"I' faith! I love better my red and yellow jerkin, than those scales of iron and steel. A fine pleasure to produce, when you walk, the same noise as the Quay of Old Iron, in an earthquake!"

– Donc, Gringoire, vous n'avez jamais porté envie à ces beaux fils en hoquetons de guerre ?

"So, Gringoire, you have never cherished envy for those handsome fellows in their military doublets?"

— Envie de quoi, monsieur l'archidiacre ? de leur force, de leur armure, de leur discipline ? Mieux valent la philosophie et l'indépendance en guenilles. J'aime mieux être tête de mouche que queue de lion.

— Cela est singulier, dit le prêtre rêveur. Une belle livrée est pourtant belle. »

Gringoire, le voyant pensif, le quitta pour aller admirer le porche d'une maison voisine. Il revint en frappant des mains. « Si vous étiez moins occupé des beaux habits des gens de guerre, monsieur l'archidiacre, je vous prierais d'aller voir cette porte. Je l'ai toujours dit, la maison du sieur Aubry a une entrée la plus superbe du monde.

— Pierre Gringoire, dit l'archidiacre, qu'avez-vous fait de cette petite danseuse égyptienne ?

— La Esmeralda ? Vous changez bien brusquement de conversation.

— N'était-elle pas votre femme ?

— Oui, au moyen d'une cruche cassée. Nous en avions pour quatre ans. – À propos, ajouta Gringoire en regardant l'archidiacre d'un air à demi goguenard, vous y pensez donc toujours ?

— Et vous, vous n'y pensez plus ?

— Peu. – J'ai tant de choses !… Mon Dieu, que la petite chèvre était jolie !

— Cette bohémienne ne vous avait-elle pas sauvé la vie ?

— C'est pardieu vrai.

— Eh bien ! qu'est-elle devenue ? qu'en avez-vous fait ?

"Envy for what, monsieur the archdeacon? their strength, their armor, their discipline? Better philosophy and independence in rags. I prefer to be the head of a fly rather than the tail of a lion."

"That is singular," said the priest dreamily. "Yet a handsome uniform is a beautiful thing."

Gringoire, perceiving that he was in a pensive mood, quitted him to go and admire the porch of a neighboring house. He came back clapping his hands. "If you were less engrossed with the fine clothes of men of war, monsieur the archdeacon, I would entreat you to come and see this door. I have always said that the house of the Sieur Aubry had the most superb entrance in the world."

"Pierre Gringoire," said the archdeacon, "What have you done with that little gypsy dancer?"

"La Esmeralda? You change the conversation very abruptly."

"Was she not your wife?"

"Yes, by virtue of a broken crock. We were to have four years of it. By the way," added Gringoire, looking at the archdeacon in a half bantering way, "are you still thinking of her?"

"And you think of her no longer?"

"Very little. I have so many things. Good heavens, how pretty that little goat was!"

"Had she not saved your life?"

"'Tis true, pardieu!"

"Well, what has become of her? What have you done with her?"

– Je ne vous dirai pas. Je crois qu'ils l'ont pendue.

– Vous croyez ?

– Je ne suis pas sûr. Quand j'ai vu qu'ils voulaient pendre les gens, je me suis retiré du jeu.

– C'est là tout ce que vous en savez ?

– Attendez donc. On m'a dit qu'elle s'était réfugiée dans Notre-Dame, et qu'elle y était en sûreté, et j'en suis ravi, et je n'ai pu découvrir si la chèvre s'était sauvée avec elle, et c'est tout ce que j'en sais.

– Je vais vous en apprendre davantage, cria dom Claude, et sa voix, jusqu'alors basse, lente et presque sourde, était devenue tonnante. Elle est en effet réfugiée dans Notre-Dame. Mais dans trois jours la justice l'y reprendra, et elle sera pendue en Grève. Il y a arrêt du parlement.

– Voilà qui est fâcheux », dit Gringoire.
Le prêtre, en un clin d'œil, était redevenu froid et calme.

« Et qui diable, reprit le poète, s'est donc amusé à solliciter un arrêt de réintégration ? Est-ce qu'on ne pouvait pas laisser le parlement tranquille ? Qu'est-ce que cela fait qu'une pauvre fille s'abrite sous les arcs-boutants de Notre-Dame à côté des nids d'hirondelle ?

– Il y a des satans dans le monde, répondit l'archidiacre.
– Cela est diablement mal emmanché », observa Gringoire.
L'archidiacre reprit après un silence : « Donc, elle vous a sauvé la vie ?

"I cannot tell you. I believe that they have hanged her."

"You believe so?"

"I am not sure. When I saw that they wanted to hang people, I retired from the game."

"That is all you know of it?"

"Wait a bit. I was told that she had taken refuge in Notre–Dame, and that she was safe there, and I am delighted to hear it, and I have not been able to discover whether the goat was saved with her, and that is all I know."

"I will tell you more," cried Dom Claude; and his voice, hitherto low, slow, and almost indistinct, turned to thunder. "She has in fact, taken refuge in Notre–Dame. But in three days justice will reclaim her, and she will be hanged on the Grève. There is a decree of parliament."

"That's annoying," said Gringoire.

The priest, in an instant, became cold and calm again.

"And who the devil," resumed the poet, "has amused himself with soliciting a decree of reintegration? Why couldn't they leave parliament in peace? What harm does it do if a poor girl takes shelter under the flying buttresses of Notre– Dame, beside the swallows' nests?"

"There are satans in this world," remarked the archdeacon. "

'Tis devilish badly done," observed Gringoire.

The archdeacon resumed after a silence,-- "So, she saved your life?"

– Chez mes bons amis les truandiers. Un peu plus, un peu moins, j'étais pendu. Ils en seraient fâchés aujourd'hui.

– Est-ce que vous ne voulez rien faire pour elle ?

– Je ne demande pas mieux, dom Claude. Mais si je vais m'entortiller une vilaine affaire autour du corps ?

– Qu'importe !

– Bah ! qu'importe ! Vous êtes bon, vous, mon maître ! j'ai deux grands ouvrages commencés. »

Le prêtre se frappa le front. Malgré le calme qu'il affectait, de temps en temps un geste violent révélait ses convulsions intérieures.

« Comment la sauver ? »

Gringoire lui dit : « Mon maître, je vous répondrai : Il padelt, ce qui veut dire en turc : Dieu est notre espérance.

– Comment la sauver ? » répéta Claude rêveur.

Gringoire à son tour se frappa le front.

« Écoutez, mon maître. J'ai de l'imagination. Je vais vous trouver des expédients. – Si on demandait la grâce au roi ?

– À Louis XI ? une grâce ?

– Pourquoi pas ?

– Va prendre son os au tigre ! »

Gringoire se mit à chercher de nouvelles solutions.

« Eh bien ! tenez ! – Voulez-vous que j'adresse aux matrones une requête avec déclaration que la fille est enceinte ? »

Cela fit étinceler la creuse prunelle du prêtre.

"Among my good friends the outcasts. A little more or a little less and I should have been hanged. They would have been sorry for it to-day."

"Would not you like to do something for her?"

"I ask nothing better, Dom Claude; but what if I entangle myself in some villanous affair?"

"What matters it?"

"Bah! what matters it? You are good, master, that you are! I have two great works already begun."

The priest smote his brow. In spite of the calm which he affected, a violent gesture betrayed his internal convulsions from time to time.

"How is she to be saved?"

Gringoire said to him; "Master, I will reply to you; ~Il padelt~, which means in Turkish, 'God is our hope.'"

"How is she to be saved?" repeated Claude dreamily.

Gringoire smote his brow in his turn.

"Listen, master. I have imagination; I will devise expedients for you. What if one were to ask her pardon from the king?"

"Of Louis XI.! A pardon!"

"Why not?"

"To take the tiger's bone from him!"

Gringoire began to seek fresh expedients.

"Well, stay! Shall I address to the midwives a request accompanied by the declaration that the girl is with child!"

This made the priest's hollow eye flash.

« Enceinte ! drôle ! est-ce que tu en sais quelque chose ? »

Gringoire fut effrayé de son air. Il se hâta de dire : « Oh ! non pas moi ! Notre mariage était un vrai forismaritagium. Je suis resté dehors. Mais enfin on obtiendrait un sursis.

– Folie ! infamie ! tais-toi !

– Vous avez tort de vous fâcher, grommela Gringoire. On obtient un sursis, cela ne fait de mal à personne, et cela fait gagner quarante deniers parisis aux matrones, qui sont de pauvres femmes. »

Le prêtre ne l'écoutait pas.

« Il faut pourtant qu'elle sorte de là ! murmura-t-il. L'arrêt est exécutoire sous trois jours ! D'ailleurs, il n'y aurait pas d'arrêt, ce Quasimodo ! Les femmes ont des goûts bien dépravés ! » Il haussa la voix :

« Maître Pierre, j'y ai bien réfléchi, il n'y a qu'un moyen de salut pour elle.

– Lequel ? moi, je n'en vois plus.

– Écoutez, maître Pierre, souvenez-vous que vous lui devez la vie. Je vais vous dire franchement mon idée. L'église est guettée jour et nuit. On n'en laisse sortir que ceux qu'on y a vus entrer. Vous pourrez donc entrer. Vous viendrez. Je vous introduirai près d'elle. Vous changerez d'habits avec elle. Elle prendra votre pourpoint, vous prendrez sa jupe.

– Cela va bien jusqu'à présent, observa le philosophe. Et puis ?

– Et puis ? Elle sortira avec vos habits ; vous resterez avec les siens. On vous pendra peut-être, mais elle sera sauvée. »

"With child! knave! do you know anything of this?"

Gringoire was alarmed by his air. He hastened to say, "Oh, no, not I! Our marriage was a real ~forismaritagium~. I stayed outside. But one might obtain a respite, all the same."

"Madness! Infamy! Hold your tongue!"

"You do wrong to get angry," muttered Gringoire. "One obtains a respite; that does no harm to any one, and allows the midwives, who are poor women, to earn forty deniers parisis."

The priest was not listening to him!

"But she must leave that place, nevertheless!" he murmured, "the decree is to be executed within three days. Moreover, there will be no decree; that Quasimodo! Women have very depraved tastes!" He raised his voice:

"Master Pierre, I have reflected well; there is but one means of safety for her."

"What? I see none myself."

"Listen, Master Pierre, remember that you owe your life to her. I will tell you my idea frankly. The church is watched night and day; only those are allowed to come out, who have been seen to enter. Hence you can enter. You will come. I will lead you to her. You will change clothes with her. She will take your doublet; you will take her petticoat."

"So far, it goes well," remarked the philosopher, "and then?"

"And then? she will go forth in your garments; you will remain with hers. You will be hanged, perhaps, but she will be saved."

Gringoire se gratta l'oreille avec un air très sérieux.

« Tiens ! dit-il, voilà une idée qui ne me serait jamais venue toute seule. »

À la proposition inattendue de dom Claude, la figure ouverte et bénigne du poète s'était brusquement rembrunie, comme un riant paysage d'Italie quand il survient un coup de vent malencontreux qui écrase un nuage sur le soleil.

« Hé bien, Gringoire ! que dites-vous du moyen ?

— Je dis, mon maître, qu'on ne me pendra pas peut-être, mais qu'on me pendra indubitablement.

— Cela ne nous regarde pas.

— La peste ! dit Gringoire. — Elle vous a sauvé la vie. C'est une dette que vous payez.

— Il y en a bien d'autres que je ne paie pas !

— Maître Pierre, il le faut absolument. » L'archidiacre parlait avec empire.

« Écoutez, dom Claude, répondit le poète tout consterné. Vous tenez à cette idée et vous avez tort. Je ne vois pas pourquoi je me ferais pendre à la place d'un autre.

— Qu'avez-vous donc tant qui vous attache à la vie ?

— Ah ! mille raisons !

— Lesquelles, s'il vous plaît ?

Gringoire scratched his ear, with a very serious air.

"Stay!" said he, "that is an idea which would never have occurred to me unaided."

At Dom Claude's proposition, the open and benign face of the poet had abruptly clouded over, like a smiling Italian landscape, when an unlucky squall comes up and dashes a cloud across the sun.

"Well! Gringoire, what say you to the means?"

"I say, master, that I shall not be hanged, perchance, but that I shall be hanged indubitably.

"That concerns us not."

"The deuce!" said Gringoire. "She has saved your life. 'Tis a debt that you are discharging."

"There are a great many others which I do not discharge."

"Master Pierre, it is absolutely necessary." The archdeacon spoke imperiously."

"Listen, Dom Claude," replied the poet in utter consternation. You cling to that idea, and you are wrong. I do not see why I should get myself hanged in some one else's place."

"What have you, then, which attaches you so strongly to life?"

"Oh! a thousand reasons!"

"What reasons, if you please?"

– Lesquelles ? L'air, le ciel, le matin, le soir, le clair de lune, mes bons amis les truands, nos gorges chaudes avec les vilotières, les belles architectures de Paris à étudier, trois gros livres à faire, dont un contre l'évêque et ses moulins, que sais-je, moi ? Anaxagoras disait qu'il était au monde pour admirer le soleil. Et puis, j'ai le bonheur de passer toutes mes journées du matin au soir avec un homme de génie qui est moi, et c'est fort agréable.

"What? The air, the sky, the morning, the evening, the moonlight, my good friends the thieves, our jeers with the old hags of go–betweens, the fine architecture of Paris to study, three great books to make, one of them being against the bishops and his mills; and how can I tell all? Anaxagoras said that he was in the world to admire the sun. And then, from morning till night, I have the happiness of passing all my days with a man ofgenius, who is myself, which is very agreeable."

– Tête à faire un grelot ! grommela l'archidiacre. Eh ! parle, cette vie que tu te fais si charmante, qui te l'a conservée ? À qui dois-tu de respirer cet air, de voir ce ciel, et de pouvoir encore amuser ton esprit d'alouette de billevesées et de folies ? Sans elle, où serais-tu ? Tu veux donc qu'elle meure, elle par qui tu es vivant ? qu'elle meure, cette créature, belle, douce, adorable, nécessaire à la lumière du monde, plus divine que Dieu ! tandis que toi, demi-sage et demi-fou, vaine ébauche de quelque chose, espèce de végétal qui crois marcher et qui crois penser, tu continueras à vivre avec la vie que tu lui as volée, aussi inutile qu'une chandelle en plein midi ? Allons, un peu de pitié, Gringoire ! sois généreux à ton tour. C'est elle qui a commencé. »

"A head fit for a mule bell!" muttered the archdeacon. "Oh! tell me who preserved for you that life which you render so charming to yourself? To whom do you owe it that you breathe that air, behold that sky, and can still amuse your lark's mind with your whimsical nonsense and madness? Where would you be, had it not been for her? Do you then desire that she through whom you are alive, should die? that she should die, that beautiful, sweet, adorable creature, who is necessary to the light of the world and more divine than God, while you, half wise, and half fool, a vain sketch of something, a sort of vegetable, which thinks that it walks, and thinks that it thinks, you will continue to live with the life which you have stolen from her, as useless as a candle in broad daylight? Come, have a little pity, Gringoire; be generous in your turn; it was she who set the example."

Le prêtre était véhément. Gringoire l'écouta d'abord avec un air indéterminé, puis il s'attendrit, et finit par faire une grimace tragique qui fit ressembler sa blême figure à celle d'un nouveau-né qui a la colique.

« Vous êtes pathétique, dit-il en essuyant une larme. – Eh bien ! j'y réfléchirai. – C'est une drôle d'idée que vous avez eue là. – Après tout, poursuivit-il après un silence, qui sait ? peut-être ne me pendront-ils pas. N'épouse pas toujours qui fiance. Quand ils me trouveront dans cette logette, si grotesquement affublé, en jupe et en coiffe, peut-être éclateront-ils de rire. – Et puis, s'ils me pendent, eh bien ! la corde, c'est une mort comme une autre, ou, pour mieux dire, ce n'est pas une mort comme une autre. C'est une mort digne du sage qui a oscillé toute sa vie, une mort qui n'est ni chair ni poisson, comme l'esprit du véritable sceptique, une mort tout empreinte de pyrrhonisme et d'hésitation, qui tient le milieu entre le ciel et la terre, qui vous laisse en suspens. C'est une mort de philosophe, et j'y étais prédestiné peut-être. Il est magnifique de mourir comme on a vécu. »

Le prêtre l'interrompit : « Est-ce convenu ?

– Qu'est-ce que la mort, à tout prendre ? poursuivit Gringoire avec exaltation. Un mauvais moment, un péage, le passage de peu de chose à rien. Quelqu'un ayant demandé à Cercidas, mégalopolitain, s'il mourrait volontiers :

The priest was vehement. Gringoire listened to him at first with an undecided air, then he became touched, and wound up with a grimace which made his pallid face resemble that of a new–born infant with an attack of the colic.⬚

"You are pathetic!" said he, wiping away a tear. "Well! I will think about it. That's a queer idea of yours.--After all," he continued after a pause, "who knows? perhaps they will not hang me. He who becomes betrothed does not always marry. When they find me in that little lodging so grotesquely muffled in petticoat and coif, perchance they will burst with laughter. And then, if they do hang me,--well! the halter is as good a death as any. 'Tis a death worthy of a sage who has wavered all his life; a death which is neither flesh nor fish, like the mind of a veritable sceptic; a death all stamped with Pyrrhonism and hesitation, which holds the middle station betwixt heaven and earth, which leaves you in suspense. 'Tis a philosopher's death, and I was destined thereto, perchance. It is magnificent to die as one has lived."⬚

The priest interrupted him: "Is it agreed."⬚

"What is death, after all?" pursued Gringoire with exaltation. "A disagreeable moment, a toll–gate, the passage of little to nothingness. Some one having asked Cercidas, the Megalopolitan, if he were willing to die:⬚

« Pourquoi non ? répondit-il ; car après ma mort je verrai ces grands hommes, Pythagoras entre les philosophes, Hecatæus entre les historiens, Homère entre les poètes, Olympe entre les musiciens. » »

L'archidiacre lui présenta la main. « Donc c'est dit ? vous viendrez demain. »

Ce geste ramena Gringoire au positif.

« Ah ! ma foi non ! dit-il du ton d'un homme qui se réveille. Être pendu ! c'est trop absurde. Je ne veux pas.

— Adieu alors ! » Et l'archidiacre ajouta entre ses dents : « Je te retrouverai ! »

« Je ne veux pas que ce diable d'homme me retrouve », pensa Gringoire ; et il courut après dom Claude. « Tenez, monsieur l'archidiacre, pas d'humeur entre vieux amis ! Vous vous intéressez à cette fille, à ma femme, veux-je dire, c'est bien. Vous avez imaginé un stratagème pour la faire sortir sauve de Notre-Dame, mais votre moyen est extrêmement désagréable pour moi, Gringoire. — Si j'en avais un autre, moi ! — Je vous préviens qu'il vient de me survenir à l'instant une inspiration très lumineuse. — Si j'avais une idée expédiente pour la tirer du mauvais pas sans compromettre mon cou avec le moindre nœud coulant ? qu'est-ce que vous diriez ? cela ne vous suffirait-il point ? Est-il absolument nécessaire que je sois pendu pour que vous soyez content ? »

Le prêtre arrachait d'impatience les boutons de sa soutane. « Ruisseau de paroles ! — Quel est ton moyen ?

'Why not?' he replied; 'for after my death I shall see those great men, Pythagoras among the philosophers, Hecataeus among historians, Homer among poets, Olympus among musicians.'"

The archdeacon gave him his hand: "It is settled, then? You will come to-morrow?"

This gesture recalled Gringoire to reality.

"Ah! i' faith no!" he said in the tone of a man just waking up. "Be hanged! 'tis too absurd. I will not."

"Farewell, then!" and the archdeacon added between his teeth: "I'll find you again!"

"I do not want that devil of a man to find me," thought Gringoire; and he ran after Dom Claude. "Stay, monsieur the archdeacon, no ill-feeling between old friends! You take an interest in that girl, my wife, I mean, and 'tis well. You have devised a scheme to get her out of Notre-Dame, but your way is extremely disagreeable to me, Gringoire. If I had only another one myself! I beg to say that a luminous inspiration has just occurred to me. If I possessed an expedient for extricating her from a dilemma, without compromising my own neck to the extent of a single running knot, what would you say to it? Will not that suffice you? Is it absolutely necessary that I should be hanged, in order that you may be content?"

The priest tore out the buttons of his cassock with impatience: "Stream of words! What is your plan?"

– Oui, reprit Gringoire se parlant à lui-même et touchant son nez avec son index en signe de méditation, c'est cela ! – Les truands sont de braves fils. – La tribu d'Égypte l'aime. – Ils se lèveront au premier mot. – Rien de plus facile. – Un coup de main. – À la faveur du désordre, on l'enlèvera aisément. – Dès demain soir... ils ne demanderont pas mieux.

– Le moyen ! parle », dit le prêtre en le secouant.

Gringoire se tourna majestueusement vers lui : « Laissez-moi donc ! vous voyez bien que je compose. » Il réfléchit encore quelques instants. Puis il se mit à battre des mains à sa pensée en criant : « Admirable ! réussite sûre !

– Le moyen ! » reprit Claude en colère.
Gringoire était radieux.

« Venez, que je vous dise cela tout bas. C'est une contre-mine vraiment gaillarde et qui nous tire tous d'affaire. Pardieu ! il faut convenir que je ne suis pas un imbécile. »

Il s'interrompit : « Ah ça ! la petite chèvre est-elle avec la fille ?

– Oui. Que le diable t'emporte !

– C'est qu'ils l'auraient pendue aussi, n'est-ce pas ?

– Qu'est-ce que cela me fait ?

– Oui, ils l'auraient pendue. Ils ont bien pendu une truie le mois passé. Le bourrel aime cela. Il mange la bête après. Pendre ma jolie Djali ! Pauvre petit agneau !

"Yes," resumed Gringoire, talking to himself and touching his nose with his forefinger in sign of meditation,--"that's it!--The thieves are brave fellows!--The tribe of Egypt love her!--They will rise at the first word!--Nothing easier!--A sudden stroke.--Under cover of the disorder, they will easily carry her off!--Beginning to-morrow evening. They will ask nothing better.

"The plan! speak," cried the archdeacon shaking him.

Gringoire turned majestically towards him: "Leave me! You see that I am composing." He meditated for a few moments more, then began to clap his hands over his thought, crying: "Admirable! success is sure!"

"The plan!" repeated Claude in wrath.

Gringoire was radiant.

"Come, that I may tell you that very softly. 'Tis a truly gallant counter-plot, which will extricate us all from the matter. Pardieu, it must be admitted that I am no fool."

He broke off. "Oh, by the way! is the little goat with the wench?"

"Yes. The devil take you!"

"They would have hanged it also, would they not?"

"What is that to me?"

"Yes, they would have hanged it. They hanged a sow last month. The headsman loveth that; he eats the beast afterwards. Take my pretty Djali! Poor little lamb!"

— Malédiction ! s'écria dom Claude. Le bourreau, c'est toi. Quel moyen de salut as-tu donc trouvé, drôle ? faudra-t-il t'accoucher ton idée avec le forceps ?

"Malediction!" exclaimed Dom Claude. "You are the executioner. What means of safety have you found, knave? Must your idea be extracted with the forceps?"

— Tout beau, maître ! voici. » Gringoire se pencha à l'oreille de l'archidiacre et lui parla très bas, en jetant un regard inquiet d'un bout à l'autre de la rue où il ne passait pourtant personne.

"Very fine, master, this is it." Gringoire bent his head to the archdeacon's head and spoke to him in a very low voice, casting an uneasy glance the while from one end to the other of the street, though no one was passing.

Quand il eut fini, dom Claude lui prit la main et lui dit froidement : « C'est bon. À demain.

When he had finished, Dom Claude took his hand and said coldly : "'Tis well. Farewell until to-morrow."

— À demain », répéta Gringoire.

"Until to-morrow," repeated Gringoire.

Et tandis que l'archidiacre s'éloignait d'un côté, il s'en alla de l'autre en se disant à demi-voix : « Voilà une fière affaire, monsieur Pierre Gringoire. N'importe. Il n'est pas dit, parce qu'on est petit, qu'on s'effraiera d'une grande entreprise. Biton porta un grand taureau sur ses épaules ; les hochequeues, les fauvettes et les traquets traversent l'océan. »

And, while the archdeacon was disappearing in one direction, he set off in the other, saying to himself in a low voice: "Here's a grand affair, Monsieur Pierre Gringoire. Never mind! 'Tis not written that because one is of small account one should take fright at a great enterprise. Bitou carried a great bull on his shoulders; the water-wagtails, the warblers, and the buntings traverse the ocean."

II FAITES-VOUS TRUAND

CHAPTER II. TURN VAGABOND.

L'archidiacre, en rentrant au cloître, trouva à la porte de sa cellule son frère Jehan du Moulin qui l'attendait et qui avait charmé les ennuis de l'attente en dessinant avec un charbon sur le mur un profil de son frère aîné enrichi d'un nez démesuré.

On re-entering the cloister, the archdeacon found at the door of his cell his brother Jehan du Moulin, who was waiting for him, and who had beguiled the tedium of waiting by drawing on the wall with a bit of charcoal, a profile of his elder brother, enriched with a monstrous nose.

Dom Claude regarda à peine son frère. Il avait d'autres songes. Ce joyeux visage de vaurien dont le rayonnement avait tant de fois rasséréné la sombre physionomie du prêtre était maintenant impuissant à fondre la brume qui s'épaississait chaque jour davantage sur cette âme corrompue, méphitique et stagnante.

« Mon frère, dit timidement Jehan, je viens vous voir. » L'archidiacre ne leva seulement pas les yeux sur lui.

« Après ?

– Mon frère, reprit l'hypocrite, vous êtes si bon pour moi, et vous me donnez de si bons conseils que je reviens toujours à vous.

– Ensuite ?

– Hélas ! mon frère, c'est que vous aviez bien raison quand vous me disiez : « Jehan ! Jehan ! cessat doctorum doctrina, discipulorum disciplina. Jehan, soyez sage, Jehan, docte, Jehan, ne pernoctez pas hors le collège sans légitime et congé du maître. Ne battez pas les Picards, noli, Joannes, verberare picardos. Ne pourrissez pas comme un âne illettré, quasi asinus illitteratus, sur le feurre de l'école. Jehan, laissez-vous punir à la discrétion du maître. Jehan, allez tous les soirs à la chapelle et chantez-y une antienne avec verset et oraison à madame la glorieuse Vierge Marie. » Hélas ! que c'étaient là de très excellents avis !

– Et puis ?

Dom Claude hardly looked at his brother; his thoughts were elsewhere. That merry scamp's face whose beaming had so often restored serenity to the priest's sombre physiognomy, was now powerless to melt the gloom which grew more dense every day over that corrupted, mephitic, and stagnant soul.

"Brother," said Jehan timidly, "I am come to see you." The archdeacon did not even raise his eyes.

"What then?"

"Brother," resumed the hypocrite, "you are so good to me, and you give me such wise counsels that I always return to you."

"What next?"

"Alas! brother, you were perfectly right when you said to me,––"Jehan! Jehan! ~cessat doctorum doctrina, discipulorum disciplina~. Jehan, be wise, Jehan, be learned, Jehan, pass not the night outside of the college without lawful occasion and due leave of the master. Cudgel not the Picards: ~noli, Joannes, verberare Picardos~. Rot not like an unlettered ass, ~quasi asinus illitteratus~, on the straw seats of the school. Jehan, allow yourself to be punished at the discretion of the master. Jehan go every evening to chapel, and sing there an anthem with verse and orison to Madame the glorious Virgin Mary.––Alas! what excellent advice was that!"

"And then?"

— Mon frère, vous voyez un coupable, un criminel, un misérable, un libertin, un homme énorme ! Mon cher frère, Jehan a fait de vos gracieux conseils paille et fumier à fouler aux pieds. J'en suis bien châtié, et le bon Dieu est extraordinairement juste. Tant que j'ai eu de l'argent, j'ai fait ripaille, folie et vie joyeuse. Oh ! que la débauche, si charmante de face, est laide et rechignée par derrière ! Maintenant je n'ai plus un blanc, j'ai vendu ma nappe, ma chemise et ma touaille, plus de joyeuse vie ! la belle chandelle est éteinte, et je n'ai plus que la vilaine mèche de suif qui me fume dans le nez. Les filles se moquent de moi. Je bois de l'eau. Je suis bourrelé de remords et de créanciers.

— Le reste ? dit l'archidiacre.

— Hélas ! très cher frère, je voudrais bien me ranger à une meilleure vie. Je viens à vous, plein de contrition. Je suis pénitent. Je me confesse. Je me frappe la poitrine à grands coups de poing. Vous avez bien raison de vouloir que je devienne un jour licencié et sous-moniteur du collège de Torchi. Voici que je me sens à présent une vocation magnifique pour cet état. Mais je n'ai plus d'encre, il faut que j'en rachète ; je n'ai plus de plumes, il faut que j'en rachète ; je n'ai plus de papier, je n'ai plus de livres, il faut que j'en rachète. J'ai grand besoin pour cela d'un peu de finance. Et je viens à vous, mon frère, le cœur plein de contrition.

— Est-ce tout ?
— Oui, dit l'écolier. Un peu d'argent.
— Je n'en ai pas. »

"Brother, you behold a culprit, a criminal, a wretch, a libertine, a man of enormities! My dear brother, Jehan hath made of your counsels straw and dung to trample under foot. I have been well chastised for it, and God is extraordinarily just. As long as I had money, I feasted, I lead a mad and joyous life. Oh! how ugly and crabbed behind is debauch which is so charming in front! Now I have no longer a blank; I have sold my napery, my shirt and my towels; no more merry life! The beautiful candle is extinguished and I have henceforth, only a wretched tallow dip which smokes in my nose. The wenches jeer at me. I drink water.——I am overwhelmed with remorse and with creditors.

"The rest?" said the archdeacon.

"Alas! my very dear brother, I should like to settle down to a better life. I come to you full of contrition, I am penitent. I make my confession. I beat my breast violently. You are quite right in wishing that I should some day become a licentiate and sub-monitor in the college of Torchi. At the present moment I feel a magnificent vocation for that profession. But I have no more ink and I must buy some; I have no more paper, I have no more books, and I must buy some. For this purpose, I am greatly in need of a little money, and I come to you, brother, with my heart full of contrition."

"Is that all?"
"Yes," said the scholar. "A little money."
"I have none."

L'écolier dit alors d'un air grave et résolu en même temps : « Eh bien, mon frère, je suis fâché d'avoir à vous dire qu'on me fait d'autre part de très belles offres et propositions. Vous ne voulez pas me donner d'argent ? Non ? – En ce cas, je vais me faire truand. »

En prononçant ce mot monstrueux, il prit une mine d'Ajax, s'attendant à voir tomber la foudre sur sa tête.

L'archidiacre lui dit froidement :

« Faites-vous truand. »

Jehan le salua profondément et redescendit l'escalier du cloître en sifflant.

Au moment où il passait dans la cour du cloître sous la fenêtre de la cellule de son frère, il entendit cette fenêtre s'ouvrir, leva le nez et vit passer par l'ouverture la tête sévère de l'archidiacre.

« Va-t'en au diable ! disait dom Claude ; voici le dernier argent que tu auras de moi. »

En même temps, le prêtre jeta à Jehan une bourse qui fit à l'écolier une grosse bosse au front, et dont Jehan s'en alla à la fois fâché et content, comme un chien qu'on lapiderait avec des os à moelle.

III VIVE LA JOIE !

Then the scholar said, with an air which was both grave and resolute: "Well, brother, I am sorry to be obliged to tell you that very fine offers and propositions are being made to me in another quarter. You will not give me any money? No. In that case I shall become a professional vagabond."

As he uttered these monstrous words, he assumed the mien of Ajax, expecting to see the lightnings descend upon his head.

The archdeacon said coldly to him,–

"Become a vagabond."

Jehan made him a deep bow, and descended the cloister stairs, whistling.

At the moment when he was passing through the courtyard of the cloister, beneath his brother's window, he heard that window open, raised his eyes and beheld the archdeacon's severe head emerge.

"Go to the devil!" said Dom Claude; "here is the last money which you will get from me?"

At the same time, the priest flung Jehan a purse, which gave the scholar a big bump on the forehead, and with which Jehan retreated, both vexed and content, like a dog who had been stoned with marrow bones.

CHAPTER III. LONG LIVE MIRTH.

Le lecteur n'a peut-être pas oublié qu'une partie de la Cour des Miracles était enclose par l'ancien mur d'enceinte de la ville, dont bon nombre de tours commençaient dès cette époque à tomber en ruine. L'une de ces tours avait été convertie en lieu de plaisir par les truands. Il y avait cabaret dans la salle basse, et le reste dans les étages supérieurs. Cette tour était le point le plus vivant et par conséquent le plus hideux de la truanderie. C'était une sorte de ruche monstrueuse qui y bourdonnait nuit et jour. La nuit, quand tout le surplus de la gueuserie dormait, quand il n'y avait plus une fenêtre allumée sur les façades terreuses de la place, quand on n'entendait plus sortir un cri de ces innombrables maisonnées, de ces fourmilières de voleurs, de filles et d'enfants volés ou bâtards, on reconnaissait toujours la joyeuse tour au bruit qu'elle faisait, à la lumière écarlate qui, rayonnant à la fois aux soupiraux, aux fenêtres, aux fissures des murs lézardés, s'échappait pour ainsi dire de tous ses pores.

The reader has probably not forgotten that a part of the Cour de Miracles was enclosed by the ancient wall which surrounded the city, a goodly number of whose towers had begun, even at that epoch, to fall to ruin. One of these towers had been converted into a pleasure resort by the vagabonds. There was a drain-shop in the underground story, and the rest in the upper stories. This was the most lively, and consequently the most hideous, point of the whole outcast den. It was a sort of monstrous hive, which buzzed there night and day. At night, when the remainder of the beggar horde slept, when there was no longer a window lighted in the dingy façades of the Place, when not a cry was any longer to be heard proceeding from those innumerable families, those ant-hills of thieves, of wenches, and stolen or bastard children, the merry tower was still recognizable by the noise which it made, by the scarlet light which, flashing simultaneously from the air-holes, the windows, the fissures in the cracked walls, escaped, so to speak, from its every pore.⬚

La cave était donc le cabaret. On y descendait par une porte basse et par un escalier aussi roide qu'un alexandrin classique. Sur la porte il y avait en guise d'enseigne un merveilleux barbouillage représentant des sols neufs et des poulets tués, avec ce calembour au-dessous : Aux sonneurs pour les trépassés.

The cellar then, was the dram-shop. The descent to it was through a low door and by a staircase as steep as a classic Alexandrine. Over the door, by way of a sign there hung a marvellous daub, representing new sons and dead chickens, with this, pun below: ~Aux sonneurs pour les trépassés~,--The wringers for the dead.*⬚

Un soir, au moment où le couvre-feu sonnait à tous les beffrois de Paris, les sergents du guet, s'il leur eût été donné d'entrer dans la redoutable Cour des Miracles, auraient pu remarquer qu'il se faisait dans la taverne des truands plus de tumulte encore qu'à l'ordinaire, qu'on y buvait plus et qu'on y jurait mieux. Au dehors, il y avait dans la place force groupes qui s'entretenaient à voix basse, comme lorsqu'il se trame un grand dessein, et çà et là un drôle accroupi qui aiguisait une méchante lame de fer sur un pavé.

One evening when the curfew was sounding from all the belfries in Paris, the sergeants of the watch might have observed, had it been granted to them to enter the formidable Court of Miracles, that more tumult than usual was in progress in the vagabonds' tavern, that more drinking was being done, and louder swearing. Outside in the Place, there, were many groups conversing in low tones, as when some great plan is being framed, and here and there a knave crouching down engaged in sharpening a villanous iron blade on a paving-stone.

Cependant dans la taverne même, le vin et le jeu étaient une si puissante diversion aux idées qui occupaient ce soir-là la truanderie, qu'il eût été difficile de deviner aux propos des buveurs de quoi il s'agissait. Seulement ils avaient l'air plus gai que de coutume, et on leur voyait à tous reluire quelque arme entre les jambes, une serpe, une cognée, un gros estramaçon, ou le croc d'une vieille hacquebute.

Meanwhile, in the tavern itself, wine and gaming offered such a powerful diversion to the ideas which occupied the vagabonds' lair that evening, that it would have been difficult to divine from the remarks of the drinkers, what was the matter in hand. They merely wore a gayer air than was their wont, and some weapon could be seen glittering between the legs of each of them,--a sickle, an axe, a big two-edged sword or the hook of an old hackbut.

La salle, de forme ronde, était très vaste, mais les tables étaient si pressées et les buveurs si nombreux, que tout ce que contenait la taverne, hommes, femmes, bancs, cruches à bière, ce qui buvait, ce qui dormait, ce qui jouait, les bien portants, les éclopés, semblaient entassés pêle-mêle avec autant d'ordre et d'harmonie qu'un tas d'écailles d'huîtres. Il y avait quelques suifs allumés sur les tables ; mais le véritable luminaire de la taverne, ce qui remplissait dans le cabaret le rôle du lustre dans une salle d'opéra, c'était le feu. Cette cave était si humide qu'on n'y laissait jamais éteindre la cheminée, même en plein été ; une cheminée immense à manteau sculpté, toute hérissée de lourds chenets de fer et d'appareils de cuisine, avec un de ces gros feux mêlés de bois et de tourbe qui, la nuit, dans les rues de village, font saillir si rouge sur les murs d'en face le spectre des fenêtres de forge. Un grand chien, gravement assis dans la cendre, tournait devant la braise une broche chargée de viandes.

The room, circular in form, was very spacious; but the tables were so thickly set and the drinkers so numerous, that all that the tavern contained, men, women, benches, beer-jugs, all that were drinking, all thatwere sleeping, all that were playing, the well, the lame, seemed piled up pell-mell, with as much order and harmony as a heap of oyster shells. There were a few tallow dips lighted on the tables; but the real luminary of this tavern, that which played the part in this dram-shop of the chandelier of an opera house, was the fire. This cellar was so damp that the fire was never allowed to go out, even in midsummer; an immense chimney with a sculptured mantel, all bristling with heavy iron andirons and cooking utensils, with one of those huge fires of mixed wood and peat which at night, in village streets make the reflection of forge windows stand out so red on the opposite walls. A big dog gravely seated in the ashes was turning a spit loaded with meat before the coals.

Quelle que fût la confusion, après le premier coup d'œil, on pouvait distinguer dans cette multitude trois groupes principaux, qui se pressaient autour de trois personnages que le lecteur connaît déjà. L'un de ces personnages, bizarrement accoutré de maint oripeau oriental, était Mathias Hungadi Spicali, duc d'Égypte et de Bohême. Le maraud était assis sur une table, les jambes croisées, le doigt en l'air et faisait d'une voix haute distribution de sa science en magie blanche et noire à mainte face béante qui l'entourait.

Great as was the confusion, after the first glance one could distinguish in that multitude, three principal groups which thronged around three personages already known to the reader. One of these personages, fantastically accoutred in many an oriental rag, was Mathias Hungadi Spicali, Duke of Egypt and Bohemia. The knave was seated on a table with his legs crossed, and in a loud voice was bestowing his knowledge of magic, both black and white, on many a gaping face which surrounded him.

Une autre cohue s'épaississait autour de notre ancien ami, le vaillant roi de Thunes, armé jusqu'aux dents. Clopin Trouillefou, d'un air très sérieux et à voix basse, réglait le pillage d'une énorme futaille pleine d'armes, largement défoncée devant lui, d'où se dégorgeaient en foule haches, épées, bassinets, cottes de mailles, platers, fers de lance et d'archegayes, sagettes et viretons, comme pommes et raisins d'une corne d'abondance. Chacun prenait au tas, qui le morion, qui l'estoc, qui la miséricorde à poignée en croix. Les enfants eux-mêmes s'armaient, et il y avait jusqu'à des culs-de-jatte qui, bardés et cuirassés, passaient entre les jambes des buveurs comme de gros scarabées.

Another rabble pressed close around our old friend, the valiant King of Thunes, armed to the teeth. Clopin Trouillefou, with a very serious air and in a low voice, was regulating the distribution of an enormous cask of arms, which stood wide open in front of him and from whence poured out in profusion, axes, swords, bassinets, coats of mail, broadswords, lance-heads, arrows, and viretons,* like apples and grapes from a horn of plenty. Every one took something from the cask, one a morion, another a long, straight sword, another a dagger with a cross--shaped hilt. The very children were arming themselves, and there were even cripples in bowls who, in armor and cuirass, made their way between the legs of the drinkers, like great beetles.

Enfin un troisième auditoire, le plus bruyant, le plus jovial et le plus nombreux, encombrait les bancs et les tables au milieu desquels pérorait et jurait une voix en flûte qui s'échappait de dessous une pesante armure complète du casque aux éperons. L'individu qui s'était ainsi vissé une panoplie sur le corps disparaissait tellement sous l'habit de guerre qu'on ne voyait plus de sa personne qu'un nez effronté, rouge, retroussé, une boucle de cheveux blonds, une bouche rose et des yeux hardis. Il avait la ceinture pleine de dagues et de poignards, une grande épée au flanc, une arbalète rouillée à sa gauche, et un vaste broc de vin devant lui, sans compter à sa droite une épaisse fille débraillée. Toutes les bouches à l'entour de lui riaient, sacraient et buvaient.

Finally, a third audience, the most noisy, the most jovial, and the most numerous, encumbered benches and tables, in the midst of which harangued and swore a flute-like voice, which escaped from beneath a heavy armor, complete from casque to spurs. The individual who had thus screwed a whole outfit upon his body, was so hidden by his warlike accoutrements that nothing was to be seen of his person save an impertinent, red, snub nose, a rosy mouth, and bold eyes. His belt was full of daggers and poniards, a huge sword on his hip, a rusted cross-bow at his left, and a vast jug of wine in front of him, without reckoning on his right, a fat wench with her bosom uncovered. All mouths around him were laughing, cursing, and drinking.

Qu'on ajoute vingt groupes secondaires, les filles et les garçons de service courant avec des brocs en tête, les joueurs accroupis sur les billes, sur les merelles, sur les dés, sur les vachettes, sur le jeu passionné du tringlet, les querelles dans un coin, les baisers dans l'autre, et l'on aura quelque idée de cet ensemble, sur lequel vacillait la clarté d'un grand feu flambant qui faisait danser sur les murs du cabaret mille ombres démesurées et grotesques.

Quant au bruit, c'était l'intérieur d'une cloche en grande volée.

La lèchefrite, où pétillait une pluie de graisse, emplissait de son glapissement continu les intervalles de ces mille dialogues qui se croisaient d'un bout à l'autre de la salle.

Il y avait parmi ce vacarme, au fond de la taverne, sur le banc intérieur de la cheminée, un philosophe qui méditait, les pieds dans la cendre et l'œil sur les tisons. C'était Pierre Gringoire.

« Allons, vite ! dépêchons, armez-vous ! on se met en marche dans une heure ! » disait Clopin Trouillefou à ses argotiers.

Une fille fredonnait : Bonsoir, mon père et ma mère !Les derniers couvrent le feu.

Deux joueurs de cartes se disputaient.

« Valet ! criait le plus empourpré des deux, en montrant le poing à l'autre, je vais te marquer au trèfle. Tu pourras remplacer Mistigri dans le jeu de cartes de monseigneur le roi. »

Add twenty secondary groups, the waiters, male and female, running with jugs on their heads, gamblers squatting over taws, merelles,* dice, vachettes, the ardent game of tringlet, quarrels in one corner, kisses in another, and the reader will have some idea of this whole picture, over which flickered the light of a great, flaming fire, which made a thousand huge and grotesque shadows dance over the walls of the drinking shop.

As for the noise, it was like the inside of a bell at full peal.

The dripping-pan, where crackled a rain of grease, filled with its continual sputtering the intervals of these thousand dialogues, which intermingled from one end of the apartment to the other.

In the midst of this uproar, at the extremity of the tavern, on the bench inside the chimney, sat a philosopher meditating with his feet in the ashes and his eyes on the brands. It was Pierre Gringoire.

"Be quick! make haste, arm yourselves! we set out on the march in an hour!" said Clopin Trouillefou to his thieves.

A wench was humming,--"Good night, father and mother, the last cover up the fire.

Two card players were disputing,--

"Knave!" cried the reddest faced of the two, shaking his fist at the other; "I'll mark you with the club. You can take the place of Mistigri in the pack of cards of monseigneur the king."

« Ouf ! hurlait un normand, reconnaissable à son accent nasillard, on est ici tassé comme les saints de Caillouville ! »

"Ugh!" roared a Norman, recognizable by his nasal accent; "we are packed in here like the saints of Caillouville!"

« Fils, disait à son auditoire le duc d'Égypte parlant en fausset, les sorcières de France vont au sabbat sans balai, ni graisse, ni monture, seulement avec quelques paroles magiques. Les sorcières d'Italie ont toujours un bouc qui les attend à leur porte. Toutes sont tenues de sortir par la cheminée. »

"My sons," the Duke of Egypt was saying to his audience, in a falsetto voice, "sorceresses in France go to the witches' sabbath without broomsticks, or grease, or steed, merely by means of some magic words. The witches of Italy always have a buck waiting for them at their door. All are bound to go out through the chimney."

La voix du jeune drôle armé de pied en cap dominait le brouhaha.

The voice of the young scamp armed from head to foot, dominated the uproar.

« Noël ! Noël ! criait-il. Mes première armes aujourd'hui ! Truand ! je suis truand, ventre de Christ ! versez-moi à boire ! – Mes amis, je m'appelle Jehan Frollo du Moulin, et je suis gentilhomme. Je suis d'avis que, si Dieu était gendarme, il se ferait pillard. Frères, nous allons faire une belle expédition. Nous sommes des vaillants. Assiéger l'église, enfoncer les portes, en tirer la belle fille, la sauver des juges, la sauver des prêtres, démanteler le cloître, brûler l'évêque dans l'évêché, nous ferons cela en moins de temps qu'il n'en faut à un bourgmestre pour manger une cuillerée de soupe. Notre cause est juste, nous pillerons Notre-Dame, et tout sera dit. Nous pendrons Quasimodo. Connaissez-vous Quasimodo, mesdemoiselles ?

"Hurrah! hurrah!" he was shouting. "My first day in armor! Outcast! I am an outcast. Give me something to drink. My friends, my name is Jehan Frollo du Moulin, and I am a gentleman. My opinion is that if God were a ~gendarme~, he would turn robber. Brothers, we are about to set out on a fine expedition. Lay siege to the church, burst in the doors, drag out the beautiful girl, save her from the judges, save her from the priests, dismantle the cloister, burn the bishop in his palace––all this we will do in less time than it takes for a burgomaster to eat a spoonful of soup. Our cause is just, we will plunder Notre–Dame and that will be the end of it. We will hang Quasimodo. Do you know Quasimodo, ladies?

L'avez-vous vu s'essouffler sur le bourdon un jour de grande Pentecôte ? Corne du Père ! c'est très beau ! on dirait un diable à cheval sur une gueule. – Mes amis, écoutez-moi, je suis truand au fond du cœur, je suis argotier dans l'âme, je suis né cagou. J'ai été très riche, et j'ai mangé mon bien. Ma mère voulait me faire officier, mon père sous-diacre, ma tante conseiller aux enquêtes, ma grand-mère protonotaire du roi, ma grand-tante trésorier de robe courte. Moi, je me suis fait truand. J'ai dit cela à mon père qui m'a craché sa malédiction au visage, à ma mère qui s'est mise, la vieille dame, à pleurer et à baver comme cette bûche sur ce chenet. Vive la joie ! je suis un vrai Bicêtre !

Have you seen him make himself breathless on the big bell on a grand Pentecost festival! ~Corne du Père~! 'tis very fine! One would say he was a devil mounted on a man. Listen to me, my friends; I am a vagabond to the bottom of my heart, I am a member of the slang thief gang in my soul, I was born an independent thief. I have been rich, and I have devoured all my property. My mother wanted to make an officer of me; my father, a sub-deacon; my aunt, a councillor of inquests; my grandmother, prothonotary to the king; my great aunt, a treasurer of the short robe,––and I have made myself an outcast. I said this to my father, who spit his curse in my face; to my mother, who set to weeping and chattering, poor old lady, like yonder fagot on the and-irons. Long live mirth! I am a real Bicêtre.[?]

Tavernière ma mie, d'autre vin ! j'ai encore de quoi payer. Je ne veux plus de vin de Suresnes. Il me chagrine le gosier. J'aimerais autant, corbœuf ! me gargariser d'un panier ! »

Waitress, my dear, more wine. I have still the wherewithal to pay. I want no more Surène wine. It distresses my throat. I'd as lief, ~corboeuf~! gargle my throat with a basket."[?]

Cependant la cohue applaudissait avec des éclats de rire et, voyant que le tumulte redoublait autour de lui, l'écolier s'écria :

Meanwhile, the rabble applauded with shouts of laughter; and seeing that the tumult was increasing around him, the scholar cried,––.[?]

« Oh ! le beau bruit ! Populi debacchantis populosa debacchatio ! » Alors il se mit à chanter, l'œil comme noyé dans l'extase, du ton d'un chanoine qui entonne vêpres : « – Quæ cantica ! quæ organa ! quæ cantilenæ ! quæ melodiæ hic sine fine decantantur ! sonant melliflua hymnorum organa, suavissima angelorum melodia, cantica canticorum mira ! »

"Oh! what a fine noise! ~Populi debacchantis populosa debacchatio~!" Then he began to sing, his eye swimming in ecstasy, in the tone of a canon intoning vespers, ~Quoe cantica! quoe organa! quoe cantilenoe! quoe meloclioe hic sine fine decantantur! Sonant melliflua hymnorum organa, suavissima angelorum melodia, cantica canticorum mira~![?]

Il s'interrompit : « Buvetière du diable, donne-moi à souper. »

He broke off: "Tavern-keeper of the devil, give me some supper!"[?]

Il y eut un moment de quasi-silence pendant lequel s'éleva à son tour la voix aigre du duc d'Égypte, enseignant ses bohémiens…

There was a moment of partial silence, during which the sharp voice of the Duke of Egypt rose, as he gave instructions to his Bohemians.

« La belette s'appelle Aduine, le renard Pied-Bleu ou le Coureur-des-Bois, le loup Pied-Gris ou Pied-Doré, l'ours le Vieux ou le Grand-Père. — Le bonnet d'un gnome rend invisible, et fait voir les choses invisibles. — Tout crapaud qu'on baptise doit être vêtu de velours rouge ou noir, une sonnette au cou, une sonnette aux pieds. Le parrain tient la tête, la marraine le derrière. — C'est le démon Sidragasum qui a le pouvoir de faire danser les filles toutes nues.

"The weasel is called Adrune; the fox, Blue-foot, or the Racer of the Woods; the wolf, Gray-foot, or Gold-foot; the bear the Old Man, or Grandfather. The cap of a gnome confers invisibility, and causes one to behold invisible things. Every toad that is baptized must be clad in red or black velvet, a bell on its neck, a bell on its feet. The godfather holds its head, the godmother its hinder parts. 'Tis the demon Sidragasum who hath the power to make wenches dance stark naked."

— Par la messe ! interrompit Jehan, je voudrais être le démon Sidragasum. »

"By the mass!" interrupted Jehan, "I should like to be the demon Sidragasum."

Cependant les truands continuaient de s'armer en chuchotant à l'autre bout du cabaret.

Meanwhile, the vagabonds continued to arm themselves and whisper at the other end of the dram-shop.

« Cette pauvre Esmeralda ! disait un bohémien. C'est notre sœur. — Il faut la tirer de là.

"That poor Esmeralda!" said a Bohemian. "She is our sister. She must be taken away from there."

— Est-elle donc toujours à Notre-Dame ? reprenait un marcandier à mine de juif.

"Is she still at Notre-Dame?" went on a merchant with the appearance of a Jew.

— Oui, pardieu !

"Yes, pardieu!"

— Eh bien ! camarades, s'écria le marcandier, à Notre-Dame ! D'autant mieux qu'il y a à la chapelle des saints Féréol et Ferrution deux statues, l'une de saint Jean-Baptiste, l'autre de saint Antoine, toutes d'or, pesant ensemble dix-sept marcs d'or et quinze estellins, et les sous-pieds d'argent doré dix-sept marcs cinq onces. Je sais cela. Je suis orfèvre. »

"Well! comrades!" exclaimed the merchant, "to Notre-Dame! So much the better, since there are in the chapel of Saints Féréol and Ferrution two statues, the one of John the Baptist, the other of Saint-Antoine, of solid gold, weighing together seven marks of gold and fifteen estellins; and the pedestals are of silver-gilt, of seventeen marks, five ounces. I know that; I am a goldsmith."

Ici on servit à Jehan son souper. Il s'écria, en s'étalant sur la gorge de la fille sa voisine :

Here they served Jehan with his supper. As he threw himself back on the bosom of the wench beside him, he exclaimed,––

« Par saint Voult-de-Lucques, que le peuple appelle saint Goguelu, je suis parfaitement heureux. J'ai là devant moi un imbécile qui me regarde avec la mine glabre d'un archiduc. En voici un à ma gauche qui a les dents si longues qu'elles lui cachent le menton. Et puis je suis comme le maréchal de Gié au siège de Pontoise, j'ai ma droite appuyée à un mamelon. – Ventre-Mahom ! camarade ! tu as l'air d'un marchand d'esteufs, et tu viens t'asseoir auprès de moi ! Je suis noble, l'ami. La marchandise est incompatible avec la noblesse ! Va-t'en de là. – Holàhée ! vous autres ! ne vous battez pas ! Comment, Baptiste Croque-Oison, toi qui as un si beau nez, tu vas le risquer contre les gros poings de ce butor ! Imbécile ! Non cuiquam datum est habere nasum. –

"By Saint Voult–de–Lucques, whom people call Saint Goguelu, I am perfectly happy. I have before me a fool who gazes at me with the smooth face of an archduke. Here is one on my left whose teeth are so long that they hide his chin. And then, I am like the Marshal de Gié at the siege of Pontoise, I have my right resting on a hillock. ~Ventre– Mahom~! Comrade! you have the air of a merchant of tennis– balls; and you come and sit yourself beside me! I am a nobleman, my friend! Trade is incompatible with nobility. Get out of that! Hola hé! You others, don't fight! What, Baptiste Croque–Oison, you who have such a fine nose are going to risk it against the big fists of that lout! Fool! ~Non cuiquam datum est habere nasum~––not every one is favored with a nose.

Tu es vraiment divine, Jacqueline Ronge-Oreille ! c'est dommage que tu n'aies pas de cheveux. – Holà ! je m'appelle Jehan Frollo, et mon frère est archidiacre. Que le diable l'emporte ! Tout ce que je vous dis est la vérité. En me faisant truand, j'ai renoncé de gaieté de cœur à la moitié d'une maison située dans le paradis que mon frère m'avait promise. Dimidiam domum in paradiso. Je cite le texte. J'ai un fief rue Tirechappe, et toutes les femmes sont amoureuses de moi, aussi vrai qu'il est vrai que saint Éloy était un excellent orfèvre, et que les cinq métiers de la bonne ville de Paris sont les tanneurs, les mégissiers, les baudroyers, les boursiers et les sueurs, et que saint Laurent a été brûlé avec des coquilles d'œufs.

You are really divine, Jacqueline Ronge-Oreille! 'tis a pity that you have no hair! Holà! my name is Jehan Frollo, and my brother is an archdeacon. May the devil fly off with him! All that I tell you is the truth. In turning vagabond, I have gladly renounced the half of a house situated in paradise, which my brother had promised me. ~Dimidiam domum in paradiso~. I quote the text. I have a fief in the Rue Tirechappe, and all the women are in love with me, as true as Saint Eloy was an excellent goldsmith, and that the five trades of the good city of Paris are the tanners, the tawers, the makers of cross-belts, the purse-makers, and the sweaters, and that Saint Laurent was burnt with eggshells.

Je vous jure, camarades, Que je ne beuvrai de pimentDevant un an, si je cy ment !

I swear to you, comrades. That I will drink no spiced and honeyed wine for a year, if I am lying now.

Ma charmante, il fait clair de lune, regarde donc là-bas par le soupirail comme le vent chiffonne les nuages ! Ainsi je fais ta gorgerette. – Les filles ! mouchez les enfants et les chandelles. – Christ et Mahom ! qu'est-ce que je mange là, Jupiter ! Ohé ! la matrulle ! les cheveux qu'on ne trouve pas sur la tête de tes ribaudes, on les retrouve dans tes omelettes. La vieille ! j'aime les omelettes chauves. Que le diable te fasse camuse ! – Belle hôtellerie de Belzébuth où les ribaudes se peignent avec les fourchettes ! » Cela dit, il brisa son assiette sur le pavé et se mit à chanter à tue-tête :

"'Tis moonlight, my charmer; see yonder through the window how the wind is tearing the clouds to tatters! Even thus will I do to your gorget.––Wenches, wipe the children's noses and snuff the candles.––Christ and Mahom! What am I eating here, Jupiter? Ohé! innkeeper! the hair which is not on the heads of your hussiesone finds in your omelettes. Old woman! I like bald omelettes. May the devil confound you!––A fine hostelry of Beelzebub, where the hussies comb their heads with the forks!

Et je n'ai, moi,Par la sang-Dieu !Ni foi, ni loi,Ni feu, ni lieu,Ni roi,Ni Dieu !

And by the blood of God, I have neither faith nor law, nor fire nor dwelling-place, nor king nor God.

Cependant, Clopin Trouillefou avait fini sa distribution d'armes. Il s'approcha de Gringoire qui paraissait plongé dans une profonde rêverie, les pieds sur un chenet.

In the meantime, Clopin Trouillefou had finished the distribution of arms. He approached Gringoire, who appeared to be plunged in a profound revery, with his feet on an andiron.

« L'ami Pierre, dit le roi de Thunes, à quoi diable penses-tu ? »

"Friend Pierre," said the King of Thunes, "what the devil are you thinking about?"

Gringoire se retourna vers lui avec un sourire mélancolique :

Gringoire turned to him with a melancholy smile.

« J'aime le feu, mon cher seigneur. Non par la raison triviale que le feu réchauffe nos pieds ou cuit notre soupe, mais parce qu'il a des étincelles. Quelquefois je passe des heures à regarder les étincelles. Je découvre mille choses dans ces étoiles qui saupoudrent le fond noir de l'âtre. Ces étoiles-là aussi sont des mondes.

"I love the fire, my dear lord. Not for the trivial reason that fire warms the feet or cooks our soup, but because it has sparks. Sometimes I pass whole hours in watching the sparks. I discover a thousand things in those stars which are sprinkled over the black background of the hearth. Those stars are also worlds."

— Tonnerre si je te comprends ! dit le truand. Sais-tu quelle heure il est ?

"Thunder, if I understand you!" said the outcast. "Do you know what o'clock it is?"

— Je ne sais pas », répondit Gringoire.

"I do not know," replied Gringoire.

Clopin s'approcha alors du duc d'Égypte.

Clopin approached the Duke of Egypt.

« Camarade Mathias, le quart d'heure n'est pas bon. On dit le roi Louis onzième à Paris.

"Comrade Mathias, the time we have chosen is not a good one. King Louis XI. is said to be in Paris."

— Raison de plus pour lui tirer notre sœur des griffes, répondit le vieux bohémien.

"Another reason for snatching our sister from his claws," replied the old Bohemian.

— Tu parles en homme, Mathias, dit le roi de Thunes. D'ailleurs nous ferons lestement. Pas de résistance à craindre dans l'église. Les chanoines sont des lièvres, et nous sommes en force. Les gens du parlement seront bien attrapés demain quand ils viendront la chercher ! Boyaux du pape ! je ne veux pas qu'on pende la jolie fille ! »

"You speak like a man, Mathias," said the King of Thunes. "Moreover, we will act promptly. No resistance is to be feared in the church. The canons are hares, and we are in force. The people of the parliament will be well balked to-morrow when they come to seek her! Guts of the pope I don't want them to hang the pretty girl!"

Clopin sortit du cabaret.

Chopin quitted the dram-shop.

Pendant ce temps-là, Jehan s'écriait d'une voix enrouée :

« Je bois, je mange, je suis ivre, je suis Jupiter ! – Eh ! Pierre l'Assommeur, si tu me regardes encore comme cela, je vais t'épousseter le nez avec des chiquenaudes. »

De son côté Gringoire, arraché de ses méditations, s'était mis à considérer la scène fougueuse et criarde qui l'environnait en murmurant entre ses dents : « Luxuriosa res vinum et tumultuosa ebrietas. Hélas ! que j'ai bien raison de ne pas boire, et que saint Benoît dit excellemment : Vinum apostatare facit etiam sapientes. »

En ce moment Clopin rentra et cria d'une voix de tonnerre : « Minuit ! »

À ce mot, qui fit l'effet du boute-selle sur un régiment en halte, tous les truands, hommes, femmes, enfants, se précipitèrent en foule hors de la taverne avec un grand bruit d'armes et de ferrailles.

La lune s'était voilée.

La Cour des Miracles était tout à fait obscure. Il n'y avait pas une lumière. Elle était pourtant loin d'être déserte. On y distinguait une foule d'hommes et de femmes qui se parlaient bas. On les entendait bourdonner, et l'on voyait reluire toutes sortes d'armes dans les ténèbres. Clopin monta sur une grosse pierre.

« À vos rangs, l'Argot ! cria-t-il. À vos rangs, l'Égypte ! À vos rangs, Galilée ! »

Un mouvement se fit dans l'ombre. L'immense multitude parut se former en colonne. Après quelques minutes, le roi de Thunes éleva encore la voix :

Meanwhile, Jehan was shouting in a hoarse voice:

"I eat, I drink, I am drunk, I am Jupiter! Eh! Pierre, the Slaughterer, if you look at me like that again, I'll fillip the dust off your nose for you."

Gringoire, torn from his meditations, began to watch the wild and noisy scene which surrounded him, muttering between his teeth: "~Luxuriosa res vinum et tumultuosa ebrietas~. Alas! what good reason I have not to drink, and how excellently spoke Saint–Benoit: '~Vinum apostatare facit etiam sapientes!'"

At that moment, Clopin returned and shouted in a voice of thunder: "Midnight!"

At this word, which produced the effect of the call to boot and saddle on a regiment at a halt, all the outcasts, men, women, children, rushed in a mass from the tavern, with great noise of arms and old iron implements.

The moon was obscured.

The Cour des Miracles was entirely dark. There was not a single light. One could make out there a throng of men and women conversing in low tones. They could be heard buzzing, and a gleam of all sorts of weapons was visible in the darkness. Clopin mounted a large stone.

"To your ranks, Argot!"* he cried. "Fall into line, Egypt! Form ranks, Galilee!"

A movement began in the darkness. The immense multitude appeared to form in a column. After a few minutes, the King of Thunes raised his voice once more,––

« Maintenant, silence pour traverser Paris ! Le mot de passe est : Petite flambe en baguenaud ! On n'allumera les torches qu'à Notre-Dame ! En marche ! »

"Now, silence to march through Paris! The password is, 'Little sword in pocket!' The torches will not be lighted till we reach Notre–Dame! Forward, march!"

Dix minutes après, les cavaliers du guet s'enfuyaient épouvantés devant une longue procession d'hommes noirs et silencieux qui descendait vers le Pont-au-Change, à travers les rues tortueuses qui percent en tous sens le massif quartier des Halles.

Ten minutes later, the cavaliers of the watch fled in terror before a long procession of black and silent men which was descending towards the Pont an Change, through the tortuous streets which pierce the close–built neighborhood of the markets in every direction.

IV UN MALADROIT AMI

CHAPTER IV. AN AWKWARD FRIEND.

Cette même nuit, Quasimodo ne dormait pas. Il venait de faire sa dernière ronde dans l'église. Il n'avait pas remarqué, au moment où il en fermait les portes, que l'archidiacre était passé près de lui et avait témoigné quelque humeur en le voyant verrouiller et cadenasser avec soin l'énorme armature de fer qui donnait à leurs larges battants la solidité d'une muraille. Dom Claude avait l'air encore plus préoccupé qu'à l'ordinaire. Du reste, depuis l'aventure nocturne de la cellule, il maltraitait constamment Quasimodo ; mais il avait beau le rudoyer, le frapper même quelquefois, rien n'ébranlait la soumission, la patience, la résignation dévouée du fidèle sonneur. De la part de l'archidiacre il souffrait tout, injures, menaces, coups, sans murmurer un reproche, sans pousser une plainte. Tout au plus le suivait-il des yeux avec inquiétude quand dom Claude montait l'escalier de la tour, mais l'archidiacre s'était de lui-même abstenu de reparaître aux yeux de l'égyptienne.

That night, Quasimodo did not sleep. He had just made his last round of the church. He had not noticed, that at the moment when he was closing the doors, the archdeacon had passed close to him and betrayed some displeasure on seeing him bolting and barring with care the enormous iron locks which gave to their large leaves the solidity of a wall. Dom Claude's air was even more preoccupied than usual. Moreover, since the nocturnal adventure in the cell, he had constantly abused Quasimodo, but in vain did he ill treat, and even beat him occasionally, nothing disturbed the submission, patience, the devoted resignation of the faithful bellringer. He endured everything on the part of the archdeacon, insults, threats, blows, without murmuring a complaint. At the most, he gazed uneasily after Dom Claude when the latter ascended the staircase of the tower; but the archdeacon had abstained from presenting himself again before the gypsy's eyes.

Cette nuit-là donc, Quasimodo, après avoir donné un coup d'œil à ses pauvres cloches si délaissées, à Jacqueline, à Marie, à Thibauld, était monté jusque sur le sommet de la tour septentrionale, et là, posant sur les plombs sa lanterne sourde bien fermée, il s'était mis à regarder Paris. La nuit, nous l'avons déjà dit, était fort obscure. Paris, qui n'était, pour ainsi dire, pas éclairé à cette époque, présentait à l'œil un amas confus de masses noires, coupé çà et là par la courbe blanchâtre de la Seine. Quasimodo n'y voyait plus de lumière qu'à une fenêtre d'un édifice éloigné dont le vague et sombre profil se dessinait bien au-dessus des toits, du côté de la porte Saint-Antoine. Là aussi il y avait quelqu'un qui veillait.

On that night, accordingly, Quasimodo, after having cast a glance at his poor bells which he so neglected now, Jacqueline, Marie, and Thibauld, mounted to the summit of the Northern tower, and there setting his dark lanturn, well closed, upon the leads, he began to gaze at Paris. The night, as we have already said, was very dark. Paris which, so to speak was not lighted at that epoch, presented to the eye a confused collection of black masses, cut here and there by the whitish curve of the Seine. Quasimodo no longer saw any light with the exception of one window in a distant edifice, whose vague and sombre profile was outlined well above the roofs, in the direction of the Porte Sainte–Antoine. There also, there was some one awake.

Tout en laissant flotter dans cet horizon de brume et de nuit son unique regard, le sonneur sentait au dedans de lui-même une inexprimable inquiétude. Depuis plusieurs jours il était sur ses gardes. Il voyait sans cesse rôder autour de l'église des hommes à mine sinistre qui ne quittaient pas des yeux l'asile de la jeune fille. Il songeait qu'il se tramait peut-être quelque complot contre la malheureuse réfugiée. Il se figurait qu'il y avait une haine populaire sur elle comme il y en avait une sur lui, et qu'il se pourrait bien qu'il arrivât bientôt quelque chose. Aussi se tenait-il sur son clocher, aux aguets, rêvant dans son rêvoir, comme dit Rabelais, l'œil tour à tour sur la cellule et sur Paris, faisant sûre garde, comme un bon chien, avec mille défiances dans l'esprit.

As the only eye of the bellringer peered into that horizon of mist and night, he felt within him an inexpressible uneasiness. For several days he had been upon his guard. He had perceived men of sinister mien, who never took their eyes from the young girl's asylum, prowling constantly about the church. He fancied that some plot might be in process of formation against the unhappy refugee. He imagined that there existed a popular hatred against her, as against himself, and that it was very possible that something might happen soon. Hence he remained upon his tower on the watch, "dreaming in his dream–place," as Rabelais says, with his eye directed alternately on the cell and on Paris, keeping faithful guard, like a good dog, with a thousand suspicions in his mind.

Tout à coup, tandis qu'il scrutait la grande ville de cet œil que la nature, par une sorte de compensation, avait fait si perçant qu'il pouvait presque suppléer aux autres organes qui manquaient à Quasimodo, il lui parut que la silhouette du quai de la Vieille-Pelleterie avait quelque chose de singulier, qu'il y avait un mouvement sur ce point, que la ligne du parapet détachée en noir sur la blancheur de l'eau n'était pas droite et tranquille semblablement à celle des autres quais, mais qu'elle ondulait au regard comme les vagues d'un fleuve ou comme les têtes d'une foule en marche.

All at once, while he was scrutinizing the great city with that eye which nature, by a sort of compensation, had made so piercing that it could almost supply the other organs which Quasimodo lacked, it seemed to him that there was something singular about the Quay de la Vieille-Pelleterie, that there was a movement at that point, that the line of the parapet, standing out blackly against the whiteness of the water was not straight and tranquil, like that of the other quays, but that it undulated to the eye, like the waves of a river, or like the heads of a crowd in motion.

Cela lui parut étrange. Il redoubla d'attention. Le mouvement semblait venir vers la Cité. Aucune lumière d'ailleurs. Il dura quelque temps sur le quai, puis il s'écoula peu à peu, comme si ce qui passait entrait dans l'intérieur de l'île, puis il cessa tout à fait, et la ligne du quai redevint droite et immobile.

This struck him as strange. He redoubled his attention. The movement seemed to be advancing towards the City. There was no light. It lasted for some time on the quay; then it gradually ceased, as though that which was passing were entering the interior of the island; then it stopped altogether, and the line of the quay became straight and motionless again.

Au moment où Quasimodo s'épuisait en conjectures, il lui sembla que le mouvement reparaissait dans la rue du Parvis qui se prolonge dans la Cité perpendiculairement à la façade de Notre-Dame. Enfin, si épaisse que fût l'obscurité, il vit une tête de colonne déboucher par cette rue et en un instant se répandre dans la place une foule dont on ne pouvait rien distinguer dans les ténèbres sinon que c'était une foule.

At the moment when Quasimodo was lost in conjectures, it seemed to him that the movement had re-appeared in the Rue du Parvis, which is prolonged into the city perpendicularly to the façade of Notre-Dame. At length, dense as was the darkness, he beheld the head of a column debouch from that street, and in an instant a crowd--of which nothing could be distinguished in the gloom except that it was a crowd--spread over the Place.

Ce spectacle avait sa terreur. Il est probable que cette procession singulière, qui semblait si intéressée à se dérober sous une profonde obscurité, ne gardait pas un silence moins profond. Cependant un bruit quelconque devait s'en échapper, ne fût-ce qu'un piétinement. Mais ce bruit n'arrivait même pas à notre sourd, et cette grande multitude, dont il voyait à peine quelque chose et dont il n'entendait rien, s'agitant et marchant néanmoins si près de lui, lui faisait l'effet d'une cohue de morts, muette, impalpable, perdue dans une fumée. Il lui semblait voir s'avancer vers lui un brouillard plein d'hommes, voir remuer des ombres dans l'ombre.

This spectacle had a terror of its own. It is probable that this singular procession, which seemed so desirous of concealing itself under profound darkness, maintained a silence no less profound. Nevertheless, some noise must have escaped it, were it only a trampling. But this noise did not even reach our deaf man, and this great multitude, of which he saw hardly anything, and of which he heard nothing, though it was marching and moving so near him, produced upon him the effect of a rabble of dead men, mute, impalpable, lost in a smoke. It seemed to him, that he beheld advancing towards him a fog of men, and that he saw shadows moving in the shadow.

Alors ses craintes lui revinrent, l'idée d'une tentative contre l'égyptienne se représenta à son esprit. Il sentit confusément qu'il approchait d'une situation violente. En ce moment critique, il tint conseil en lui-même avec un raisonnement meilleur et plus prompt qu'on ne l'eût attendu d'un cerveau si mal organisé. Devait-il éveiller l'égyptienne ? la faire évader ? Par où ? les rues étaient investies, l'église était acculée à la rivière. Pas de bateau ! pas d'issue ! – Il n'y avait qu'un parti, se faire tuer au seuil de Notre-Dame, résister du moins jusqu'à ce qu'il vînt un secours, s'il en devait venir, et ne pas troubler le sommeil de la Esmeralda. La malheureuse serait toujours éveillée assez tôt pour mourir. Cette résolution une fois arrêtée, il se mit à examiner l'ennemi avec plus de tranquillité.

Then his fears returned to him, the idea of an attempt against the gypsy presented itself once more to his mind. He was conscious, in a confused way, that a violent crisis was approaching. At that critical moment he took counsel with himself, with better and prompter reasoning than one would have expected from so badly organized a brain. Ought he to awaken the gypsy? to make her escape? Whither? The streets were invested, the church backed on the river. No boat, no issue!––There was but one thing to be done; to allow himself to be killed on the threshold of Notre–Dame, to resist at least until succor arrived, if it should arrive, and not to trouble la Esmeralda's sleep. This resolution once taken, he set to examining the enemy with more tranquillity.

La foule semblait grossir à chaque instant dans le Parvis. Seulement il présuma qu'elle ne devait faire que fort peu de bruit, puisque les fenêtres des rues et de la place restaient fermées. Tout à coup une lumière brilla, et en un instant sept ou huit torches allumées se promenèrent sur les têtes, en secouant dans l'ombre leurs touffes de flammes. Quasimodo vit alors distinctement moutonner dans le Parvis un effrayant troupeau d'hommes et de femmes en haillons, armés de faulx, de piques, de serpes, de pertuisanes dont les mille pointes étincelaient. Çà et là, des fourches noires faisaient des cornes à ces faces hideuses. Il se ressouvint vaguement de cette populace, et crut reconnaître toutes les têtes qui l'avaient, quelques mois auparavant, salué pape des fous. Un homme qui tenait une torche d'une main et une boullaye de l'autre monta sur une borne et parut haranguer. En même temps l'étrange armée fit quelques évolutions comme si elle prenait poste autour de l'église. Quasimodo ramassa sa lanterne et descendit sur la plate-forme d'entre les tours pour voir de plus près et aviser aux moyens de défense.

The throng seemed to increase every moment in the church square. Only, he presumed that it must be making very little noise, since the windows on the Place remained closed. All at once, a flame flashed up, and in an instant seven or eight lighted torches passed over the heads of the crowd, shaking their tufts of flame in the deep shade. Quasimodo then beheld distinctly surging in the Parvis a frightful herd of men and women in rags, armed with scythes, pikes, billhooks and partisans, whose thousand points glittered. Here and there black pitchforks formed horns to the hideous faces. He vaguely recalled this populace, and thought that he recognized all the heads who had saluted him as Pope of the Fools some months previously. One man who held a torch in one hand and a club in the other, mounted a stone post and seemed to be haranguing them. At the same time the strange army executed several evolutions, as though it were taking up its post around the church. Quasimodo picked up his lantern and descended to the platform between the towers, in order to get a nearer view, and to spy out a means of defence.

Clopin Trouillefou, arrivé devant le haut portail de Notre-Dame, avait en effet rangé sa troupe en bataille. Quoiqu'il ne s'attendît à aucune résistance, il voulait, en général prudent, conserver un ordre qui lui permît de faire front au besoin contre une attaque subite du guet ou des onze-vingts. Il avait donc échelonné sa brigade de telle façon que, vue de haut et de loin, vous eussiez dit le triangle romain de la bataille d'Ecnome, la tête-de-porc d'Alexandre, ou le fameux coin de Gustave-Adolphe. La base de ce triangle s'appuyait au fond de la place, de manière à barrer la rue du Parvis ; un des côtés regardait l'Hôtel-Dieu, l'autre la rue Saint-Pierre-aux-Bœufs. Clopin Trouillefou s'était placé au sommet, avec le duc d'Égypte, notre ami Jehan, et les sabouleux les plus hardis.

Clopin Trouillefou, on arriving in front of the lofty portal of Notre–Dame had, in fact, ranged his troops in order of battle. Although he expected no resistance, he wished, like a prudent general, to preserve an order which would permit him to face, at need, a sudden attack of the watch or the police. He had accordingly stationed his brigade in such a manner that, viewed from above and from a distance, one would havepronounced it the Roman triangle of the battle of Ecnomus, the boar's head of Alexander or the famous wedge of Gustavus Adolphus. The base of this triangle rested on the back of the Place in such a manner as to bar the entrance of the Rue du Parvis; one of its sides faced Hôtel–Dieu, the other the Rue Saint–Pierre–aux–Boeufs. Clopin Trouillefou had placed himself at the apex with the Duke of Egypt, our friend Jehan, and the most daring of the scavengers.

Ce n'était point chose très rare dans les villes du moyen âge qu'une entreprise comme celle que les truands tentaient en ce moment sur Notre-Dame. Ce que nous nommons aujourd'hui police n'existait pas alors. Dans les cités populeuses, dans les capitales surtout, pas de pouvoir central, un, régulateur. La féodalité avait construit ces grandes communes d'une façon bizarre. Une cité était un assemblage de mille seigneuries qui la divisaient en compartiments de toutes formes et de toutes grandeurs. De là mille polices contradictoires, c'est-à-dire pas de police. À Paris, par exemple, indépendamment des cent quarante et un seigneurs prétendant censive, il y en avait vingt-cinq prétendant justice et censive, depuis l'évêque de Paris, qui avait cent cinq rues, jusqu'au prieur de Notre-Dame-des-Champs, qui en avait quatre. Tous ces justiciers féodaux ne reconnaissaient que nominalement l'autorité suzeraine du roi. Tous avaient droit de voirie. Tous étaient chez eux. Louis XI, cet infatigable ouvrier qui a si largement commencé la démolition de l'édifice féodal, continuée par Richelieu et Louis XIV au profit de la royauté, et achevée par Mirabeau au profit du peuple, Louis XI avait bien essayé de crever ce réseau de seigneuries qui recouvrait Paris, en jetant violemment tout au travers deux ou trois ordonnances de police générale.

An enterprise like that which the vagabonds were now undertaking against Notre-Dame was not a very rare thing in the cities of the Middle Ages. What we now call the "police" did not exist then. In populous cities, especially in capitals, there existed no single, central, regulating power. Feudalism had constructed these great communities in a singular manner. A city was an assembly of a thousand seigneuries, which divided it into compartments of all shapes and sizes. Hence, a thousand conflicting establishments of police; that is to say, no police at all. In Paris, for example, independently of the hundred and forty-one lords who laid claim to a manor, there were five and twenty who laid claim to a manor and to administering justice, from the Bishop of Paris, who had five hundred streets, to the Prior of Notre- Dame des Champs, who had four. All these feudal justices recognized the suzerain authority of the king only in name. All possessed the right of control over the roads. All were at home. Louis XI., that indefatigable worker, who so largely began the demolition of the feudal edifice, continued by Richelieu and Louis XIV. for the profit of royalty, and finished by Mirabeau for the benefit of the people,--Louis XI. had certainly made an effort to break this network of seignories which covered Paris, by throwing violently across them all two or three troops of general police.

Ainsi, en 1465, ordre aux habitants, la nuit venue, d'illuminer de chandelles leurs croisées, et d'enfermer leurs chiens, sous peine de la hart ; même année, ordre de fermer le soir les rues avec des chaînes de fer, et défense de porter dagues ou armes offensives la nuit dans les rues. Mais, en peu de temps, tous ces essais de législation communale tombèrent en désuétude. Les bourgeois laissèrent le vent éteindre leurs chandelles à leurs fenêtres, et leurs chiens errer ; les chaînes de fer ne se tendirent qu'en état de siège ; la défense de porter dagues n'amena d'autres changements que le nom de la rue Coupe-Gueule au nom de rue Coupe-Gorge, ce qui est un progrès évident. Le vieil échafaudage des juridictions féodales resta debout ; immense entassement de bailliages et de seigneuries se croisant sur la ville, se gênant, s'enchevêtrant, s'emmaillant de travers, s'échancrant les uns les autres ; inutile taillis de guets, de sous-guets et de contre-guets, à travers lequel passaient à main armée le brigandage, la rapine et la sédition. Ce n'était donc pas, dans ce désordre, un événement inouï que ces coups de main d'une partie de la populace sur un palais, sur un hôtel, sur une maison, dans les quartiers les plus peuplés. Dans la plupart des cas, les voisins ne se mêlaient de l'affaire que si le pillage arrivait jusque chez eux. Ils se bouchaient les oreilles à la mousquetade, fermaient leurs volets, barricadaient leurs portes, laissaient le débat se vider avec ou sans le guet, et le lendemain on se disait dans Paris : « Cette nuit, Étienne Barbette a été forcé. » « Le maréchal de Clermont a été pris au corps », etc.

Thus, in 1465, an order to the inhabitants to light candles in their windows at nightfall, and to shut up their dogs under penalty of death; in the same year, an order to close the streets in the evening with iron chains, and a prohibition to wear daggers or weapons of offence in the streets at night. But in a very short time, all these efforts at communal legislation fell into abeyance. The bourgeois permitted the wind to blow out their candles in the windows, and their dogs to stray; the iron chains were stretched only in a state of siege; the prohibition to wear daggers wrought no other changes than from the name of the Rue Coupe-Gueule to the name of the Rue-Coupe-Gorge* which is an evident progress. The old scaffolding of feudal jurisdictions remained standing; an immense aggregation of bailiwicks and seignories crossing each other all over the city, interfering with each other, entangled in one another, enmeshing each other, trespassing on each other; a useless thicket of watches, sub-watches and counter-watches, over which, with armed force, passed brigandage, rapine, and sedition. Hence, in this disorder, deeds of violence on the part of the populace directed against a palace, a hotel, or house in the most thickly populated quarters, were not unheard-of occurrences. In the majority of such cases, the neighbors did not meddle with the matter unless the pillaging extended to themselves. They stopped up their ears to the musket shots, closed their shutters, barricaded their doors, allowed the matter to be concluded with or without the watch, and the next day it was said in Paris, "Etienne Barbette was broken open last night. The Marshal de Clermont was seized last night, etc."

– Aussi, non seulement les habitations royales, le Louvre, le Palais, la Bastille, les Tournelles, mais les résidences simplement seigneuriales, le Petit-Bourbon, l'Hôtel de Sens, l'Hôtel d'Angoulême, etc., avaient leurs créneaux aux murs et leurs mâchicoulis au-dessus des portes. Les églises se gardaient par leur sainteté. Quelques-unes pourtant, du nombre desquelles n'était pas Notre-Dame, étaient fortifiées. L'abbé de Saint-Germain-des-Prés était crénelé comme un baron, et il y avait chez lui encore plus de cuivre dépensé en bombardes qu'en cloches. On voyait encore sa forteresse en 1610. Aujourd'hui il reste à peine son église.

Revenons à Notre-Dame.

Quand les premières dispositions furent terminées, et nous devons dire à l'honneur de la discipline truande que les ordres de Clopin furent exécutés en silence et avec une admirable précision, le digne chef de la bande monta sur le parapet du Parvis et éleva sa voix rauque et bourrue, se tenant tourné vers Notre-Dame et agitant sa torche dont la lumière, tourmentée par le vent et voilée à tout moment de sa propre fumée, faisait paraître et disparaître aux yeux la rougeâtre façade de l'église.

Hence, not only the royal habitations, the Louvre, the Palace, the Bastille, the Tournelles, but simply seignorial residences, the Petit-Bourbon, the Hôtel de Sens, the Hôtel d' Angoulême, etc., had battlements on their walls, and machicolations over their doors. Churches were guarded by their sanctity. Some, among the number Notre-Dame, were fortified. The Abbey of Saint-German-des-Pres was castellated like a baronial mansion, and more brass expended about it in bombards than in bells. Its fortress was still to be seen in 1610. To-day, barely its church remains.

Let us return to Notre-Dame.

When the first arrangements were completed, and we must say, to the honor of vagabond discipline, that Clopin's orders were executed in silence, and with admirable precision, the worthy chief of the band, mounted on the parapet of the church square, and raised his hoarse and surly voice, turning towards Notre-Dame, and brandishing his torch whose light, tossed by the wind, and veiled every moment by its own smoke, made the reddish façade of the church appear and disappear before the eye.

« À toi, Louis de Beaumont, évêque de Paris, conseiller en la cour de parlement, moi Clopin Trouillefou, roi de Thunes, grand coësre, prince de l'argot, évêque des fous, je dis : « Notre sœur, faussement condamnée pour magie, s'est réfugiée dans ton église ; tu lui dois asile et sauvegarde ; or la cour de parlement l'y veut reprendre, et tu y consens ; si bien qu'on la pendrait demain en Grève si Dieu et les truands n'étaient pas là. Donc nous venons à toi, évêque. Si ton église est sacrée, notre sœur l'est aussi ; si notre sœur n'est pas sacrée, ton église ne l'est pas non plus. C'est pourquoi nous te sommons de nous rendre la fille si tu veux sauver ton église, ou que nous reprendrons la fille et que nous pillerons l'église. Ce qui sera bien. En foi de quoi, je plante cy ma bannière, et Dieu te soit en garde, évêque de Paris ! »

"To you, Louis de Beaumont, bishop of Paris, counsellor in the Court of Parliament, I, Clopin Trouillefou, king of Thunes, grand Coësre, prince of Argot, bishop of fools, I say: Our sister, falsely condemned for magic, hath taken refuge in your church, you owe her asylum and safety. Now the Court of Parliament wishes to seize her once more there, and you consent to it; so that she would be hanged to–morrow in the Grève, if God and the outcasts were not here. If your church is sacred, so is our sister; if our sister is not sacred, neither is your church. That is why we call upon you to return the girl if you wish to save your church, or we will take possession of the girl again and pillage the church, which will be a good thing. In token of which I here plant my banner, and may God preserve you, bishop of Paris,"

Quasimodo malheureusement ne put entendre ces paroles prononcées avec une sorte de majesté sombre et sauvage. Un truand présenta sa bannière à Clopin, qui la planta solennellement entre deux pavés. C'était une fourche aux dents de laquelle pendait, saignant, un quartier de charogne.

Quasimodo could not, unfortunately, hear these words uttered with a sort of sombre and savage majesty. A vagabond presented his banner to Clopin, who planted it solemnly between two paving–stones. It was a pitchfork from whose points hung a bleeding quarter of carrion meat.

Cela fait, le roi de Thunes se retourna et promena ses yeux sur son armée, farouche multitude où les regards brillaient presque autant que les piques. Après une pause d'un instant : « En avant, fils ! criat-il. À la besogne, les hutins ! »

That done, the King of Thunes turned round and cast his eyes over his army, a fierce multitude whose glances flashed almost equally with their pikes. After a momentary pause,––"Forward, my Sons!" he cried; "to work, locksmiths!"

Trente hommes robustes, à membres carrés, à face de serruriers, sortirent des rangs, avec des marteaux, des pinces et des barres de fer sur leurs épaules. Ils se dirigèrent vers la principale porte de l'église, montèrent le degré, et bientôt on les vit tous accroupis sous l'ogive, travaillant la porte de pinces et de leviers. Une foule de truands les suivit pour les aider ou les regarder. Les onze marches du portail en étaient encombrées.

Thirty bold men, square shouldered, and with pick-lock faces, stepped from the ranks, with hammers, pincers, and bars of iron on their shoulders. They betook themselves to the principal door of the church, ascended the steps, and were soon to be seen squatting under the arch, working at the door with pincers and levers; a throng of vagabonds followed them to help or look on. The eleven steps before the portal were covered with them.

Cependant la porte tenait bon. « Diable ! elle est dure et têtue ! disait l'un. – Elle est vieille, et elle a les cartilages racornis, disait l'autre. – Courage, camarades ! reprenait Clopin. Je gage ma tête contre une pantoufle que vous aurez ouvert la porte, pris la fille et déshabillé le maître-autel avant qu'il y ait un bedeau de réveillé. Tenez ! je crois que la serrure se détraque. »

But the door stood firm. "The devil! 'tis hard and obstinate!" said one. "It is old, and its gristles have become bony," said another. "Courage, comrades!" resumed Clopin. "I wager my head against a dipper that you will have opened the door, rescued the girl, and despoiled the chief altar before a single beadle is awake. Stay! I think I hear the lock breaking up."

Clopin fut interrompu par un fracas effroyable qui retentit en ce moment derrière lui. Il se retourna. Une énorme poutre venait de tomber du ciel, elle avait écrasé une douzaine de truands sur le degré de l'église, et rebondissait sur le pavé avec le bruit d'une pièce de canon, en cassant encore çà et là des jambes dans la foule des gueux qui s'écartaient avec des cris d'épouvante. En un clin d'œil l'enceinte réservée du Parvis fut vide. Les hutins, quoique protégés par les profondes voussures du portail, abandonnèrent la porte, et Clopin lui-même se replia à distance respectueuse de l'église.

Clopin was interrupted by a frightful uproar which re- sounded behind him at that moment. He wheeled round. An enormous beam had just fallen from above; it had crushed a dozen vagabonds on the pavement with the sound of a cannon, breaking in addition, legs here and there in the crowd of beggars, who sprang aside with cries of terror. In a twinkling, the narrow precincts of the church parvis were cleared. The locksmiths, although protected by the deep vaults of the portal, abandoned the door and Clopin himself retired to a respectful distance from the church.

« Je l'ai échappé belle ! criait Jehan. J'en ai senti le vent, tête-bœuf ! Mais Pierre l'Assommeur est assommé ! »

"I had a narrow escape!" cried Jehan. "I felt the wind, of it, ~tête-de-boeuf~! but Pierre the Slaughterer is slaughtered!"

Il est impossible de dire quel étonnement mêlé d'effroi tomba avec cette poutre sur les bandits.

Ils restèrent quelques minutes les yeux fixés en l'air, plus consternés de ce morceau de bois que de vingt mille archers du roi.

« Satan ! grommela le duc d'Égypte, voilà qui flaire la magie

— C'est la lune qui nous jette cette bûche, dit Andry le Rouge.

— Avec cela, reprit François Chanteprune, qu'on dit la lune amie de la Vierge !

— Mille papes ! s'écria Clopin, vous êtes tous des imbéciles ! » Mais il ne savait comment expliquer la chute du madrier.

Cependant on ne distinguait rien sur la façade, au sommet de laquelle la clarté des torches n'arrivait pas. Le pesant madrier gisait au milieu du Parvis, et l'on entendait les gémissements des misérables qui avaient reçu son premier choc et qui avaient eu le ventre coupé en deux sur l'angle des marches de pierre.

Le roi de Thunes, le premier étonnement passé, trouva enfin une explication qui sembla plausible à ses compagnons.

« Gueule-Dieu ! est-ce que les chanoines se défendent ? Alors à sac ! à sac !

— À sac ! » répéta la cohue avec un hourra furieux. Et il se fit une décharge d'arbalètes et de hacquebutes sur la façade de l'église.

It is impossible to describe the astonishment mingled with fright which fell upon the ruffians in company with this beam.

They remained for several minutes with their eyes in the air, more dismayed by that piece of wood than by the king's twenty thousand archers.

"Satan!" muttered the Duke of Egypt, "this smacks of magic!"

"'Tis the moon which threw this log at us," said Andry the Red.

"Call the moon the friend of the Virgin, after that!" went on Francois Chanteprune.

"A thousand popes!" exclaimed Clopin, "you are all fools!" But he did not know how to explain the fall of the beam.

Meanwhile, nothing could be distinguished on the façade, to whose summit the light of the torches did not reach. The heavy beam lay in the middle of the enclosure, and groans were heard from the poor wretches who had received its first shock, and who had been almost cut in twain, on the angle of the stone steps.

The King of Thunes, his first amazement passed, finally found an explanation which appeared plausible to his companions.

"Throat of God! are the canons defending themselves? To the sack, then! to the sack!"

"To the sack!" repeated the rabble, with a furious hurrah. A discharge of crossbows and hackbuts against the front of the church followed.

À cette détonation, les paisibles habitants des maisons circonvoisines se réveillèrent, on vit plusieurs fenêtres s'ouvrir, et des bonnets de nuit et des mains tenant des chandelles apparurent aux croisées.

At this detonation, the peaceable inhabitants of the surrounding houses woke up; many windows were seen to open, and nightcaps and hands holding candles appeared at the casements.

« Tirez aux fenêtres ! » cria Clopin. Les fenêtres se refermèrent sur-le-champ, et les pauvres bourgeois, qui avaient à peine eu le temps de jeter un regard effaré sur cette scène de lueurs et de tumultes, s'en revinrent suer de peur près de leurs femmes, se demandant si le sabbat se tenait maintenant dans le Parvis Notre-Dame, ou s'il y avait assaut de Bourguignons comme en 64. Alors les maris songeaient au vol, les femmes au viol, et tous tremblaient.

"Fire at the windows," shouted Clopin. The windows were immediately closed, and the poor bourgeois, who had hardly had time to cast a frightened glance on this scene of gleams and tumult, returned, perspiring with fear to their wives, asking themselves whether the witches' sabbath was now being held in the parvis of Notre–Dame, or whether there was an assault of Burgundians, as in '64. Then the husbands thought of theft; the wives, of rape; and all trembled.

« À sac ! » répétaient les argotiers. Mais ils n'osaient approcher. Ils regardaient l'église, ils regardaient le madrier. Le madrier ne bougeait pas. L'édifice conservait son air calme et désert, mais quelque chose glaçait les truands.

"To the sack!" repeated the thieves' crew; but they dared not approach. They stared at the beam, they stared at the church. The beam did not stir, the edifice preserved its calm and deserted air; but something chilled the outcasts.

« À l'œuvre donc, les hutins ! cria Trouillefou. Qu'on force la porte. »
Personne ne fit un pas.
« Barbe et ventre ! dit Clopin, voilà des hommes qui ont peur d'une solive. »
Un vieux hutin lui adressa la parole.
« Capitaine, ce n'est pas la solive qui nous ennuie, c'est la porte qui est toute cousue de barres de fer. Les pinces n'y peuvent rien.
– Que vous faudrait-il donc pour l'enfoncer ? demanda Clopin.
– Ah ! il nous faudrait un bélier. »

"To work, locksmiths!" shouted Trouillefou. "Let the door be forced!"

No one took a step.

"Beard and belly!" said Clopin, "here be men afraid of a beam."

An old locksmith addressed him––

"Captain, 'tis not the beam which bothers us, 'tis the door, which is all covered with iron bars. Our pincers are powerless against it."

"What more do you want to break it in?" demanded Clopin.

"Ah! we ought to have a battering ram."

Le roi de Thunes courut bravement au formidable madrier et mit le pied dessus. « En voilà un, cria-t-il ; ce sont les chanoines qui vous l'envoient. » Et faisant un salut dérisoire du côté de l'église : « Merci, chanoines ! »

The King of Thunes ran boldly to the formidable beam, and placed his foot upon it: "Here is one!" he exclaimed; "'tis the canons who send it to you." And, making a mocking salute in the direction of the church, "Thanks, canons!"

Cette bravade fit bon effet, le charme du madrier était rompu. Les truands reprirent courage ; bientôt la lourde poutre, enlevée comme une plume par deux cents bras vigoureux, vint se jeter avec furie sur la grande porte qu'on avait déjà essayé d'ébranler. À voir ainsi, dans le demi-jour que les rares torches des truands répandaient sur la place, ce long madrier porté par cette foule d'hommes qui le précipitaient en courant sur l'église, on eût cru voir une monstrueuse bête à mille pieds attaquant tête baissée la géante de pierre.

This piece of bravado produced its effects,––the spell of the beam was broken. The vagabonds recovered their courage; soon the heavy joist, raised like a feather by two hundred vigorous arms, was flung with fury against the great door which they had tried to batter down. At the sight of that long beam, in the half–light which the infrequent torches of the brigands spread over the Place, thus borne by that crowd of men whodashed it at a run against the church, one would have thought that he beheld a monstrous beast with a thousand feet attacking with lowered head the giant of stone.

Au choc de la poutre, la porte à demi métallique résonna comme un immense tambour ; elle ne se creva point, mais la cathédrale tout entière tressaillit, et l'on entendit gronder les profondes cavités de l'édifice.

At the shock of the beam, the half metallic door sounded like an immense drum; it was not burst in, but the whole cathedral trembled, and the deepest cavities of the edifice were heard to echo.

Au même instant, une pluie de grosses pierres commença à tomber du haut de la façade sur les assaillants.

At the same moment, a shower of large stones began to fall from the top of the façade on the assailants.

« Diable ! cria Jehan, est-ce que les tours nous secouent leurs balustrades sur la tête ? »

"The devil!" cried Jehan, "are the towers shaking their balustrades down on our heads?"

Mais l'élan était donné, le roi de Thunes payait d'exemple, c'était décidément l'évêque qui se défendait, et l'on n'en battit la porte qu'avec plus de rage, malgré les pierres qui faisaient éclater les crânes à droite et à gauche.

But the impulse had been given, the King of Thunes had set the example. Evidently, the bishop was defending himself, and they only battered the door with the more rage, in spite of the stones which cracked skulls right and left.

Il est remarquable que ces pierres tombaient toutes une à une ; mais elles se suivaient de près. Les argotiers en sentaient toujours deux à la fois, une dans leurs jambes, une sur leurs têtes. Il y en avait peu qui ne portassent coup, et déjà une large couche de morts et de blessés saignait et palpitait sous les pieds des assaillants qui, maintenant furieux, se renouvelaient sans cesse. La longue poutre continuait de battre la porte à temps réguliers comme le mouton d'une cloche, les pierres de pleuvoir, la porte de mugir.

Le lecteur n'en est sans doute point à deviner que cette résistance inattendue qui avait exaspéré les truands venait de Quasimodo.

Le hasard avait par malheur servi le brave sourd.

Quand il était descendu sur la plate-forme d'entre les tours, ses idées étaient en confusion dans sa tête. Il avait couru quelques minutes le long de la galerie, allant et venant, comme fou, voyant d'en haut la masse compacte des truands prête à se ruer sur l'église, demandant au diable ou à Dieu de sauver l'égyptienne. La pensée lui était venue de monter au beffroi méridional et de sonner le tocsin ; mais avant qu'il eût pu mettre la cloche en branle, avant que la grosse voix de Marie eût pu jeter une seule clameur, la porte de l'église n'avait-elle pas dix fois le temps d'être enfoncée ? C'était précisément l'instant où les hutins s'avançaient vers elle avec leur serrurerie. Que faire ?

It was remarkable that all these stones fell one by one; but they followed each other closely. The thieves always felt two at a time, one on their legs and one on their heads. There were few which did not deal their blow, and a large layer of dead and wounded lay bleeding and panting beneath the feet of the assailants who, now grown furious, replaced each other without intermission. The long beam continued to belabor the door, at regular intervals, like the clapper of a bell, the stones to rain down, the door to groan.

The reader has no doubt divined that this unexpected resistance which had exasperated the outcasts came from Quasimodo.

Chance had, unfortunately, favored the brave deaf man.

When he had descended to the platform between the towers, his ideas were all in confusion. He had run up and down along the gallery for several minutes like a madman, surveying from above, the compact mass of vagabonds ready to hurl itself on the church, demanding the safety of the gypsy from the devil or from God. The thought had occurred to him of ascending to the southern belfry and sounding the alarm, but before he could have set the bell in motion, before Marie's voice could have uttered a single clamor, was there not time to burst in the door of the church ten times over? It was precisely the moment when the locksmiths were advancing upon it with their tools. What was to be done?

Tout d'un coup, il se souvint que des maçons avaient travaillé tout le jour à réparer le mur, la charpente et la toiture de la tour méridionale. Ce fut un trait de lumière. Le mur était en pierre, la toiture en plomb, la charpente en bois. Cette charpente prodigieuse, si touffue qu'on appelait la forêt.

All at once, he remembered that some masons had been at work all day repairing the wall, the timber–work, and the roof of the south tower. This was a flash of light. The wall was of stone, the roof of lead, the timber–work of wood. (That prodigious timber–work, so dense that it was called "the forest.")

Quasimodo courut à cette tour. Les chambres inférieures étaient en effet pleines de matériaux. Il y avait des piles de moellons, des feuilles de plomb en rouleaux, des faisceaux de lattes, de fortes solives déjà entaillées par la scie, des tas de gravats. Un arsenal complet.

Quasimodo hastened to that tower. The lower chambers were, in fact, full of materials. There were piles of rough blocks of stone, sheets of lead in rolls, bundles of laths, heavy beams already notched with the saw, heaps of plaster.

L'instant pressait. Les pinces et les marteaux travaillaient en bas. Avec une force que décuplait le sentiment du danger, il souleva une des poutres, la plus lourde, la plus longue, il la fit sortir par une lucarne, puis, la ressaisissant du dehors de la tour, il la fit glisser sur l'angle de la balustrade qui entoure la plate-forme, et la lâcha sur l'abîme. L'énorme charpente, dans cette chute de cent soixante pieds, raclant la muraille, cassant les sculptures, tourna plusieurs fois sur elle-même comme une aile de moulin qui s'en irait toute seule à travers l'espace. Enfin elle toucha le sol, l'horrible cri s'éleva, et la noire poutre, en rebondissant sur le pavé, ressemblait à un serpent qui saute.

Time was pressing, The pikes and hammers were at work below. With a strength which the sense of danger increased tenfold, he seized one of the beams––the longest and heaviest; he pushed it out through a loophole, then, grasping it again outside of the tower, he made it slide along the angle of the balustrade which surrounds the platform, and let it fly into the abyss. The enormous timber, during that fall of a hundred and sixty feet, scraping the wall, breaking the carvings, turned many times on its centre, like the arm of a windmill flying off alone through space. At last it reached the ground, the horrible cry arose, and the black beam, as it rebounded from the pavement, resembled a serpent leaping.

Quasimodo vit les truands s'éparpiller à la chute du madrier, comme la cendre au souffle d'un enfant. Il profita de leur épouvante, et tandis qu'ils fixaient un regard superstitieux sur la massue tombée du ciel, et qu'ils éborgnaient les saints de pierre du portail avec une décharge de sagettes et de chevrotines, Quasimodo entassait silencieusement des gravats, des pierres, des moellons, jusqu'aux sacs d'outils des maçons, sur le rebord de cette balustrade d'où la poutre s'était déjà élancée.

Quasimodo beheld the outcasts scatter at the fall of the beam, like ashes at the breath of a child. He took advantage of their fright, and while they were fixing a superstitious glance on the club which had fallen fromheaven, and while they were putting out the eyes of the stone saints on the front with a discharge of arrows and buckshot, Quasimodo was silently piling up plaster, stones, and rough blocks of stone, even the sacks of tools belonging to the masons, on the edge of the balustrade from which the beam had already been hurled.

Aussi, dès qu'ils se mirent à battre la grande porte, la grêle de moellons commença à tomber, et il leur sembla que l'église se démolissait d'elle-même sur leur tête.

Thus, as soon as they began to batter the grand door, the shower of rough blocks of stone began to fall, and it seemed to them that the church itself was being demolished over their heads.

Qui eût pu voir Quasimodo en ce moment eût été effrayé. Indépendamment de ce qu'il avait empilé de projectiles sur la balustrade, il avait amoncelé un tas de pierres sur la plate-forme même. Dès que les moellons amassés sur le rebord extérieur furent épuisés, il prit au tas. Alors il se baissait, se relevait, se baissait et se relevait encore, avec une activité incroyable. Sa grosse tête de gnome se penchait par-dessus la balustrade, puis une pierre énorme tombait, puis une autre, puis une autre. De temps en temps il suivait une belle pierre de l'œil, et, quand elle tuait bien, il disait : « Hun ! »

Any one who could have beheld Quasimodo at that moment would have been frightened. Independently of the projectiles which he had piled upon the balustrade, he had collected a heap of stones on the platform itself. As fast as the blocks on the exterior edge were exhausted, he drew on the heap. Then he stooped and rose, stooped and rose again with incredible activity. His huge gnome's head bent over the balustrade, then an enormous stone fell, then another, then another. From time to time, he followed a fine stone with his eye, and when it did good execution, he said, "Hum!"

Cependant les gueux ne se décourageaient pas. Déjà plus de vingt fois l'épaisse porte sur laquelle ils s'acharnaient avait tremblé sous la pesanteur de leur bélier de chêne multipliée par la force de cent hommes. Les panneaux craquaient, les ciselures volaient en éclats, les gonds à chaque secousse sautaient en sursaut sur leurs pitons, les ais se détraquaient, le bois tombait en poudre broyé entre les nervures de fer. Heureusement pour Quasimodo, il y avait plus de fer que de bois.

Il sentait pourtant que la grande porte chancelait. Quoiqu'il n'entendît pas, chaque coup de bélier se répercutait à la fois dans les cavernes de l'église et dans ses entrailles. Il voyait d'en haut les truands, pleins de triomphe et de rage, montrer le poing à la ténébreuse façade, et il enviait, pour l'égyptienne et pour lui, les ailes des hiboux qui s'enfuyaient au-dessus de sa tête par volées.

Sa pluie de moellons ne suffisait pas à repousser les assaillants.

En ce moment d'angoisse, il remarqua, un peu plus bas que la balustrade d'où il écrasait les argotiers, deux longues gouttières de pierre qui se dégorgeaient immédiatement au-dessus de la grande porte. L'orifice interne de ces gouttières aboutissait au pavé de la plate-forme. Une idée lui vint. Il courut chercher un fagot dans son bouge de sonneur, posa sur ce fagot force bottes de lattes et force rouleaux de plomb, munitions dont il n'avait pas encore usé, et, ayant bien disposé ce bûcher devant le trou des deux gouttières, il y mit le feu avec sa lanterne.

Meanwhile, the beggars did not grow discouraged. The thick door on which they were venting their fury had already trembled more than twenty times beneath the weight of their oaken battering-ram, multiplied by the strength of a hundred men. The panels cracked, the carved work flew into splinters, the hinges, at every blow, leaped from their pins, the planks yawned, the wood crumbled to powder, ground between the iron sheathing. Fortunately for Quasimodo, there was more iron than wood.

Nevertheless, he felt that the great door was yielding. Although he did not hear it, every blow of the ram reverberated simultaneously in the vaults of the church and within it. From above he beheld the vagabonds, filled with triumph and rage, shaking their fists at the gloomy façade; and both on the gypsy's account and his own he envied the wings of the owls which flitted away above his head in flocks.

His shower of stone blocks was not sufficient to repel the assailants.

At this moment of anguish, he noticed, a little lower down than the balustrade whence he was crushing the thieves, two long stone gutters which discharged immediately over the great door; the internal orifice of these gutters terminated on the pavement of the platform. An idea occurred to him; he ran in search of a fagot in his bellringer's den, placed on this fagot a great many bundles of laths, and many rolls of lead, munitions which he had not employed so far, and having arranged this pile in front of the hole to the two gutters, he set it on fire with his lantern.

Pendant ce temps-là, les pierres ne tombant plus, les truands avaient cessé de regarder en l'air. Les bandits, haletant comme une meute qui force le sanglier dans sa bauge, se pressaient en tumulte autour de la grande porte, toute déformée par le bélier, mais debout encore. Ils attendaient avec un frémissement le grand coup, le coup qui allait l'éventrer. C'était à qui se tiendrait le plus près pour pouvoir s'élancer des premiers, quand elle s'ouvrirait, dans cette opulente cathédrale, vaste réservoir où étaient venues s'amonceler les richesses de trois siècles. Ils se rappelaient les uns aux autres, avec des rugissements de joie et d'appétit, les belles croix d'argent, les belles chapes de brocart, les belles tombes de vermeil, les grandes magnificences du chœur, les fêtes éblouissantes, les Noëls étincelantes de flambeaux, les Pâques éclatantes de soleil, toutes ces solennités splendides où châsses, chandeliers, ciboires, tabernacles, reliquaires, bosselaient les autels d'une croûte d'or et de diamants. Certes, en ce beau moment, cagoux et malingreux, archisuppôts et rifodés, songeaient beaucoup moins à la délivrance de l'égyptienne qu'au pillage de Notre-Dame. Nous croirions même volontiers que pour bon nombre d'entre eux la Esmeralda n'était qu'un prétexte, si des voleurs avaient besoin de prétextes.

Tout à coup, au moment où ils se groupaient pour un dernier effort autour du bélier, chacun retenant son haleine et roidissant ses muscles afin de donner toute sa force au coup décisif, un hurlement, plus épouvantable encore que celui qui avait éclaté et expiré sous le madrier, s'éleva au milieu d'eux.

During this time, since the stones no longer fell, the outcasts ceased to gaze into the air. The bandits, panting like a pack of hounds who are forcing a boar into his lair, pressed tumultuously round the great door, all disfigured by the battering ram, but still standing. They were waiting with a quiver for the great blow which should split it open. They vied with each other in pressing as close as possible, in order to dash among the first, when it should open, into that opulent cathedral, a vast reservoir where the wealth of three centuries had been piled up. They reminded each other with roars of exultation and greedy lust, of the beautiful silver crosses, the fine copes of brocade, the beautiful tombs of silver gilt, the great magnificences of the choir, the dazzling festivals, the Christmasses sparkling with torches, the Easters sparkling with sunshine,--all those splendid solemneties wherein chandeliers, ciboriums, tabernacles, and reliquaries, studded the altars with a crust of gold and diamonds. Certainly, at that fine moment, thieves and pseudo sufferers, doctors in stealing, and vagabonds, were thinking much less of delivering the gypsy than of pillaging Notre–Dame. We could even easily believe that for a goodly number among them la Esmeralda was only a pretext, if thieves needed pretexts.

All at once, at the moment when they were grouping themselves round the ram for a last effort, each one holding his breath and stiffening his muscles in order to communicate all his force to the decisive blow, a howl more frightful still than that which had burst forth and expired beneath the beam, rose among them.

Ceux qui ne criaient pas, ceux qui vivaient encore, regardèrent. – Deux jets de plomb fondu tombaient du haut de l'édifice au plus épais de la cohue. Cette mer d'hommes venait de s'affaisser sous le métal bouillant qui avait fait, aux deux points où il tombait, deux trous noirs et fumants dans la foule, comme ferait de l'eau chaude dans la neige. On y voyait remuer des mourants à demi calcinés et mugissant de douleur. Autour de ces deux jets principaux, il y avait des gouttes de cette pluie horrible qui s'éparpillaient sur les assaillants et entraient dans les crânes comme des vrilles de flamme. C'était un feu pesant qui criblait ces misérables de mille grêlons.

Those who did not cry out, those who were still alive, looked. Two streams of melted lead were falling from the summit of the edifice into the thickest of the rabble. That sea of men had just sunk down beneath the boiling metal, which had made, at the two points where it fell, two black and smoking holes in the crowd, such as hot water would make in snow. Dying men, half consumed and groaning with anguish, could be seen writhing there. Around these two principal streams there were drops of that horrible rain, which scattered over the assailants and entered their skulls like gimlets of fire. It was a heavy fire which overwhelmed these wretches with a thousand hailstones.⬚

La clameur fut déchirante. Ils s'enfuirent pêle-mêle, jetant le madrier sur les cadavres, les plus hardis comme les plus timides, et le Parvis fut vide une seconde fois.

The outcry was heartrending. They fled pell–mell, hurling the beam upon the bodies, the boldest as well as the most timid, and the parvis was cleared a second time.⬚

Tous les yeux s'étaient levés vers le haut de l'église. Ce qu'ils voyaient était extraordinaire. Sur le sommet de la galerie la plus élevée, plus haut que la rosace centrale, il y avait une grande flamme qui montait entre les deux clochers avec des tourbillons d'étincelles, une grande flamme désordonnée et furieuse dont le vent emportait par moments un lambeau dans la fumée. Au-dessous de cette flamme, au-dessous de la sombre balustrade à trèfles de braise, deux gouttières en gueules de monstres vomissaient sans relâche cette pluie ardente qui détachait son ruissellement argenté sur les ténèbres de la façade inférieure. À mesure qu'ils approchaient du sol, les deux jets de plomb liquide s'élargissaient en gerbes, comme l'eau qui jaillit des mille trous de l'arrosoir. Au-dessus de la flamme, les énormes tours, de chacune desquelles on voyait deux faces crues et tranchées, l'une toute noire, l'autre toute rouge, semblaient plus grandes encore de toute l'immensité de l'ombre qu'elles projetaient jusque dans le ciel.

Leurs innombrables sculptures de diables et de dragons prenaient un aspect lugubre. La clarté inquiète de la flamme les faisait remuer à l'œil. Il y avait des guivres qui avaient l'air de rire, des gargouilles qu'on croyait entendre japper, des salamandres qui soufflaient dans le feu, des tarasques qui éternuaient dans la fumée. Et parmi ces monstres ainsi réveillés de leur sommeil de pierre par cette flamme, par ce bruit, il y en avait un qui marchait et qu'on voyait de temps en temps passer sur le front ardent du bûcher comme une chauve-souris devant une chandelle.

All eyes were raised to the top of the church. They beheld there an extraordinary sight. On the crest of the highest gallery, higher than the central rose window, there was a great flame rising between the two towers with whirlwinds of sparks, a vast, disordered, and furious flame, a tongue of which was borne into the smoke by the wind, from time to time. Below that fire, below the gloomy balustrade with its trefoils showing darkly against its glare, two spouts with monster throats were vomiting forth unceasingly that burning rain, whose silvery stream stood out against the shadows of the lower façade. As they approached the earth, these two jets of liquid lead spread out in sheaves, like water springing from the thousand holes of a watering-pot. Above the flame, the enormous towers, two sides of each of which were visible in sharp outline, the one wholly black, the other wholly red, seemed still more vast with all the immensity of the shadow which they cast even to the sky.◻

Their innumerable sculptures of demons and dragons assumed a lugubrious aspect. The restless light of the flame made them move to the eye. There were griffins which had the air of laughing, gargoyles which one fancied one heard yelping, salamanders which puffed at the fire, tarasques* which sneezed in the smoke. And among the monsters thus roused from their sleep of stone by this flame, by this noise, there was one who walked about, and who was seen, from time to time, to pass across the glowing face of the pile, like a bat in front of a candle.◻

Sans doute ce phare étrange allait éveiller au loin le bûcheron des collines de Bicêtre, épouvanté de voir chanceler sur ses bruyères l'ombre gigantesque des tours de Notre-Dame.

Without doubt, this strange beacon light would awaken far away, the woodcutter of the hills of Bicêtre, terrified to behold the gigantic shadow of the towers of Notre-Dame quivering over his heaths.

Il se fit un silence de terreur parmi les truands, pendant lequel on n'entendit que les cris d'alarme des chanoines enfermés dans leur cloître et plus inquiets que des chevaux dans une écurie qui brûle, le bruit furtif des fenêtres vite ouvertes et plus vite fermées, le remue-ménage intérieur des maisons et de l'Hôtel-Dieu, le vent dans la flamme, le dernier râle des mourants, et le pétillement continu de la pluie de plomb sur le pavé.

A terrified silence ensued among the outcasts, during which nothing was heard, but the cries of alarm of the canons shut up in their cloister, and more uneasy than horses in a burning stable, the furtive sound of windows hastily opened and still more hastily closed, the internal hurly-burly of the houses and of the Hôtel-Dieu, the wind in the flame, the last death-rattle of the dying, and the continued crackling of the rain of lead upon the pavement.

Cependant les principaux truands s'étaient retirés sous le porche du logis Gondelaurier, et tenaient conseil.

In the meanwhile, the principal vagabonds had retired beneath the porch of the Gondelaurier mansion, and were holding a council of war.

Le duc d'Égypte, assis sur une borne, contemplait avec une crainte religieuse le bûcher fantasmagorique resplendissant à deux cents pieds en l'air. Clopin Trouillefou se mordait ses gros poings avec rage.

The Duke of Egypt, seated on a stone post, contemplated the phantasmagorical bonfire, glowing at a height of two hundred feet in the air, with religious terror. Clopin Trouillefou bit his huge fists with rage.

« Impossible d'entrer ! murmurait-il dans ses dents.

"Impossible to get in!" he muttered between his teeth.

– Une vieille église fée ! grommelait le vieux bohémien Mathias Hungadi Spicali.

"An old, enchanted church!" grumbled the aged Bohemian, Mathias Hungadi Spicali.

– Par les moustaches du pape ! reprenait un narquois grisonnant qui avait servi, voilà des gouttières d'églises qui vous crachent du plomb fondu mieux que les mâchicoulis de Lectoure.

"By the Pope's whiskers!" went on a sham soldier, who had once been in service, "here are church gutters spitting melted lead at you better than the machicolations of Lectoure."

– Voyez-vous ce démon qui passe et repasse devant le feu ? s'écriait le duc d'Égypte.

"Do you see that demon passing and repassing in front of the fire?" exclaimed the Duke of Egypt.

— Pardieu, dit Clopin, c'est le damné sonneur, c'est Quasimodo. »

"Pardieu, 'tis that damned bellringer, 'tis Quasimodo," said Clopin.

Le bohémien hochait la tête. « Je vous dis, moi, que c'est l'esprit Sabnac, le grand marquis, le démon des fortifications. Il a forme d'un soldat armé, une tête de lion. Quelquefois il monte un cheval hideux. Il change les hommes en pierres dont il bâtit des tours. Il commande à cinquante légions. C'est bien lui. Je le reconnais. Quelquefois il est habillé d'une belle robe d'or figurée à la façon des Turcs.

The Bohemian tossed his head. "I tell you, that 'tis the spirit Sabnac, the grand marquis, the demon of fortifications. He has the form of an armed soldier, the head of a lion. Sometimes he rides a hideous horse. He changes men into stones, of which he builds towers. He commands fifty legions 'Tis he indeed; I recognize him. Sometimes he is clad in a handsome golden robe, figured after the Turkish fashion."

— Où est Bellevigne de l'Étoile ? demanda Clopin.

"Where is Bellevigne de l'Etoile?" demanded Clopin.

— Il est mort », répondit une truande.

"He is dead."

Andry le Rouge riait d'un rire idiot : « Notre-Dame donne de la besogne à l'Hôtel-Dieu, disait-il.

Andry the Red laughed in an idiotic way: "Notre–Dame is making work for the hospital," said he.

— Il n'y a donc pas moyen de forcer cette porte ? » s'écria le roi de Thunes en frappant du pied.

"Is there, then, no way of forcing this door," exclaimed the King of Thunes, stamping his foot.

Le duc d'Égypte lui montra tristement les deux ruisseaux de plomb bouillant qui ne cessaient de rayer la noire façade, comme deux longues quenouilles de phosphore.

The Duke of Egypt pointed sadly to the two streams of boiling lead which did not cease to streak the black facade, like two long distaffs of phosphorus.

« On a vu des églises qui se défendaient ainsi d'elles-mêmes, observa-t-il en soupirant.

"Churches have been known to defend themselves thus all by themselves," he remarked with a sigh.

Sainte-Sophie, de Constantinople, il y a quarante ans de cela, a trois fois de suite jeté à terre le croissant de Mahom en secouant ses dômes, qui sont ses têtes. Guillaume de Paris, qui a bâti celle-ci, était un magicien.

"Saint–Sophia at Constantinople, forty years ago, hurled to the earth three times in succession, the crescent of Mahom, by shaking her domes, which are her heads. Guillaume de Paris, who built this one was a magician."

– Faut-il donc s'en aller piteusement comme des laquais de grand-route ? dit Clopin. Laisser là notre sœur que ces loups chaperonnés pendront demain !

– Et la sacristie, où il y a des charretées d'or ! ajouta un truand dont nous regrettons de ne pas savoir le nom.

– Barbe-Mahom ! cria Trouillefou.

– Essayons encore une fois », reprit le truand.

Mathias Hungadi hocha la tête.

« Nous n'entrerons pas par la porte. Il faut trouver le défaut de l'armure de la vieille fée. Un trou, une fausse poterne, une jointure quelconque.

– Qui en est ? dit Clopin. J'y retourne. – À propos, où est donc le petit écolier Jehan qui était si enferraillé ? – Il est sans doute mort, répondit quelqu'un. On ne l'entend plus rire. »

Le roi de Thunes fronça le sourcil.

« Tant pis. Il y avait un brave cœur sous cette ferraille. – Et maître Pierre Gringoire ?

– Capitaine Clopin, dit Andry le Rouge, il s'est esquivé que nous n'étions encore qu'au Pont-aux-Changeurs. »

Clopin frappa du pied. « Gueule-Dieu ! c'est lui qui nous pousse céans, et il nous plante là au beau milieu de la besogne ! – Lâche bavard, casqué d'une pantoufle !

– Capitaine Clopin, cria Andry le Rouge, qui regardait dans la rue du Parvis, voilà le petit écolier.

– Loué soit Pluto ! dit Clopin. Mais que diable tire-t-il après lui ? »

"Must we then retreat in pitiful fashion, like highwaymen?" said Clopin. "Must we leave our sister here, whom those hooded wolves will hang to-morrow."

"And the sacristy, where there are wagon-loads of gold!" added a vagabond, whose name, we regret to say, we do not know.

"Beard of Mahom!" cried Trouillefou.

"Let us make another trial," resumed the vagabond.

Mathias Hungadi shook his head.

"We shall never get in by the door. We must find the defect in the armor of the old fairy; a hole, a false postern, some joint or other."

"Who will go with me?" said Clopin. "I shall go at it again. By the way, where is the little scholar Jehan, who is so encased in iron?" "He is dead, no doubt," some one replied; "we no longer hear his laugh."

The King of Thunes frowned:

"So much the worse. There was a brave heart under that ironmongery. And Master Pierre Gringoire?"

"Captain Clopin," said Andry the Red, "he slipped away before we reached the Pont-aux-Changeurs,"

Clopin stamped his foot. "Gueule-Dieu! 'twas he who pushed us on hither, and he has deserted us in the very middle of the job! Cowardly chatterer, with a slipper for a helmet!"

"Captain Clopin," said Andry the Red, who was gazing down Rue du Parvis, "yonder is the little scholar."

"Praised be Pluto!" said Clopin. "But what the devil is he dragging after him?"

C'était Jehan, en effet, qui accourait aussi vite que le lui permettaient ses lourds habits de paladin et une longue échelle qu'il traînait bravement sur le pavé, plus essoufflé qu'une fourmi attelée à un brin d'herbe vingt fois plus long qu'elle.

« Victoire ! Te Deum ! criait l'écolier. Voilà l'échelle des déchargeurs du port Saint-Landry. »

Clopin s'approcha de lui.
« Enfant ! que veux-tu faire, corne-Dieu ! de cette échelle ?

— Je l'ai, répondit Jehan haletant. Je savais où elle était. — Sous le hangar de la maison du lieutenant. — Il y a là une fille que je connais, qui me trouve beau comme un Cupido. — Je m'en suis servi pour avoir l'échelle, et j'ai l'échelle, Pasque-Mahom ! — La pauvre fille est venue m'ouvrir toute en chemise.

— Oui, dit Clopin, mais que veux-tu faire de cette échelle ? »

Jehan le regarda d'un air malin et capable, et fit claquer ses doigts comme des castagnettes. Il était sublime en ce moment. Il avait sur la tête un de ces casques surchargés du quinzième siècle, qui épouvantaient l'ennemi de leurs cimiers chimériques. Le sien était hérissé de dix becs de fer, de sorte que Jehan eût pu disputer la redoutable épithète de au navire homérique de Nestor.

« Ce que j'en veux faire, auguste roi de Thunes ? Voyez-vous cette rangée de statues qui ont des mines d'imbéciles là-bas au-dessus des trois portails ?

— Oui. Eh bien ?

It was, in fact, Jehan, who was running as fast as his heavy outfit of a Paladin, and a long ladder which trailed on the pavement, would permit, more breathless than an ant harnessed to a blade of grass twenty times longer than itself.

"Victory! ~Te Deum~!" cried the scholar. "Here is the ladder of the longshoremen of Port Saint-Landry."

Clopin approached him.

"Child, what do you mean to do, ~corne-dieu~! with this ladder?"

"I have it," replied Jehan, panting. "I knew where it was under the shed of the lieutenant's house. There's a wench there whom I know, who thinks me as handsome as Cupido. I made use of her to get the ladder, and I have the ladder, ~Pasque-Mahom~! The poor girl came to open the door to me in her shift."

"Yes," said Clopin, "but what are you going to do with that ladder?"

Jehan gazed at him with a malicious, knowing look, and cracked his fingers like castanets. At that moment he was sublime. On his head he wore one of those overloaded helmets of the fifteenth century, which frightened the enemy with their fanciful crests. His bristled with ten iron beaks, so that Jehan could have disputed with Nestor's Homeric vessel the redoubtable title of ~dexeubolos~.

"What do I mean to do with it, august king of Thunes? Do you see that row of statues which have such idiotic expressions, yonder, above the three portals?"

"Yes. Well?"

– C'est la galerie des rois de France !

"'Tis the gallery of the kings of France."

– Qu'est-ce que cela me fait ? dit Clopin.

"What is that to me?" said Clopin.

– Attendez donc ! Il y a au bout de cette galerie une porte qui n'est jamais fermée qu'au loquet, avec cette échelle j'y monte, et je suis dans l'église.

"Wait! At the end of that gallery there is a door which is never fastened otherwise than with a latch, and with this ladder I ascend, and I am in the church."

– Enfant, laisse-moi monter le premier.

"Child let me be the first to ascend."

– Non pas, camarade, c'est à moi l'échelle. Venez, vous serez le second.

"No, comrade, the ladder is mine. Come, you shall be the second."

– Que Belzébuth t'étrangle ! dit le bourru Clopin. Je ne veux être après personne.

"May Beelzebub strangle you!" said surly Clopin, "I won't be second to anybody."

– Alors, Clopin, cherche une échelle ! » Jehan se mit à courir par la place, tirant son échelle et criant : « À moi les fils ! »

"Then find a ladder, Clopin!" Jehan set out on a run across the Place, dragging his ladder and shouting: "Follow me, lads!"

En un instant l'échelle fut dressée et appuyée à la balustrade de la galerie inférieure, au-dessus d'un des portails latéraux. La foule des truands poussant de grandes acclamations se pressa au bas pour y monter. Mais Jehan maintint son droit et posa le premier le pied sur les échelons. Le trajet était assez long. La galerie des rois de France est élevée aujourd'hui d'environ soixante pieds au-dessus du pavé. Les onze marches du perron l'exhaussaient encore. Jehan montait lentement, assez empêché de sa lourde armure, d'une main tenant l'échelon, de l'autre son arbalète. Quand il fut au milieu de l'échelle il jeta un coup d'œil mélancolique sur les pauvres argotiers morts, dont le degré était jonché. « Hélas ! dit-il, voilà un monceau de cadavres digne du cinquième chant de l'Iliade ! » Puis il continua de monter. Les truands le suivaient. Il y en avait un sur chaque échelon. À voir s'élever en ondulant dans l'ombre cette ligne de dos cuirassés, on eût dit un serpent à écailles d'acier qui se dressait contre l'église. Jehan qui faisait la tête et qui sifflait complétait l'illusion.

In an instant the ladder was raised, and propped against the balustrade of the lower gallery, above one of the lateral doors. The throng of vagabonds, uttering loud acclamations, crowded to its foot to ascend. But Jehan maintained his right, and was the first to set foot on the rungs. The passage was tolerably long. The gallery of the kings of France is to-day about sixty feet above the pavement. The eleven steps of the flight before the door, made it still higher. Jehan mounted slowly, a good deal incommoded by his heavy armor, holding his crossbow in one hand, and clinging to a rung with the other. When he reached the middle of the ladder, he cast a melancholy glance at the poor dead outcasts, with which the steps were strewn. "Alas!" said he, "here is a heap of bodies worthy of the fifth book of the Iliad!" Then he continued his ascent. The vagabonds followed him. There was one on every rung. At the sight of this line of cuirassed backs, undulating as they rose through the gloom, one would have pronounced it a serpent with steel scales, which was raising itself erect in front of the church. Jehan who formed the head, and who was whistling, completed the illusion.

L'écolier toucha enfin au balcon de la galerie, et l'enjamba assez lestement aux applaudissements de toute la truanderie. Ainsi maître de la citadelle, il poussa un cri de joie, et tout à coup s'arrêta pétrifié. Il venait d'apercevoir, derrière une statue de roi, Quasimodo caché dans les ténèbres, l'œil étincelant.

The scholar finally reached the balcony of the gallery, and climbed over it nimbly, to the applause of the whole vagabond tribe. Thus master of the citadel, he uttered a shout of joy, and suddenly halted, petrified. He had just caught sight of Quasimodo concealed in the dark, with flashing eye, behind one of the statues of the kings.

Avant qu'un second assiégeant eût pu prendre pied sur la galerie, le formidable bossu sauta à la tête de l'échelle, saisit sans dire une parole le bout des deux montants de ses mains puissantes, les souleva, les éloigna du mur, balança un moment, au milieu des clameurs d'angoisse, la longue et pliante échelle encombrée de truands du haut en bas, et subitement, avec une force surhumaine, rejeta cette grappe d'hommes dans la place. Il y eut un instant où les plus déterminés palpitèrent. L'échelle, lancée en arrière, resta un moment droite et debout et parut hésiter, puis oscilla, puis tout à coup, décrivant un effrayant arc de cercle de quatre-vingts pieds de rayon, s'abattit sur le pavé avec sa charge de bandits plus rapidement qu'un pont-levis dont les chaînes se cassent. Il y eut une immense imprécation, puis tout s'éteignit, et quelques malheureux mutilés se retirèrent en rampant de dessous le monceau de morts.

Before a second assailant could gain a foothold on the gallery, the formidable hunchback leaped to the head of the ladder, without uttering a word, seized the ends of the two uprights with his powerful hands, raised them, pushed them out from the wall, balanced the long and pliant ladder, loaded with vagabonds from top to bottom for a moment, in the midst of shrieks of anguish, then suddenly, with superhuman force, hurled this cluster of men backward into the Place. There was a moment when even the most resolute trembled. The ladder, launched backwards, remained erect and standing for an instant, and seemed to hesitate, then wavered, then suddenly, describing a frightful arc of a circle eighty feet in radius, crashed upon the pavement with its load of ruffians, more rapidly than a drawbridge when its chains break. There arose an immense imprecation, then all was still, and a few mutilated wretches were seen, crawling over the heap of dead.

Une rumeur de douleur et de colère succéda parmi les assiégeants aux premiers cris de triomphe. Quasimodo impassible, les deux coudes appuyés sur la balustrade, regardait. Il avait l'air d'un vieux roi chevelu à sa fenêtre.

A sound of wrath and grief followed the first cries of triumph among the besiegers. Quasimodo, impassive, with both elbows propped on the balustrade, looked on. He had the air of an old, bushy-headed king at his window.

Jehan Frollo était, lui, dans une situation critique. Il se trouvait dans la galerie avec le redoutable sonneur, seul, séparé de ses compagnons par un mur vertical de quatre-vingts pieds. Pendant que Quasimodo jouait avec l'échelle, l'écolier avait couru à la poterne qu'il croyait ouverte. Point. Le sourd en entrant dans la galerie l'avait fermée derrière lui, Jehan alors s'était caché derrière un roi de pierre, n'osant souffler, et fixant sur le monstrueux bossu une mine effarée, comme cet homme qui, faisant la cour à la femme du gardien d'une ménagerie, alla un soir à un rendez-vous d'amour, se trompa de mur dans son escalade, et se trouva brusquement tête à tête avec un ours blanc.

As for Jehan Frollo, he was in a critical position. He found himself in the gallery with the formidable bellringer, alone, separated from his companions by a vertical wall eighty feet high. While Quasimodo was dealing with the ladder, the scholar had run to the postern which he believed to be open. It was not. The deaf man had closed it behind him when he entered the gallery. Jehan had then concealed himself behind a stone king, not daring to breathe, and fixing upon the monstrous hunchback a frightened gaze, like the man, who, when courting the wife of the guardian of a menagerie, went one evening to a love rendezvous, mistook the wall which he was to climb, and suddenly found himself face to face with a white bear.

Dans les premiers moments le sourd ne prit pas garde à lui ; mais enfin il tourna la tête et se redressa tout d'un coup. Il venait d'apercevoir l'écolier.

For the first few moments, the deaf man paid no heed to him; but at last he turned his head, and suddenly straightened up. He had just caught sight of the scholar.

Jehan se prépara à un rude choc, mais le sourd resta immobile ; seulement il était tourné vers l'écolier qu'il regardait.

Jehan prepared himself for a rough shock, but the deaf man remained motionless; only he had turned towards the scholar and was looking at him.

« Ho ! ho ! dit Jehan, qu'as-tu à me regarder de cet œil borgne et mélancolique ? »

"Ho ho!" said Jehan, "what do you mean by staring at me with that solitary and melancholy eye?"

Et en parlant ainsi, le jeune drôle apprêtait sournoisement son arbalète.

As he spoke thus, the young scamp stealthily adjusted his crossbow.

« Quasimodo ! cria-t-il, je vais changer ton surnom. On t'appellera l'aveugle. »

"Quasimodo!" he cried, "I am going to change your surname: you shall be called the blind man."

Le coup partit. Le vireton empenné siffla et vint se ficher dans le bras gauche du bossu, Quasimodo ne s'en émut pas plus que d'une égratignure au roi Pharamond. Il porta la main à la sagette, l'arracha de son bras et la brisa tranquillement sur son gros genou. Puis il laissa tomber, plutôt qu'il ne jeta à terre les deux morceaux. Mais Jehan n'eut pas le temps de tirer une seconde fois. La flèche brisée, Quasimodo souffla bruyamment, bondit comme une sauterelle et retomba sur l'écolier, dont l'armure s'aplatit du coup contre la muraille.

Alors dans cette pénombre où flottait la lumière des torches, on entrevit une chose terrible.

Quasimodo avait pris de la main gauche les deux bras de Jehan qui ne se débattait pas, tant il se sentait perdu. De la droite le sourd lui détachait l'une après l'autre, en silence, avec une lenteur sinistre, toutes les pièces de son armure, l'épée, les poignards, le casque, la cuirasse, les brassards. On eût dit un singe qui épluche une noix. Quasimodo jetait à ses pieds, morceau à morceau, la coquille de fer de l'écolier.

Quand l'écolier se vit désarmé, déshabillé, faible et nu dans ces redoutables mains, il n'essaya pas de parler à ce sourd, mais il se mit à lui rire effrontément au visage, et à chanter, avec son intrépide insouciance d'enfant de seize ans, la chanson alors populaire :

Elle est bien habillée,La ville de Cambrai.Marafin l'a pillée...

The shot sped. The feathered vireton* whizzed and entered the hunchback's left arm. Quasimodo appeared no more moved by it than by a scratch to King Pharamond. He laid his hand on the arrow, tore it from his arm, and tranquilly broke it across his big knee; then he let the two pieces drop on the floor, rather than threw them down. But Jehan had no opportunity to fire a second time. The arrow broken, Quasimodo breathing heavily, bounded like a grasshopper, and he fell upon the scholar, whose armor was flattened against the wall by the blow.

Then in that gloom, wherein wavered the light of the torches, a terrible thing was seen.

Quasimodo had grasped with his left hand the two arms of Jehan, who did not offer any resistance, so thoroughly did he feel that he was lost. With his right hand, the deaf man detached one by one, in silence, with sinister slowness, all the pieces of his armor, the sword, the daggers, the helmet, the cuirass, the leg pieces. One would have said that it was a monkey taking the shell from a nut. Quasimodo flung the scholar's iron shell at his feet, piece by piece.

When the scholar beheld himself disarmed, stripped, weak, and naked in those terrible hands, he made no attempt to speak to the deaf man, but began to laugh audaciously in his face, and to sing with his intrepid heedlessness of a child of sixteen, the then popular ditty:–

* The city of Cambrai is well dressed. Marafin plundered it.

Il n'acheva pas. On vit Quasimodo debout sur le parapet de la galerie, qui d'une seule main tenait l'écolier par les pieds, en le faisant tourner sur l'abîme comme une fronde. Puis on entendit un bruit comme celui d'une boîte osseuse qui éclate contre un mur, et l'on vit tomber quelque chose qui s'arrêta au tiers de la chute à une saillie de l'architecture. C'était un corps mort qui resta accroché là, plié en deux, les reins brisés, le crâne vide.

Un cri d'horreur s'éleva parmi les truands.

« Vengeance ! cria Clopin. – À sac ! répondit la multitude. – Assaut ! assaut ! »

He did not finish. Quasimodo was seen on the parapet of the gallery, holding the scholar by the feet with one hand and whirling him over the abyss like a sling; then a sound like that of a bony structure in contact with a wall was heard, and something was seen to fall which halted a third of the way down in its fall, on a projection in the architecture. It was a dead body which remained hanging there, bent double, its loins broken, its skull empty.

A cry of horror rose among the vagabonds.

"Vengeance!" shouted Clopin. "To the sack!" replied the multitude. "Assault! assault!"

Alors ce fut un hurlement prodigieux où se mêlaient toutes les langues, tous les patois, tous les accents. La mort du pauvre écolier jeta une ardeur furieuse dans cette foule. La honte la prit, et la colère d'avoir été si longtemps tenue en échec devant une église par un bossu. La rage trouva des échelles, multiplia les torches, et au bout de quelques minutes Quasimodo éperdu vit cette épouvantable fourmilière monter de toutes parts à l'assaut de Notre-Dame. Ceux qui n'avaient pas d'échelles avaient des cordes à nœuds, ceux qui n'avaient pas de cordes grimpaient aux reliefs des sculptures. Ils se pendaient aux guenilles les uns des autres. Aucun moyen de résister à cette marée ascendante de faces épouvantables. La fureur faisait rutiler ces figures farouches ; leurs fronts terreux ruisselaient de sueur ; leurs yeux éclairaient. Toutes ces grimaces, toutes ces laideurs investissaient Quasimodo. On eût dit que quelque autre église avait envoyé à l'assaut de Notre-Dame ses gorgones, ses dogues, ses drées, ses démons, ses sculptures les plus fantastiques. C'était comme une couche de monstres vivants sur les monstres de pierre de la façade.

There came a tremendous howl, in which were mingled all tongues, all dialects, all accents. The death of the poor scholar imparted a furious ardor to that crowd. It was seized with shame, and the wrath of having been held so long in check before a church by a hunchback. Rage found ladders, multiplied the torches, and, at the expiration of a few minutes, Quasimodo, in despair, beheld that terrible ant heap mount on all sides to the assault of Notre–Dame. Those who had no ladders had knotted ropes; those who had no ropes climbed by the projections of the carvings. They hung from each other's rags. There were no means of resisting that rising tide of frightful faces; rage made these fierce countenances ruddy; their clayey brows were dripping with sweat; their eyes darted lightnings; all these grimaces, all these horrors laid siege to Quasimodo. One would have said that some other church had despatched to the assault of Notre–Dame its gorgons, its dogs, its drées, its demons, its most fantastic sculptures. It was like a layer of living monsters on the stone monsters of the façade.

Cependant, la place s'était étoilée de mille torches. Cette scène désordonnée, jusqu'alors enfouie dans l'obscurité, s'était subitement embrasée de lumière. Le Parvis resplendissait et jetait un rayonnement dans le ciel. Le bûcher allumé sur la haute plate-forme brûlait toujours, et illuminait au loin la ville. L'énorme silhouette des deux tours, développée au loin sur les toits de Paris, faisait dans cette clarté une large échancrure d'ombre. La ville semblait s'être émue. Des tocsins éloignés se plaignaient. Les truands hurlaient, haletaient, juraient, montaient, et Quasimodo, impuissant contre tant d'ennemis, frissonnant pour l'égyptienne, voyant les faces furieuses se rapprocher de plus en plus de sa galerie, demandait un miracle au ciel, et se tordait les bras de désespoir.

V LE RETRAIT OÙ DIT SES HEURES MONSIEUR LOUIS DE FRANCE

Le lecteur n'a peut-être pas oublié qu'un moment avant d'apercevoir la bande nocturne des truands, Quasimodo, inspectant Paris du haut de son clocher, n'y voyait plus briller qu'une lumière, laquelle étoilait une vitre à l'étage le plus élevé d'un haut et sombre édifice, à côté de la porte Saint-Antoine. Cet édifice, c'était la Bastille. Cette étoile, c'était la chandelle de Louis XI.

Le roi Louis XI était en effet à Paris depuis deux jours. Il devait repartir le surlendemain pour sa citadelle de Montilz-lès-Tours. Il ne faisait jamais que de rares et courtes apparitions dans sa bonne ville de Paris, n'y sentant pas autour de lui assez de trappes, de gibets et d'archers écossais.

Meanwhile, the Place was studded with a thousand torches. This scene of confusion, till now hid in darkness, was suddenly flooded with light. The parvis was resplendent, and cast a radiance on the sky; the bonfirelighted on the lofty platform was still burning, and illuminated the city far away. The enormous silhouette of the two towers, projected afar on the roofs of Paris, and formed a large notch of black in this light. The city seemed to be aroused. Alarm bells wailed in the distance. The vagabonds howled, panted, swore, climbed; and Quasimodo, powerless against so many enemies, shuddering for the gypsy, beholding the furious faces approaching ever nearer and nearer to his gallery, entreated heaven for a miracle, and wrung his arms in despair.⬚

CHAPTER V. THE RETREAT IN WHICH MONSIEUR LOUIS OF FRANCE SAYS HIS PRAYERS.⬚

The reader has not, perhaps, forgotten that one moment before catching sight of the nocturnal band of vagabonds, Quasimodo, as he inspected Paris from the heights of his bell tower, perceived only one light burning, which gleamed like a star from a window on the topmost story of a lofty edifice beside the Porte Saint–Antoine. This edifice was the Bastille. That star was the candle of Louis XI.⬚

King Louis XI. had, in fact, been two days in Paris. He was to take his departure on the next day but one for his citadel of Montilz–les–Tours. He made but seldom and brief appearance in his good city of Paris, since there he did not feel about him enough pitfalls, gibbets, and Scotch archers.⬚

Il était venu ce jour-là coucher à la Bastille. La grande chambre de cinq toises carrées qu'il avait au Louvre, avec cheminée chargée de douze grosses bêtes et des treize grands prophètes, et son grand lit de onze pieds sur douze lui agréaient peu. Il se perdait dans toutes ces grandeurs. Ce roi bon bourgeois aimait mieux la Bastille avec une chambrette et une couchette. Et puis la Bastille était plus forte que le Louvre.

He had come, that day, to sleep at the Bastille. The great chamber five toises* square, which he had at the Louvre, with its huge chimney–piece loaded with twelve great beasts and thirteen great prophets, and his grand bed, eleven feet by twelve, pleased him but little. He felt himself lost amid all this grandeur. This good bourgeois king preferred the Bastille with a tiny chamber and couch. And then, the Bastille was stronger than the Louvre.▨

Cette chambrette que le roi s'était réservée dans la fameuse prison d'état était encore assez vaste et occupait l'étage le plus élevé d'une tourelle engagée dans le donjon. C'était un réduit de forme ronde, tapissé de nattes en paille luisante, plafonné à poutres rehaussées de fleurs de lys d'étain doré avec les entrevous de couleur, lambrissé à riches boiseries semées de rosettes d'étain blanc et peintes de beau vert-gai, fait d'orpin et de florée fine.

This little chamber, which the king reserved for himself in the famous state prison, was also tolerably spacious and occupied the topmost story of a turret rising from the donjon keep. It was circular in form, carpeted with mats of shining straw, ceiled with beams, enriched with fleurs–de–lis of gilded metal with interjoists in color; wainscoted with rich woods sown with rosettes of white metal, and with others painted a fine, bright green, made of orpiment and fine indigo.▨

Il n'y avait qu'une fenêtre, une longue ogive treillissée de fil d'archal et de barreaux de fer, d'ailleurs obscurcie de belles vitres coloriées aux armes du roi et de la reine, dont le panneau revenait à vingt-deux sols.

There was only one window, a long pointed casement, latticed with brass wire and bars of iron, further darkened by fine colored panes with the arms of the king and of the queen, each pane being worth two and twenty sols.▨

Il n'y avait qu'une entrée, une porte moderne, à cintre surbaissé, garnie d'une tapisserie en dedans, et, au dehors, d'un de ces porches de bois d'Irlande, frêles édifices de menuiserie curieusement ouvrée, qu'on voyait encore en quantité de vieux logis il y a cent cinquante ans. « Quoiqu'ils défigurent et embarrassent les lieux, dit Sauval avec désespoir, nos vieillards pourtant ne s'en veulent point défaire et les conservent en dépit d'un chacun. »

There was but one entrance, a modern door, with a fiat arch, garnished with a piece of tapestry on the inside, and on the outside by one of those porches of Irish wood, frail edifices of cabinet—work curiously wrought, numbers of which were still to be seen in old houses a hundred and fifty years ago. "Although they disfigure and embarrass the places," says Sauvel in despair, "our old people are still unwilling to get rid of them, and keep them in spite of everybody."▯

On ne trouvait dans cette chambre rien de ce qui meublait les appartements ordinaires, ni bancs, ni tréteaux, ni formes, ni escabelles communes en forme de caisse, ni belles escabelles soutenues de piliers et de contre-piliers à quatre sols la pièce. On n'y voyait qu'une chaise pliante à bras, fort magnifique : le bois en était peint de roses sur fond rouge, le siège de cordouan vermeil, garni de longues franges de soie et piqué de mille clous d'or. La solitude de cette chaise faisait voir qu'une seule personne avait droit de s'asseoir dans la chambre. À côté de la chaise et tout près de la fenêtre, il y avait une table recouverte d'un tapis à figures d'oiseaux. Sur cette table un gallemard taché d'encre, quelques parchemins, quelques plumes, et un hanap d'argent ciselé. Un peu plus loin, un chauffe-doux, un prie-Dieu de velours cramoisi, relevé de bossettes d'or. Enfin au fond un simple lit de damas jaune et incarnat, sans clinquant ni passement ; les franges sans façon. C'est ce lit, fameux pour avoir porté le sommeil ou l'insomnie de Louis XI, qu'on pouvait encore contempler, il y a deux cents ans, chez un conseiller d'état, où il a été vu par la vieille Madame Pilou, célèbre dans le Cyrus sous le nom d'Arricidie et de La Morale vivante.

In this chamber, nothing was to be found of what furnishes ordinary apartments, neither benches, nor trestles, nor forms, nor common stools in the form of a chest, nor fine stools sustained by pillars and counter-pillars, at four sols a piece. Only one easy arm-chair, very magnificent, was to be seen; the wood was painted with roses on a red ground, the seat was of ruby Cordovan leather, ornamented with long silken fringes, and studded with a thousand golden nails. The loneliness of this chair made it apparent that only one person had a right to sit down in this apartment. Beside the chair, and quite close to the window, there was a table covered with a cloth with a pattern of birds. On this table stood an inkhorn spotted with ink, some parchments, severalpens, and a large goblet of chased silver. A little further on was a brazier, a praying stool in crimson velvet, relieved with small bosses of gold. Finally, at the extreme end of the room, a simple bed of scarlet and yellow damask, without either tinsel or lace; having only an ordinary fringe. This bed, famous for having borne the sleep or the sleeplessness of Louis XI., was still to be seen two hundred years ago, at the house of a councillor of state, where it was seen by old Madame Pilou, celebrated in Cyrus under the name "Arricidie" and of "la Morale Vivante".

Telle était la chambre qu'on appelait « le retrait où dit ses heures monsieur Louis de France ».

Such was the chamber which was called "the retreat where Monsieur Louis de France says his prayers."

Au moment où nous y avons introduit le lecteur, ce retrait était fort obscur. Le couvre-feu était sonné depuis une heure, il faisait nuit, et il n'y avait qu'une vacillante chandelle de cire posée sur la table pour éclairer cinq personnages diversement groupés dans la chambre.

At the moment when we have introduced the reader into it, this retreat was very dark. The curfew bell had sounded an hour before; night was come, and there was only one flickering wax candle set on the table to light five persons variously grouped in the chamber.

Le premier sur lequel tombait la lumière était un seigneur superbement vêtu d'un haut-de-chausses et d'un justaucorps écarlate rayé d'argent, et d'une casaque à mahoîtres de drap d'or à dessins noirs. Ce splendide costume, où se jouait la lumière, semblait glacé de flamme à tous ses plis. L'homme qui le portait avait sur la poitrine ses armoiries brodées de vives couleurs : un chevron accompagné en pointe d'un daim passant. L'écusson était accosté à droite d'un rameau d'olivier, à gauche d'une corne de daim. Cet homme portait à sa ceinture une riche dague dont la poignée de vermeil était ciselée en forme de cimier et surmontée d'une couronne comtale. Il avait l'air mauvais, la mine fière et la tête haute. Au premier coup d'œil on voyait sur son visage l'arrogance, au second la ruse.

The first on which the light fell was a seigneur superbly clad in breeches and jerkin of scarlet striped with silver, and a loose coat with half sleeves of cloth of gold with black figures. This splendid costume, on which the light played, seemed glazed with flame on every fold. The man who wore it had his armorial bearings embroidered on his breast in vivid colors; a chevron accompanied by a deer passant. The shield was flanked, on the right by an olive branch, on the left by a deer's antlers. This man wore in his girdle a rich dagger whose hilt, of silver gilt, was chased in the form of a helmet, and surmounted by a count's coronet. He had a forbidding air, a proud mien, and a head held high. At the first glance one read arrogance on his visage; at the second, craft.

Il se tenait tête nue, une longue pancarte à la main, derrière la chaise à bras sur laquelle était assis, le corps disgracieusement plié en deux, les genoux chevauchant l'un sur l'autre, le coude sur la table, un personnage fort mal accoutré. Qu'on se figure en effet, sur l'opulent cuir de Cordoue, deux rotules cagneuses, deux cuisses maigres pauvrement habillées d'un tricot de laine noire, un torse enveloppé d'un surtout de futaine avec une fourrure dont on voyait moins de poil que de cuir ; enfin, pour couronner un vieux chapeau gras du plus méchant drap noir bordé d'un cordon circulaire de figurines de plomb. Voilà, avec une sale calotte qui laissait à peine passer un cheveu, tout ce qu'on distinguait du personnage assis. Il tenait sa tête tellement courbée sur sa poitrine qu'on n'apercevait rien de son visage recouvert d'ombre, si ce n'est le bout de son nez sur lequel tombait un rayon de lumière, et qui devait être long. À la maigreur de sa main ridée on devinait un vieillard. C'était Louis XI.

He was standing bareheaded, a long roll of parchment in his hand, behind the arm-chair in which was seated, his body ungracefully doubled up, his knees crossed, his elbow on the table, a very badly accoutred personage. Let the reader imagine in fact, on the rich seat of Cordova leather, two crooked knees, two thin thighs, poorly clad in black worsted tricot, a body enveloped in a cloak of fustian, with fur trimming of which more leather than hair was visible; lastly, to crown all, a greasy old hat of the worst sort of black cloth, bordered with a circular string of leaden figures. This, in company with a dirty skull-cap, which hardly allowed a hair to escape, was all that distinguished the seated personage. He held his head so bent upon his breast, that nothing was to be seen of his face thus thrown into shadow, except the tip of his nose, upon which fell a ray of light, and which must have been long. From the thinness of his wrinkled hand, one divined that he was an old man. It was Louis XI.

À quelque distance derrière eux causaient à voix basse deux hommes vêtus à la coupe flamande, qui n'étaient pas assez perdus dans l'ombre pour que quelqu'un de ceux qui avaient assisté à la représentation du mystère de Gringoire n'eût pu reconnaître en eux deux des principaux envoyés flamands, Guillaume Rym, le sagace pensionnaire de Gand, et Jacques Coppenole, le populaire chaussetier. On se souvient que ces deux hommes étaient mêlés à la politique secrète de Louis XI.

At some distance behind them, two men dressed in garments of Flemish style were conversing, who were not sufficiently lost in the shadow to prevent any one who had been present at the performance of Gringoire's mystery from recognizing in them two of the principal Flemish envoys, Guillaume Rym, the sagacious pensioner of Ghent, and Jacques Coppenole, the popular hosier. The reader will remember that these men were mixed up in the secret politics of Louis XI.

Enfin, tout au fond, près de la porte, se tenait debout dans l'obscurité, immobile comme une statue, un vigoureux homme à membres trapus, à harnois militaire, à casaque armoriée, dont la face carrée, percée d'yeux à fleur de tête, fendue d'une immense bouche, dérobant ses oreilles sous deux larges abat-vent de cheveux plats, sans front, tenait à la fois du chien et du tigre.

Tous étaient découverts, excepté le roi.

Le seigneur qui était auprès du roi lui faisait lecture d'une espèce de long mémoire que Sa Majesté semblait écouter avec attention. Les deux flamands chuchotaient.

« Croix-Dieu ! grommelait Coppenole, je suis las d'être debout. Est-ce qu'il n'y a pas de chaise ici ? »

Rym répondait par un geste négatif, accompagné d'un sourire discret.

« Croix-Dieu ! reprenait Coppenole tout malheureux d'être obligé de baisser ainsi la voix, l'envie me démange de m'asseoir à terre, jambes croisées, en chaussetier, comme je fais dans ma boutique.

– Gardez-vous-en bien, maître Jacques !

– Ouais ! maître Guillaume ! ici l'on ne peut donc être que sur les pieds ?

– Ou sur les genoux », dit Rym.

En ce moment la voix du roi s'éleva. Ils se turent.

« Cinquante sols les robes de nos valets, et douze livres les manteaux des clercs de notre couronne ! C'est cela ! versez l'or à tonnes ! Êtes-vous fou, Olivier ? »

Finally, quite at the end of the room, near the door, in the dark, stood, motionless as a statue, a vigorous man with thickset limbs, a military harness, with a surcoat of armorial bearings, whose square face pierced with staring eyes, slit with an immense mouth, his ears concealed by two large screens of flat hair, had something about it both of the dog and the tiger.

All were uncovered except the king.

The gentleman who stood near the king was reading him a sort of long memorial to which his majesty seemed to be listening attentively. The two Flemings were whispering together.

"Cross of God!" grumbled Coppenole, "I am tired of standing; is there no chair here?"

Rym replied by a negative gesture, accompanied by a discreet smile.

"Croix–Dieu!" resumed Coppenole, thoroughly unhappy at being obliged to lower his voice thus, "I should like to sit down on the floor, with my legs crossed, like a hosier, as I do in my shop."

"Take good care that you do not, Master Jacques."

"Ouais! Master Guillaume! can one only remain here on his feet?"

"Or on his knees," said Rym.

At that moment the king's voice was uplifted. They held their peace.

"Fifty sols for the robes of our valets, and twelve livres for the mantles of the clerks of our crown! That's it! Pour out gold by the ton! Are you mad, Olivier?"

En parlant ainsi, le vieillard avait levé la tête. On voyait reluire à son cou les coquilles d'or du collier de Saint-Michel. La chandelle éclairait en plein son profil décharné et morose. Il arracha le papier des mains de l'autre.

As he spoke thus, the old man raised his head. The golden shells of the collar of Saint-Michael could be seen gleaming on his neck. The candle fully illuminated his gaunt and morose profile. He tore the papers from the other's hand.

« Vous nous ruinez ! cria-t-il en promenant ses yeux creux sur le cahier. Qu'est-ce que tout cela ? qu'avons-nous besoin d'une si prodigieuse maison ? Deux chapelains à raison de dix livres par mois chacun, et un clerc de chapelle à cent sols ! Un valet de chambre à quatre-vingt-dix livres par an ! Quatre écuyers de cuisine à six vingts livres par an chacun ! Un hasteur, un potager, un saussier, un queux, un sommelier d'armures, deux valets de sommiers à raison de dix livres par mois chaque ! Deux galopins de cuisine à huit livres ! Un palefrenier et ses deux aides à vingt-quatre livres par mois ! Un porteur, un pâtissier, un boulanger, deux charretiers, chacun soixante livres par an ! Et le maréchal des forges, six vingts livres ! Et le maître de la chambre de nos deniers, douze cents livres, et le contrôleur, cinq cents ! – Que sais-je, moi ? C'est une furie ! Les gages de nos domestiques mettent la France au pillage ! Tous les mugots du Louvre fondront à un tel feu de dépense ! Nous y vendrons nos vaisselles ! Et l'an prochain, si Dieu et Notre-Dame (ici il souleva son chapeau) nous prêtent vie, nous boirons nos tisanes dans un pot d'étain ! »

"You are ruining us!" he cried, casting his hollow eyes over the scroll. "What is all this? What need have we of so prodigious a household? Two chaplains at ten livres a month each, and, a chapel clerk at one hundred sols! A valet-de- chambre at ninety livres a year. Four head cooks at six score livres a year each! A spit-cook, an herb-cook, a sauce-cook, a butler, two sumpter-horse lackeys, at ten livres a month each! Two scullions at eight livres! A groom of the stables and his two aids at four and twenty livres a month! A porter, a pastry-cook, a baker, two carters, each sixty livres a year! And the farrier six score livres! And the master of the chamber of our funds, twelve hundred livres! And the comptroller five hundred. And how do I know what else? 'Tis ruinous. The wages of our servants are putting France to the pillage! All the ingots of the Louvre will melt before such a fire of expenses! We shall have to sell our plate! And next year, if God and our Lady (here he raised his hat) lend us life, we shall drink our potions from a pewter pot!"

En disant cela, il jetait un coup d'œil sur le hanap d'argent qui étincelait sur la table. Il toussa, et poursuivit :

So saying, he cast a glance at the silver goblet which gleamed upon the table. He coughed and continued,--

« Maître Olivier, les princes qui règnent aux grandes seigneuries, comme rois et empereurs, ne doivent pas laisser engendrer la somptuosité en leurs maisons ; car de là ce feu court par la province. – Donc, maître Olivier, tiens-toi ceci pour dit. Notre dépense augmente tous les ans. La chose nous déplaît. Comment, pasque-Dieu ! jusqu'en 79 elle n'a point passé trente-six mille livres. En 80, elle a atteint quarante-trois mille six cent dix-neuf livres, – j'ai le chiffre en tête, – en 81, soixante-six mille six cent quatre-vingts livres ; et cette année, par la foi de mon corps ! elle atteindra quatre-vingt mille livres ! Doublée en quatre ans ! Monstrueux ! »

Il s'arrêta essoufflé, puis il reprit avec emportement :

« Je ne vois autour de moi que gens qui s'engraissent de ma maigreur ! Vous me sucez des écus par tous les pores ! »

Tous gardaient le silence. C'était une de ces colères qu'on laisse aller. Il continua :

« C'est comme cette requête en latin de la seigneurie de France, pour que nous ayons à rétablir ce qu'ils appellent les grandes charges de la couronne ! Charges en effet ! charges qui écrasent ! Ah ! messieurs ! vous dites que nous ne sommes pas un roi, pour régner dapifero nullo, buticulario nullo ! Nous vous le ferons voir, pasque-Dieu ! si nous ne sommes pas un roi ! »

Ici il sourit dans le sentiment de sa puissance, sa mauvaise humeur s'en adoucit, et il se tourna vers les flamands :

"Master Olivier, the princes who reign over great lordships, like kings and emperors, should not allow sumptuousness in their houses; for the fire spreads thence through the province. Hence, Master Olivier, consider this said once for all. Our expenditure increases every year. The thing displease us. How, ~pasque–Dieu~! when in '79 it did not exceed six and thirty thousand livres, did it attain in '80, forty–three thousand six hundred and nineteen livres? I have the figures in my head. In '81, sixty–six thousand six hundred and eighty livres, and this year, by the faith of my body, it will reach eighty thousand livres! Doubled in four years! Monstrous!"

He paused breathless, then resumed energetically,––

"I behold around me only people who fatten on my leanness! you suck crowns from me at every pore."

All remained silent. This was one of those fits of wrath which are allowed to take their course. He continued,––

"'Tis like that request in Latin from the gentlemen of France, that we should re-establish what they call the grand charges of the Crown! Charges in very deed! Charges which crush! Ah! gentlemen! you say that we are not a king to reign ~dapifero nullo, buticulario nullo~! We will let you see, ~pasque–Dieu~! whether we arenot a king!"

Here he smiled, in the consciousness of his power; this softened his bad humor, and he turned towards the Flemings,––

« Voyez-vous, compère Guillaume ? le grand panetier, le grand bouteillier, le grand chambellan, le grand sénéchal ne valent pas le moindre valet. – Retenez ceci, compère Coppenole ; – ils ne servent à rien. À se tenir ainsi inutiles autour du roi, ils me font l'effet des quatre évangélistes qui environnent le cadran de la grande horloge du Palais, et que Philippe Brille vient de remettre à neuf. Ils sont dorés, mais ils ne marquent pas l'heure ; et l'aiguille peut se passer d'eux. »

Il demeura un moment pensif, et ajouta en hochant sa vieille tête :

« Ho ! Ho ! par Notre-Dame, je ne suis pas Philippe Brille, et je ne redorerai pas les grands vassaux. Je suis de l'avis du roi Édouard : sauvez le peuple et tuez les seigneurs. – Continue, Olivier. »

Le personnage qu'il désignait par ce nom reprit le cahier de ses mains, et se remit à lire à haute voix :

« ... À Adam Tenon, commis à la garde des sceaux de la prévôté de Paris, pour l'argent, façon et gravure desdits sceaux qui ont été faits neufs pour ce que les autres précédents, pour leur antiquité et caduqueté, ne pouvaient plus bonnement servir. – Douze livres parisis.

« À Guillaume Frère, la somme de quatre livres quatre sols parisis, pour ses peines et salaires d'avoir nourri et alimenté les colombes des deux colombiers de l'Hôtel des Tournelles, durant les mois de janvier, février et mars de cette année ; et pour ce a donné sept sextiers d'orge.

"Do you see, Gossip Guillaume? the grand warden of the keys, the grand butler, the grand chamberlain, the grand seneschal are not worth the smallest valet. Remember this, Gossip Coppenole. They serve no purpose, as they stand thus useless round the king; they produce upon me the effect of the four Evangelists who surround the face of the big clock of the palace, and which Philippe Brille has just set in order afresh. They are gilt, but they do not indicate the hour; and the hands can get on without them."

He remained in thought for a moment, then added, shaking his aged head,––

"Ho! ho! by our Lady, I am not Philippe Brille, and I shall not gild the great vassals anew. Continue, Olivier."

The person whom he designated by this name, took the papers into his hands again, and began to read aloud,––

"To Adam Tenon, clerk of the warden of the seals of the provostship of Paris; for the silver, making, and engraving of said seals, which have been made new because the others preceding, by reason of their antiquity and their worn condition, could no longer be successfully used, twelve livres parisis.

"To Guillaume Frère, the sum of four livres, four sols parisis, for his trouble and salary, for having nourished and fed the doves in the two dove-cots of the Hôtel des Tournelles, during the months of January, February, and March of this year; and for this he hath given seven sextiers of barley.

« À un cordelier, pour confession d'un criminel, quatre sols parisis. »

Le roi écoutait en silence. De temps en temps il toussait. Alors il portait le hanap à ses lèvres et buvait une gorgée en faisant une grimace.

« En cette année ont été faits par ordonnance de justice à son de trompe par les carrefours de Paris cinquante-six cris. – Compte à régler.

« Pour avoir fouillé et cherché en certains endroits, tant dans Paris qu'ailleurs, de la finance qu'on disait y avoir été cachée, mais rien n'y a été trouvé ; – quarante-cinq livres parisis. »

– Enterrer un écu pour déterrer un sou ! dit le roi.

– ... Pour avoir mis à point, à l'Hôtel des Tournelles, six panneaux de verre blanc à l'endroit où est la cage de fer, treize sols. – Pour avoir fait et livré, par le commandement du roi, le jour des monstres, quatre écussons aux armes dudit seigneur, enchapessés de chapeaux de roses tout à l'entour, six livres. – Pour deux manches neuves au vieil pourpoint du roi, vingt sols. – Pour une boîte de graisse à graisser les bottes du roi, quinze deniers. – Une étable faite de neuf pour loger les pourceaux noirs du roi, trente livres parisis. – Plusieurs cloisons, planches et trappes faites pour enfermer les lions d'emprès Saint-Paul, vingt-deux livres.

"To a gray friar for confessing a criminal, four sols parisis."▨

The king listened in silence. From time to time he coughed; then he raised the goblet to his lips and drank a draught with a grimace.▨

"During this year there have been made by the ordinance of justice, to the sound of the trumpet, through the squares of Paris, fifty-six proclamations. Account to be regulated.▨

"For having searched and ransacked in certain places, in Paris as well as elsewhere, for money said to be there concealed; but nothing hath been found: forty-five livres parisis."▨

"Bury a crown to unearth a sou!" said the king.▨

"For having set in the Hôtel des Tournelles six panes of white glass in the place where the iron cage is, thirteen sols; for having made and delivered by command of the king, on the day of the musters, four shields with the escutcheons of the said seigneur, encircled with garlands of roses all about, six livres; for two new sleeves to the king's old doublet, twenty sols; for a box of grease to grease the boots of the king, fifteen deniers; a stable newly made to lodge the king's black pigs, thirty livres parisis; many partitions, planks, and trap-doors, for the safekeeping of the lions at Saint-Paul, twenty-two livres."▨

– Voilà des bêtes qui sont chères, dit Louis XI. N'importe ! c'est une belle magnificence de roi. Il y a un grand lion roux que j'aime pour ses gentillesses. – L'avez-vous vu, maître Guillaume ? – Il faut que les princes aient de ces animaux mirifiques. À nous autres rois, nos chiens doivent être des lions, et nos chats des tigres. Le grand va aux couronnes. Du temps des païens de Jupiter, quand le peuple offrait aux églises cent bœufs et cent brebis, les empereurs donnaient cent lions et cent aigles. Cela était farouche et fort beau. Les rois de France ont toujours eu de ces rugissements autour de leur trône. Néanmoins on me rendra cette justice que j'y dépense encore moins d'argent qu'eux, et que j'ai une plus grande modestie de lions, d'ours, d'éléphants et de léopards. – Allez, maître Olivier. Nous voulions dire cela à nos amis les Flamands. »

"These be dear beasts," said Louis XI. "It matters not; it is a fine magnificence in a king. There is a great red lion whom I love for his pleasant ways. Have you seen him, Master Guillaume? Princes must have these terrific animals; for we kings must have lions for our dogs and tigers for our cats. The great befits a crown. In the days of the pagans of Jupiter, when the people offered the temples a hundred oxen and a hundred sheep, the emperors gave a hundred lions and a hundred eagles. This was wild and very fine. The kings of Francehave always had roarings round their throne. Nevertheless, people must do me this justice, that I spend still less money on it than they did, and that I possess a greater modesty of lions, bears, elephants, and leopards.--Go on, Master Olivier. We wished to say thus much to our Flemish friends."

Guillaume Rym s'inclina profondément, tandis que Coppenole, avec sa mine bourrue, avait l'air d'un de ces ours dont parlait Sa Majesté. Le roi n'y prit pas garde. Il venait de tremper ses lèvres dans le hanap, et recrachait le breuvage en disant : « Pouah ! la fâcheuse tisane ! »

Guillaume Rym bowed low, while Coppenole, with his surly mien, had the air of one of the bears of which his majesty was speaking. The king paid no heed. He had just dipped his lips into the goblet, and he spat out the beverage, saying: "Foh! what a disagreeable potion!" The man who was reading continued:--

Celui qui lisait continua : « Pour nourriture d'un maraud piéton enverrouillé depuis six mois dans la logette de l'écorcherie, en attendant qu'on sache qu'en faire. – Six livres quatre sols.

"For feeding a rascally footpad, locked up these six months in the little cell of the flayer, until it should be determined what to do with him, six livres, four sols."

115

– Qu'est cela ? interrompit le roi. Nourrir ce qu'il faut pendre ! Pasque-Dieu ! je ne donnerai plus un sol pour cette nourriture. – Olivier, entendez-vous de la chose avec monsieur d'Estouteville, et dès ce soir faites-moi le préparatif des noces du galant avec une potence. – Reprenez. »

"What's that?" interrupted the king; "feed what ought to be hanged! ~Pasque–Dieu~! I will give not a sou more for that nourishment. Olivier, come to an understanding about the matter with Monsieur d'Estouteville, and prepare me this very evening the wedding of the gallant and the gallows. Resume."

Olivier fit une marque avec le pouce à l'article du maraud piéton et passa outre.

Olivier made a mark with his thumb against the article of the "rascally foot soldier," and passed on.

« À Henriet Cousin, maître exécuteur des hautes œuvres de la justice de Paris, la somme de soixante sols parisis, à lui taxée et ordonnée par monseigneur le prévôt de Paris, pour avoir acheté, de l'ordonnance de mondit sieur le prévôt, une grande épée à feuille servant à exécuter et décapiter les personnes qui par justice sont condamnées pour leurs démérites, et icelle fait garnir de fourreau et de tout ce qui y appartient ; et pareillement a fait remettre à point et rhabiller la vieille épée, qui s'était éclatée et ébréchée en faisant la justice de messire Louis de Luxembourg, comme plus à plein peut apparoir... »

"To Henriet Cousin, master executor of the high works of justice in Paris, the sum of sixty sols parisis, to him assessed and ordained by monseigneur the provost of Paris, for having bought, by order of the said sieur the provost, a great broad sword, serving to execute and decapitate persons who are by justice condemned for their demerits, and he hath caused the same to be garnished with a sheath and with all things thereto appertaining; and hath likewise caused to be repointed and set in order the old sword, which had become broken and notched in executing justice on Messire Louis de Luxembourg, as will more fully appear ."

Le roi interrompit : « Il suffit. J'ordonnance la somme de grand cœur. Voilà des dépenses où je ne regarde pas. Je n'ai jamais regretté cet argent-là. – Suivez.

The king interrupted: "That suffices. I allow the sum with great good will. Those are expenses which I do not begrudge. I have never regretted that money. Continue."

– Pour avoir fait de neuf une grande cage...

"For having made over a great cage..."

— Ah ! dit le roi en prenant de ses deux mains les bras de sa chaise, je savais bien que j'étais venu en cette Bastille pour quelque chose. — Attendez, maître Olivier. Je veux voir moi-même la cage. Vous m'en lirez le coût pendant que je l'examinerai. — Messieurs les Flamands, venez voir cela. C'est curieux. »

"Ah!" said the king, grasping the arms of his chair in both hands, "I knew well that I came hither to this Bastille for some purpose. Hold, Master Olivier; I desire to see that cage myself. You shall read me the cost while I am examining it. Messieurs Flemings, come and see this; 'tis curious."

Alors il se leva, s'appuya sur le bras de son interlocuteur, fit signe à l'espèce de muet qui se tenait debout devant la porte de le précéder, aux deux Flamands de le suivre, et sortit de la chambre.

Then he rose, leaned on the arm of his interlocutor, made a sign to the sort of mute who stood before the door to precede him, to the two Flemings to follow him, and quitted the room.

La royale compagnie se recruta, à la porte du retrait, d'hommes d'armes tout alourdis de fer, et de minces pages qui portaient des flambeaux. Elle chemina quelque temps dans l'intérieur du sombre donjon, percé d'escaliers et de corridors jusque dans l'épaisseur des murailles. Le capitaine de la Bastille marchait en tête, et faisait ouvrir les guichets devant le vieux roi malade et voûté, qui toussait en marchant.

The royal company was recruited, at the door of the retreat, by men of arms, all loaded down with iron, and by slender pages bearing flambeaux. It marched for some time through the interior of the gloomy donjon, pierced with staircases and corridors even in the very thickness of the walls. The captain of the Bastille marched at their head, and caused the wickets to be opened before the bent and aged king, who coughed as he walked.

À chaque guichet, toutes les têtes étaient obligées de se baisser excepté celle du vieillard plié par l'âge. « Hum ! disait-il entre ses gencives, car il n'avait plus de dents, nous sommes déjà tout prêt pour la porte du sépulcre. À porte basse, passant courbé. »

At each wicket, all heads were obliged to stoop, except that of the old man bent double with age. "Hum," said he between his gums, for he had no longer any teeth, "we are already quite prepared for the door of the sepulchre. For a low door, a bent passer."

Enfin, après avoir franchi un dernier guichet si embarrassé de serrures qu'on mit un quart d'heure à l'ouvrir, ils entrèrent dans une haute et vaste salle en ogive, au centre de laquelle on distinguait, à la lueur des torches, un gros cube massif de maçonnerie, de fer et de bois. L'intérieur était creux. C'était une des ces fameuses cages à prisonniers d'État qu'on appelait les fillettes du roi. Il y avait aux parois deux ou trois petites fenêtres, si drument treillissées d'épais barreaux de fer qu'on n'en voyait pas la vitre. La porte était une grande dalle de pierre plate, comme aux tombeaux. De ces portes qui ne servent jamais que pour entrer. Seulement, ici, le mort était un vivant.

Le roi se mit à marcher lentement autour du petit édifice en l'examinant avec soin, tandis que maître Olivier qui le suivait lisait tout haut le mémoire :

At length, after having passed a final wicket, so loaded with locks that a quarter of an hour was required to open it, they entered a vast and lofty vaulted hall, in the centre of which they could distinguish by the light of the torches, a huge cubic mass of masonry, iron, and wood. The interior was hollow. It was one of those famous cages of prisoners of state, which were called "the little daughters of the king." In its walls there were two or three little windows so closely trellised with stout iron bars; that the glass was not visible. The doorwas a large flat slab of stone, as on tombs; the sort of door which serves for entrance only. Only here, the occupant was alive.⬚

The king began to walk slowly round the little edifice, examining it carefully, while Master Olivier, who followed him, read aloud the note.⬚

« Pour avoir fait de neuf une grande cage de bois de grosses solives, membrures et sablières, contenant neuf pieds de long sur huit de lé, et de hauteur sept pieds entre deux planchers, lissée et boujonnée à gros boujons de fer, laquelle a été assise en une chambre étant à l'une des tours de la bastide Saint-Antoine, en laquelle cage est mis et détenu, par commandement du roi notre seigneur, un prisonnier qui habitait précédemment une vieille cage caduque et décrépite. – Ont été employées à cette dite cage neuve quatre-vingt-seize solives de couche et cinquante-deux solives debout, dix sablières de trois toises de long ; et ont été occupés dix-neuf charpentiers pour équarrir, ouvrer et tailler tout ledit bois en la cour de la Bastille pendant vingt jours...

"For having made a great cage of wood of solid beams, timbers and wall–plates, measuring nine feet in length by eight in breadth, and of the height of seven feet between the partitions, smoothed and clamped with great bolts of iron, which has been placed in a chamber situated in one of the towers of the Bastille Saint–Antoine, in which cage is placed and detained, by command of the king our lord, a prisoner who formerly inhabited an old, decrepit, and ruined cage. There have been employed in making the said new cage, ninety–six horizontal beams, and fifty–two upright joists, ten wall plates three toises long; there have been occupied nineteen carpenters to hew, work, and fit all the said wood in the courtyard of the Bastille during twenty days."

– D'assez beaux cœurs de chêne, dit le roi en cognant du poing la charpente.

"Very fine heart of oak," said the king, striking the woodwork with his fist.

– ... Il est entré dans cette cage, poursuivit l'autre, deux cent vingt gros boujons de fer, de neuf pieds et de huit, le surplus de moyenne longueur, avec les rouelles, pommelles et contre-bandes servant auxdits boujons, pesant tout ledit fer trois mille sept cent trente-cinq livres ; outre huit grosses équières de fer servant à attacher ladite cage, avec les crampons et clous pesant ensemble deux cent dix-huit livres de fer, sans compter le fer des treillis des fenêtres de la chambre où la cage a été posée, les barres de fer de la porte de la chambre, et autres choses...

"There have been used in this cage," continued the other, "two hundred and twenty great bolts of iron, of nine feet, and of eight, the rest of medium length, with the rowels, caps and counterbands appertaining to the said bolts; weighing, the said iron in all, three thousand, seven hundred and thirty–five pounds; beside eight great squares of iron, serving to attach the said cage in place with clamps and nails weighing in all two hundred and eighteen pounds, not reckoning the iron of the trellises for the windows of the chamber wherein the cage hath been placed, the bars of iron for the door of the cage and other things."

– Voilà bien du fer, dit le roi, pour contenir la légèreté d'un esprit !

"'Tis a great deal of iron," said the king, "to contain the light of a spirit."

– … Le tout revient à trois cent dix-sept livres cinq sols sept deniers.

– Pasque-Dieu ! » s'écria le roi.

À ce juron, qui était le favori de Louis XI, il parut que quelqu'un se réveillait dans l'intérieur de la cage, on entendit des chaînes qui en écorchaient le plancher avec bruit, et il s'éleva une voix faible qui semblait sortir de la tombe : « Sire ! Sire ! grâce ! » On ne pouvait voir celui qui parlait ainsi.

« Trois cent dix-sept livres cinq sols sept deniers ! » reprit Louis XI.

La voix lamentable qui était sortie de la cage avait glacé tous les assistants, maître Olivier lui-même. Le roi seul avait l'air de ne pas l'avoir entendue. Sur son ordre, maître Olivier reprit sa lecture, et Sa Majesté continua froidement l'inspection de la cage.

« … Outre cela, il a été payé à un maçon qui a fait les trous pour poser les grilles des fenêtres, et le plancher de la chambre où est la cage, parce que le plancher n'eût pu porter cette cage à cause de sa pesanteur, vingt-sept livres quatorze sols parisis… »

La voix recommença à gémir :

« Grâce ! Sire ! Je vous jure que c'est monsieur le cardinal d'Angers qui a fait la trahison, et non pas moi.

– Le maçon est rude ! dit le roi. Continue, Olivier. » Olivier continua :

« … À un menuisier, pour fenêtres, couches, selle percée et autres choses, vingt livres deux sols parisis… »

La voix continuait aussi :

"The whole amounts to three hundred and seventeen livres, five sols, seven deniers."

"~Pasque-Dieu~!" exclaimed the king.

At this oath, which was the favorite of Louis XI., some one seemed to awaken in the interior of the cage; the sound of chains was heard, grating on the floor, and a feeble voice, which seemed to issue from the tomb was uplifted. "Sire! sire! mercy!" The one who spoke thus could not be seen.

"Three hundred and seventeen livres, five sols, seven deniers," repeated Louis XI.

The lamentable voice which had proceeded from the cage had frozen all present, even Master Olivier himself. The king alone wore the air of not having heard. At his order, Master Olivier resumed his reading, and his majesty coldly continued his inspection of the cage.

"In addition to this there hath been paid to a mason who hath made the holes wherein to place the gratings of the windows, and the floor of the chamber where the cage is, because that floor could not support this cage by reason of its weight, twenty-seven livres fourteen sols parisis."

The voice began to moan again.

"Mercy, sire! I swear to you that 'twas Monsieur the Cardinal d'Angers and not I, who was guilty of treason."

"The mason is bold!" said the king. "Continue, Olivier." Olivier continued,––

"To a joiner for window frames, bedstead, hollow stool, and other things, twenty livres, two sols parisis."

The voice also continued.

« Hélas ! Sire ! ne m'écouterez-vous pas ? Je vous proteste que ce n'est pas moi qui ai écrit la chose à monseigneur de Guyenne, mais monsieur le cardinal La Balue !

– Le menuisier est cher, observa le roi. – Est-ce tout ?

– Non, Sire. – ... À un vitrier, pour les vitres de ladite chambre, quarante-six sols huit deniers parisis.

– Faites grâce, Sire ! N'est-ce donc pas assez qu'on ait donné tous mes biens à mes juges, ma vaisselle à monsieur de Torcy, ma librairie à maître Pierre Doriolle, ma tapisserie au gouverneur du Roussillon ? Je suis innocent. Voilà quatorze ans que je grelotte dans une cage de fer. Faites grâce, Sire ! vous retrouverez cela dans le ciel.

– Maître Olivier, dit le roi, le total ?

– Trois cent soixante-sept livres huit sols trois deniers parisis.

– Notre-Dame ! cria le roi. Voilà une cage outrageuse ! »

Il arracha le cahier des mains de maître Olivier, et se mit à compter lui-même sur ses doigts, en examinant tour à tour le papier et la cage. Cependant on entendait sangloter le prisonnier. Cela était lugubre dans l'ombre, et les visages se regardaient en pâlissant.

"Alas, sire! will you not listen to me? I protest to you that 'twas not I who wrote the matter to Monseigneur do Guyenne, but Monsieur le Cardinal Balue."

"The joiner is dear," quoth the king. "Is that all?"

"No, sire. To a glazier, for the windows of the said chamber, forty–six sols, eight deniers parisis."

"Have mercy, sire! Is it not enough to have given all my goods to my judges, my plate to Monsieur de Torcy, my library to Master Pierre Doriolle, my tapestry to the governor of the Roussillon? I am innocent. I have been shivering in an iron cage for fourteen years. Have mercy, sire! You will find your reward in heaven."

"Master Olivier," said the king, "the total?"

"Three hundred sixty–seven livres, eight sols, three deniers parisis.

"Notre–Dame!" cried the king. "This is an outrageous cage!"

He tore the book from Master Olivier's hands, and set to reckoning it himself upon his fingers, examining the paper and the cage alternately. Meanwhile, the prisoner could be heard sobbing. This was lugubrious in the darkness, and their faces turned pale as they looked at each other.

« Quatorze ans, Sire ! voilà quatorze ans ! depuis le mois d'avril 1469. Au nom de la sainte mère de Dieu, Sire, écoutez-moi ! Vous avez joui tout ce temps de la chaleur du soleil. Moi, chétif, ne verrai-je plus jamais le jour ? Grâce, Sire ! Soyez miséricordieux. La clémence est une belle vertu royale qui rompt les courantes de la colère. Croit-elle, Votre Majesté, que ce soit à l'heure de la mort un grand contentement pour un roi, de n'avoir laissé aucune offense impunie ? D'ailleurs, Sire, je n'ai point trahi Votre Majesté ; c'est monsieur d'Angers. Et j'ai au pied une bien lourde chaîne, et une grosse boule de fer au bout, beaucoup plus pesante qu'il n'est de raison. Hé ! Sire ! ayez pitié de moi !

"Fourteen years, sire! Fourteen years now! since the month of April, 1469. In the name of the Holy Mother of God, sire, listen to me! During all this time you have enjoyed the heat of the sun. Shall I, frail creature, never more behold the day? Mercy, sire! Be pitiful! Clemency is a fine, royal virtue, which turns aside the currents of wrath. Does your majesty believe that in the hour of death it will be a great cause of content for a king never to have left any offence unpunished? Besides, sire, I did not betray your majesty, 'twas Monsieur d'Angers; and I have on my foot a very heavy chain, and a great ball of iron at the end, much heavier than it should be in reason. Eh! sire! Have pity on me!"

– Olivier, dit le roi en hochant la tête, je remarque qu'on me compte le muid de plâtre à vingt sols, qui n'en vaut que douze. Vous referez ce mémoire. »

"Olivier," cried the king, throwing back his head, "I observe that they charge me twenty sols a hogshead for plaster, while it is worth but twelve. You will refer back this account."

Il tourna le dos à la cage, et se mit en devoir de sortir de la chambre. Le misérable prisonnier, à l'éloignement des flambeaux et du bruit, jugea que le roi s'en allait.

He turned his back on the cage, and set out to leave the room. The miserable prisoner divined from the removal of the torches and the noise, that the king was taking his departure.

« Sire ! Sire ! » cria-t-il avec désespoir.

"Sire! sire!" be cried in despair.

La porte se referma. Il ne vit plus rien, et n'entendit plus que la voix rauque du guichetier, qui lui chantait aux oreilles la chanson :

The door closed again. He no longer saw anything, and heard only the hoarse voice of the turnkey, singing in his ears this ditty,––

Maître Jean BalueA perdu la vueDe ses évêchés ;Monsieur de VerdunN'en a plus pas un,Tous sont dépêchés.

Master Jean Balue has lost sight of his bishoprics. Monsieur of Verdun has no longer one; all have been killed off.

Le roi remontait en silence à son retrait, et son cortège le suivait, terrifié des derniers gémissements du condamné. Tout à coup, Sa Majesté se tourna vers le gouverneur de la Bastille.

The king reascended in silence to his retreat, and his suite followed him, terrified by the last groans of the condemned man. All at once his majesty turned to the Governor of the Bastille,––

« À propos, dit-elle, n'y avait-il pas quelqu'un dans cette cage ?

« Pardieu, Sire ! répondit le gouverneur stupéfait de la question.

— Et qui donc ?

— Monsieur l'évêque de Verdun. »

Le roi savait cela mieux que personne. Mais c'était une manie.

« Ah ! dit-il avec l'air naïf d'y songer pour la première fois, Guillaume de Harancourt, l'ami de monsieur le cardinal La Balue. Un bon diable d'évêque ! »

Au bout de quelques instants, la porte du retrait s'était rouverte, puis reclose sur les cinq personnages que le lecteur y a vus au commencement de ce chapitre, et qui y avaient repris leurs places, leurs causeries à demi-voix, et leurs attitudes.

Pendant l'absence du roi, on avait déposé sur sa table quelques dépêches, dont il rompit lui-même le cachet. Puis il se mit à les lire promptement l'une après l'autre, fit signe à maître Olivier, qui paraissait avoir près de lui office de ministre, de prendre une plume, et, sans lui faire part au contenu des dépêches, commença à lui en dicter à voix basse les réponses, que celui-ci écrivait, assez incommodément agenouillé devant la table.

Guillaume Rym observait.

Le roi parlait si bas, que les Flamands n'entendaient rien de sa dictée, si ce n'est çà et là quelques lambeaux isolés et peu intelligibles comme :

"By the way," said he, "was there not some one in that cage?"

"Pardieu, yes sire!" replied the governor, astounded by the question.

"And who was it?"

"Monsieur the Bishop of Verdun."

The king knew this better than any one else. But it was a mania of his.

"Ah!" said he, with the innocent air of thinking of it for the first time, "Guillaume de Harancourt, the friend of Monsieur the Cardinal Balue. A good devil of a bishop!"

At the expiration of a few moments, the door of the retreat had opened again, then closed upon the five personages whom the reader has seen at the beginning of this chapter, and who resumed their places, their whispered conversations, and their attitudes.

During the king's absence, several despatches had been placed on his table, and he broke the seals himself. Then he began to read them promptly, one after the other, made a sign to Master Olivier who appeared to exercise the office of minister, to take a pen, and without communicating to him the contents of the despatches, he began to dictate in a low voice, the replies which the latter wrote, on his knees, in an inconvenient attitude before the table.

Guillaume Rym was on the watch.

The king spoke so low that the Flemings heard nothing of his dictation, except some isolated and rather unintelligible scraps, such as,––

« ... Maintenir les lieux fertiles par le commerce, les stériles par les manufactures... – Faire voir aux seigneurs anglais nos quatre bombardes, la Londres, la Brabant, la Bourg-en-Bresse, la Saint-Omer... – L'artillerie est cause que la guerre se fait maintenant plus judicieusement... – À M. de Bressuire, notre ami... – Les armées ne s'entretiennent sans les tributs... » – Etc.

Une fois il haussa la voix :

« Pasque-Dieu ! monsieur le roi de Sicile scelle ses lettres sur cire jaune, comme un roi de France. Nous avons peut-être tort de le lui permettre. Mon beau cousin de Bourgogne ne donnait pas d'armoiries à champ de gueules. La grandeur des maisons s'assure en l'intégrité des prérogatives. Note ceci, compère Olivier. »

Une autre fois :

« Oh ! oh ! dit-il, le gros message ! Que nous réclame notre frère l'empereur ? » Et parcourant des yeux la missive en coupant sa lecture d'interjections :

« Certes ! les Allemagnes sont si grandes et puissantes qu'il est à peine croyable. – Mais nous n'oublions pas le vieux proverbe : La plus belle comté est Flandre ; la plus belle duché, Milan ; le plus beau royaume, France. – N'est-ce pas, messieurs les Flamands ? »

Cette fois, Coppenole s'inclina avec Guillaume Rym. Le patriotisme du chaussetier était chatouillé.

Une dernière dépêche fit froncer le sourcil à Louis XI.

"To maintain the fertile places by commerce, and the sterile by manufactures....––To show the English lords our four bombards, London, Brabant, Bourg–en–Bresse, Saint-Omer....––Artillery is the cause of war being made more judiciously now....––To Monsieur de Bressuire, our friend....––Armies cannot be maintained without tribute, etc.

Once he raised his voice,––

"~Pasque Dieu~! Monsieur the King of Sicily seals his letters with yellow wax, like a king of France. Perhaps we are in the wrong to permit him so to do. My fair cousin of Burgundy granted no armorial bearings with a field of gules. The grandeur of houses is assured by the integrity of prerogatives. Note this, friend Olivier."

Again,––

"Oh! oh!" said he, "What a long message! What doth our brother the emperor claim?" And running his eye over the missive and breaking his reading with interjection:

"Surely! the Germans are so great and powerful, that it is hardly credible––But let us not forget the old proverb: 'The finest county is Flanders; the finest duchy, Milan; the finest kingdom, France.' Is it not so, Messieurs Flemings?"

This time Coppenole bowed in company with Guillaume Rym. The hosier's patriotism was tickled.

The last despatch made Louis XI. frown.

« Qu'est cela ? s'écria-t-il. Des plaintes et quérimonies contre nos garnisons de Picardie ! Olivier, écrivez en diligence à monsieur le maréchal de Rouault. – Que les disciplines se relâchent. – Que les gendarmes des ordonnances, les nobles de ban, les francs-archers, les suisses, font des maux infinis aux manants. – Que l'homme de guerre, ne se contentant pas des biens qu'il trouve en la maison des laboureurs, les contraint, à grands coups de bâton ou de voulge, à aller quérir du vin à la ville, du poisson, des épiceries, et autres choses excessives. – Que monsieur le roi sait cela. – Que nous entendons garder notre peuple des inconvénients, larcins et pilleries. – Que c'est notre volonté, par Notre-Dame ! – Qu'en outre, il ne nous agrée pas qu'aucun ménétrier, barbier, ou valet de guerre, soit vêtu comme prince, de velours, de drap de soie et d'anneaux d'or. – Que ces vanités sont haineuses à Dieu. – Que nous nous contentons, nous qui sommes gentilhomme, d'un pourpoint de drap à seize sols l'aune de Paris. – Que messieurs les goujats peuvent bien se rabaisser jusque-là, eux aussi. – Mandez et ordonnez. – À monsieur de Rouault, notre ami. – Bien. »

"What is this?" be said, "Complaints and fault finding against our garrisons in Picardy! Olivier, write with diligence to M. the Marshal de Rouault:--That discipline is relaxed. That the gendarmes of the unattached troops, the feudal nobles, the free archers, and the Swiss inflict infinite evils on the rustics.--That the military, not content with what they find in the houses of the rustics, constrain them with violent blows of cudgel or of lash to go and get wine, spices, and other unreasonable things in the town.--That monsieur the king knows this. That we undertake to guard our people against inconveniences, larcenies and pillage.--That such is our will, by our Lady!--That in addition, it suits us not that any fiddler, barber, or any soldier varlet should be clad like a prince, in velvet, cloth of silk, and rings of gold.--That these vanities are hateful to God.--That we, who are gentlemen, content ourselves with a doublet of cloth at sixteen sols the ell, of Paris.--That messieurs the camp-followers can very well come down to that, also.--Command and ordain.--To Monsieur de Rouault, our friend.--Good."

Il dicta cette lettre à haute voix, d'un ton ferme et par saccades. Au moment où il achevait, la porte s'ouvrit et donna passage à un nouveau personnage, qui se précipita tout effaré dans la chambre en criant :

He dictated this letter aloud, in a firm tone, and in jerks. At the moment when he finished it, the door opened and gave passage to a new personage, who precipitated himself into the chamber, crying in affright,--

« Sire ! Sire ! il y a une sédition de populaire dans Paris ! » La grave figure de Louis XI se contracta ; mais ce qu'il y eut de visible dans son émotion passa comme un éclair. Il se contint, et dit avec une sévérité tranquille :

"Sire! sire! there is a sedition of the populace in Paris!" Louis XI.'s grave face contracted; but all that was visible of his emotion passed away like a flash of lightning. He controlled himself and said with tranquil severity,--

« Compère Jacques, vous entrez bien brusquement !

– Sire ! Sire ! il y a une révolte ! » reprit le compère Jacques essoufflé.

Le roi, qui s'était levé, lui prit rudement le bras et lui dit à l'oreille, de façon à être entendu de lui seul, avec une colère concentrée et un regard oblique sur les flamands :

« Tais-toi, ou parle bas ! »

Le nouveau venu comprit, et se mit à lui faire tout bas une narration très effarouchée que le roi écoutait avec calme, tandis que Guillaume Rym faisait remarquer à Coppenole le visage et l'habit du nouveau venu, sa capuce fourrée, caputia fourrata, son épitoge courte, epitogia curta, sa robe de velours noir, qui annonçait un président de la Cour des comptes.

À peine ce personnage eut-il donné au roi quelques explications, que Louis XI s'écria en éclatant de rire :

« En vérité ! parlez tout haut, compère Coictier ! Qu'avez-vous à parler bas ainsi ? Notre-Dame sait que nous n'avons rien de caché pour nos bons amis flamands.

– Mais, Sire...

– Parlez tout haut ! »

Le « compère Coictier » demeurait muet de surprise.

« Donc, reprit le roi, – parlez, monsieur, – il y a une émotion de manants dans notre bonne ville de Paris ?

– Oui, Sire.

– Et qui se dirige, dites-vous, contre monsieur le bailli du Palais de Justice ?

"Gossip Jacques, you enter very abruptly!"

"Sire! sire! there is a revolt!" repeated Gossip Jacques breathlessly.

The king, who had risen, grasped him roughly by the arm, and said in his ear, in such a manner as to be heard by him alone, with concentrated rage and a sidelong glance at the Flemings,––

"Hold your tongue! or speak low!"

The new comer understood, and began in a low tone to give a very terrified account, to which the king listened calmly, while Guillaume Rym called Coppenole's attention to the face and dress of the new arrival, to his furred cowl, (~caputia fourrata~), his short cape, (~epitogia curta~), his robe of black velvet, which bespoke a president of the court of accounts.

Hardly had this personage given the king some explanations, when Louis XI. exclaimed, bursting into a laugh,––

"In truth? Speak aloud, Gossip Coictier! What call is there for you to talk so low? Our Lady knoweth that we conceal nothing from our good friends the Flemings."

"But sire..."

"Speak loud!"

Gossip Coictier was struck dumb with surprise.

"So," resumed the king,––"speak sir,––there is a commotion among the louts in our good city of Paris?"

"Yes, sire."

"And which is moving you say, against monsieur the bailiff of the Palais–de–Justice?"

– Il y a apparence », répondit le compère, qui balbutiait, encore tout étourdi du brusque et inexplicable changement qui venait de s'opérer dans les pensées du roi.

Louis XI reprit : « Où le guet a-t-il rencontré la cohue ?

– Cheminant de la Grande-Truanderie vers le Pont-aux-Changeurs. Je l'ai rencontrée moi-même comme je venais ici pour obéir aux ordres de Votre Majesté. J'en ai entendu quelques-uns qui criaient : À bas le bailli du Palais !

– Et quels griefs ont-ils contre le bailli ?

– Ah ! dit le compère Jacques, qu'il est leur seigneur.

– Vraiment !

– Oui, Sire. Ce sont des marauds de la Cour des Miracles. Voilà longtemps déjà qu'ils se plaignent du bailli, dont ils sont vassaux. Ils ne veulent le reconnaître ni comme justicier ni comme voyer.

– Oui-da ! repartit le roi avec un sourire de satisfaction qu'il s'efforçait en vain de déguiser.

– Dans toutes leurs requêtes au parlement, reprit le compère Jacques, ils prétendent n'avoir que deux maîtres, Votre Majesté et leur Dieu, qui est, je crois, le diable.

– Hé ! hé ! » dit le roi.

"So it appears," said the gossip, who still stammered, utterly astounded by the abrupt and inexplicable change which had just taken place in the king's thoughts.

Louis XI. continued: "Where did the watch meet the rabble?"

"Marching from the Grand Truanderie, towards the Pont–aux– Changeurs. I met it myself as I was on my way hither to obey your majesty's commands. I heard some of them shouting: 'Down with the bailiff of the palace!'"

"And what complaints have they against the bailiff?"

"Ah!" said Gossip Jacques, "because he is their lord."

"Really?"

"Yes, sire. They are knaves from the Cour–des–Miracles. They have been complaining this long while, of the bailiff, whose vassals they are. They do not wish to recognize him either as judge or as voyer?"*

"Yes, certainly!" retorted the king with a smile of satis– faction which he strove in vain to disguise.

"In all their petitions to the Parliament, they claim to have but two masters. Your majesty and their God, who is the devil, I believe."

"Eh! eh!" said the king.

Il se frottait les mains, il riait de ce rire intérieur qui fait rayonner le visage. Il ne pouvait dissimuler sa joie, quoiqu'il essayât par instants de se composer. Personne n'y comprenait rien, pas même « maître Olivier ». Il resta un moment silencieux, avec un air pensif, mais content.

He rubbed his hands, he laughed with that inward mirth which makes the countenance beam; he was unable to dissimulate his joy, although he endeavored at moments to compose himself. No one understood it in the least, not even Master Olivier. He remained silent for a moment, with a thoughtful but contented air.

« Sont-ils en force ? demanda-t-il tout à coup.

"Are they in force?" he suddenly inquired.

— Oui certes, Sire, répondit le compère Jacques.

"Yes, assuredly, sire," replied Gossip Jacques.

— Combien ?

"How many?"

— Au moins six mille. »

"Six thousand at the least."

Le roi ne put s'empêcher de dire : « Bon ! » Il reprit : « Sont-ils armés ?

The king could not refrain from saying: "Good!" he went on,-- "Are they armed?"

— Des faulx, des piques, des hacquebutes, des pioches. Toutes sortes d'armes fort violentes. »

"With scythes, pikes, hackbuts, pickaxes. All sorts of very violent weapons."

Le roi ne parut nullement inquiet de cet étalage. Le compère Jacques crut devoir ajouter :

The king did not appear in the least disturbed by this list. Jacques considered it his duty to add,--

« Si Votre Majesté n'envoie pas promptement au secours du bailli, il est perdu.

"If your majesty does not send prompt succor to the bailiff, he is lost."

— Nous enverrons, dit le roi avec un faux air sérieux. C'est bon. Certainement nous enverrons. Monsieur le bailli est notre ami. Six mille ! Ce sont de déterminés drôles. La hardiesse est merveilleuse, et nous en sommes fort courroucé. Mais nous avons peu de monde cette nuit autour de nous. — Il sera temps demain matin. »

"We will send," said the king with an air of false seriousness. "It is well. Assuredly we will send. Monsieur the bailiff is our friend. Six thousand! They are desperate scamps! Their audacity is marvellous, and we are greatly enraged at it. But we have only a few people about us to-night. To-morrow morning will be time enough."

Le compère Jacques se récria. « Tout de suite, Sire ! Le bailliage aura vingt fois le temps d'être saccagé, la seigneurie violée et le bailli pendu. Pour Dieu, Sire ! envoyez avant demain matin. »

Gossip Jacques exclaimed, "Instantly, sire! there will be time to sack the bailiwick a score of times, to violate the seignory, to hang the bailiff. For God's sake, sire! send before to-morrow morning."

Le roi le regarda en face. « Je vous ai dit demain matin. »

C'était un de ces regards auxquels on ne réplique pas.

Après un silence, Louis XI éleva de nouveau la voix. « Mon compère Jacques, vous devez savoir cela ? Quelle était… »

Il se reprit : « Quelle est la juridiction féodale du bailli ?

– Sire, le bailli du Palais a la rue de la Calandre jusqu'à la rue de l'Herberie, la place Saint-Michel et les lieux vulgairement nommés les Mureaux assis près de l'église Notre-Dame-des-Champs (ici Louis XI souleva le bord de son chapeau), lesquels hôtels sont au nombre de treize, plus la Cour des Miracles, plus la Maladerie appelée la Banlieue, plus toute la chaussée qui commence à cette Maladerie et finit à la porte Saint-Jacques. De ces divers endroits il est voyer, haut, moyen et bas justicier, plein seigneur.

– Ouais ! dit le roi en se grattant l'oreille gauche avec la main droite, cela fait un bon bout de ma ville ! Ah ! monsieur le bailli était roi de tout cela ! »

Cette fois il ne se reprit point. Il continua, rêveur et comme se parlant à lui-même :

« Tout beau, monsieur le bailli ! vous aviez là entre les dents un gentil morceau de notre Paris. »

The king looked him full in the face. "I have told you to-morrow morning."

It was one Of those looks to which one does not reply.

After a silence, Louis XI. raised his voice once more,-- "You should know that, Gossip Jacques. What was--"

He corrected himself. "What is the bailiff's feudal jurisdiction?"

"Sire, the bailiff of the palace has the Rue Calendre as far as the Rue de l'Herberie, the Place Saint-Michel, and the localities vulgarly known as the Mureaux, situated near the church of Notre-Dame des Champs (here Louis XI. raised the brim of his hat), which hotels number thirteen, plus the Cour des Miracles, plus the Maladerie, called the Banlieue, plus the whole highway which begins at that Maladerie and ends at the Porte Sainte-Jacques. Of these divers places he is voyer, high, middle, and low, justiciary, full seigneur."

"Bless me!" said the king, scratching his left ear with his right hand, "that makes a goodly bit of my city! Ah! monsieur the bailiff was king of all that."

This time he did not correct himself. He continued dreamily, and as though speaking to himself,--

"Very fine, monsieur the bailiff! You had there between your teeth a pretty slice of our Paris."

Tout à coup il fit explosion : « Pasque-Dieu ! qu'est-ce que c'est que ces gens qui se prétendent voyers, justiciers, seigneurs et maîtres chez nous ? qui ont leur péage à tout bout de champ, leur justice et leur bourreau à tout carrefour parmi notre peuple ? de façon que, comme le Grec se croyait autant de dieux qu'il avait de fontaines, et le Persan autant qu'il voyait d'étoiles, le Français se compte autant de rois qu'il voit de gibets ! Pardieu ! cette chose est mauvaise, et la confusion m'en déplaît. Je voudrais bien savoir si c'est la grâce de Dieu qu'il y ait à Paris un autre voyer que le roi, une autre justice que notre parlement, un autre empereur que nous dans cet empire ! Par la foi de mon âme ! il faudra bien que le jour vienne où il n'y aura en France qu'un roi, qu'un seigneur, qu'un juge, qu'un coupe-tête, comme il n'y a au paradis qu'un Dieu ! »

All at once he broke out explosively, "~Pasque-Dieu~!" What people are those who claim to be voyers, justiciaries, lords and masters in our domains? who have their tollgates at the end of every field? their gallows and their hangman at every cross-road among our people? So that as the Greek believed that he had as many gods as there were fountains, and the Persian as many as he beheld stars, the Frenchman counts as many kings as he sees gibbets! Pardieu! 'tis an evil thing, and the confusion of it displeases me. I should greatly like to know whether it be the mercy of God that there should be in Paris any other lord than the king, any other judge than our parliament, any other emperor than ourselves in this empire! By the faith of my soul! the day must certainly come when there shall exist in France but one king, one lord, one judge, one headsman, as there is in paradise but one God!"

Il souleva encore son bonnet, et continua, rêvant toujours, avec l'air et l'accent d'un chasseur qui agace et lance sa meute : « Bon ! mon peuple ! bravement ! brise ces faux seigneurs ! fais ta besogne. Sus ! sus ! pille-les, pends-les, saccage-les !... Ah ! vous voulez être rois, messeigneurs ? Va ! peuple ! va ! »

He lifted his cap again, and continued, still dreamily, with the air and accent of a hunter who is cheering on his pack of hounds: "Good, my people! bravely done! break these false lords! do your duty! at them! have at them! pillage them! take them! sack them!....Ah! you want to be kings, messeigneurs? On, my people on!"

Ici il s'interrompit brusquement, se mordit la lèvre, comme pour rattraper sa pensée à demi échappée, appuya tour à tour son œil perçant sur chacun des cinq personnages qui l'entouraient, et tout à coup saisissant son chapeau à deux mains et le regardant en face, il lui dit : « Oh ! je te brûlerais si tu savais ce qu'il y a dans ma tête ! »

Puis, promenant de nouveau autour de lui le regard attentif et inquiet du renard qui rentre sournoisement à son terrier : « Il n'importe ! nous secourrons monsieur le bailli. Par malheur nous n'avons que peu de troupe ici en ce moment contre tant de populaire. Il faut attendre jusqu'à demain. On remettra l'ordre en la Cité, et l'on pendra vertement tout ce qui sera pris.

– À propos, Sire ! dit le compère Coictier, j'ai oublié cela dans le premier trouble, le guet a saisi deux traînards de la bande. Si Votre Majesté veut voir ces hommes, ils sont là.

– Si je veux les voir ! cria le roi. Comment ! Pasque-Dieu ! tu oublies chose pareille ! – Cours vite, toi, Olivier ! va les chercher. » Maître Olivier sortit et rentra un moment après avec les deux prisonniers, environnés d'archers de l'ordonnance. Le premier avait une grosse face idiote, ivre et étonnée. Il était vêtu de guenilles et marchait en pliant le genou et en traînant le pied. Le second était une figure blême et souriante que le lecteur connaît déjà.

Here he interrupted himself abruptly, bit his lips as though to take back his thought which had already half escaped, bent his piercing eyes in turn on each of the five persons who surrounded him, and suddenly grasping his hat with both hands and staring full at it, he said to it: "Oh! I would burn you if you knew what there was in my head."

Then casting about him once more the cautious and uneasy glance of the fox re-entering his hole,–– "No matter! we will succor monsieur the bailiff. Unfortunately, we have but few troops here at the present moment, against so great a populace. We must wait until to-morrow. The order will be transmitted to the City and every one who is caught will be immediately hung."

"By the way, sire," said Gossip Coictier, "I had forgotten that in the first agitation, the watch have seized two laggards of the band. If your majesty desires to see these men, they are here."

"If I desire to see them!" cried the king. "What! ~Pasque– Dieu~! You forget a thing like that! Run quick, you, Olivier! Go, seek them!" Master Olivier quitted the room and returned a moment later with the two prisoners, surrounded by archers of the guard. The first had a coarse, idiotic, drunken and astonished face. He was clothed in rags, and walked with one knee bent and dragging his leg. The second had a pallid and smiling countenance, with which the reader is already acquainted.

Le roi les examina un instant sans mot dire, puis s'adressant brusquement au premier : « Comment t'appelles-tu ?

– Gieffroy Pincebourde.

– Ton métier ? – Truand.

– Qu'allais-tu faire dans cette damnable sédition ? » Le truand regarda le roi, en balançant ses bras d'un air hébété.

C'était une de ces têtes mal conformées où l'intelligence est à peu près aussi à l'aise que la lumière sous l'éteignoir.

« Je ne sais pas, dit-il. On allait, j'allais.

– N'alliez-vous pas attaquer outrageusement et piller votre seigneur le bailli du Palais ?

– Je sais qu'on allait prendre quelque chose chez quelqu'un. Voilà tout. » Un soldat montra au roi une serpe qu'on avait saisie sur le truand.

« Reconnais-tu cette arme ? demanda le roi.

– Oui, c'est ma serpe. Je suis vigneron.

– Et reconnais-tu cet homme pour ton compagnon ? ajouta Louis XI, en désignant l'autre prisonnier.

– Non. Je ne le connais point.

– Il suffit », dit le roi. Et faisant un signe du doigt au personnage silencieux, immobile près de la porte, que nous avons déjà fait remarquer au lecteur :

« Compère Tristan, voilà un homme pour vous. » Tristan l'Hermite s'inclina. Il donna un ordre à voix basse à deux archers qui emmenèrent le pauvre truand.

The king surveyed them for a moment without uttering a word, then addressing the first one abruptly,-- "What's your name?"

"Gieffroy Pincebourde."

"Your trade."

"Outcast." "What were you going to do in this damnable sedition?" The outcast stared at the king, and swung his arms with a stupid air.

He had one of those awkwardly shaped heads where intelligence is about as much at its ease as a light beneath an extinguisher.

"I know not," said he. "They went, I went."

"Were you not going to outrageously attack and pillage your lord, the bailiff of the palace?"

"I know that they were going to take something from some one. That is all." A soldier pointed out to the king a billhook which he had seized on the person of the vagabond.

"Do you recognize this weapon?" demanded the king.

"Yes; 'tis my billhook; I am a vine-dresser."

"And do you recognize this man as your companion?" added Louis XI., pointing to the other prisoner.

"No, I do not know him."

"That will do," said the king, making a sign with his finger to the silent personage who stood motionless beside the door, to whom we have already called the reader's attention.

"Gossip Tristan, here is a man for you." Tristan l'Hermite bowed. He gave an order in a low voice to two archers, who led away the poor vagabond.

Cependant le roi s'était approché du second prisonnier, qui suait à grosses gouttes. « Ton nom ?

— Sire, Pierre Gringoire.
— Ton métier ?
— Philosophe, Sire.

— Comment te permets-tu, drôle, d'aller investir notre ami monsieur le bailli du Palais, et qu'as-tu à dire de cette émotion populaire ?

— Sire, je n'en étais pas.

— Or çà ! paillard, n'as-tu pas été appréhendé par le guet dans cette mauvaise compagnie ?

— Non, Sire, il y a méprise. C'est une fatalité. Je fais des tragédies. Sire, je supplie Votre Majesté de m'entendre. Je suis poète. C'est la mélancolie des gens de ma profession d'aller la nuit par les rues. Je passais par là ce soir. C'est grand hasard. On m'a arrêté à tort. Je suis innocent de cette tempête civile. Votre Majesté voit que le truand ne m'a pas reconnu. Je conjure Votre Majesté…

— Tais-toi ! dit le roi entre deux gorgées de tisane. Tu nous romps la tête. »

Tristan l'Hermite s'avança et désignant Gringoire du doigt : « Sire, peut-on pendre aussi celui-là ? » C'était la première parole qu'il proférait.
« Peuh ! répondit négligemment le roi. Je n'y vois pas d'inconvénients.

— J'en vois beaucoup, moi ! » dit Gringoire.

In the meantime, the king had approached the second prisoner, who was perspiring in great drops: "Your name?"

"Sire, Pierre Gringoire."
"Your trade?"
"Philosopher, sire."

"How do you permit yourself, knave, to go and besiege our friend, monsieur the bailiff of the palace, and what have you to say concerning this popular agitation?"

"Sire, I had nothing to do with it."

"Come, now! you wanton wretch, were not you apprehended by the watch in that bad company?"

"No, sire, there is a mistake. 'Tis a fatality. I make tragedies. Sire, I entreat your majesty to listen to me. I am a poet. 'Tis the melancholy way of men of my profession to roam the streets by night. I was passing there. It was mere chance. I was unjustly arrested; I am innocent of this civil tempest. Your majesty sees that the vagabond did not recognize me. I conjure your majesty--"

"Hold your tongue!" said the king, between two swallows of his ptisan. "You split our head!"

Tristan l'Hermite advanced and pointing to Gringoire,-- "Sire, can this one be hanged also?" This was the first word that he had uttered.

"Phew!" replied the king, "I see no objection."

"I see a great many!" said Gringoire.

Notre philosophe était en ce moment plus vert qu'une olive. Il vit à la mine froide et indifférente du roi qu'il n'y avait plus de ressource que dans quelque chose de très pathétique, et se précipita aux pieds de Louis XI en s'écriant avec une gesticulation désespérée :

« Sire ! Votre Majesté daignera m'entendre ! Sire ! n'éclatez pas en tonnerre sur si peu de chose que moi. La grande foudre de Dieu ne bombarde pas une laitue. Sire, vous êtes un auguste monarque très puissant, ayez pitié d'un pauvre homme honnête, et qui serait plus empêché d'attiser une révolte qu'un glaçon de donner une étincelle ! Très gracieux Sire, la débonnaireté est vertu de lion et de roi. Hélas ! la rigueur ne fait qu'effaroucher les esprits, les bouffées impétueuses de la bise ne sauraient faire quitter le manteau au passant, le soleil donnant de ses rayons peu à peu l'échauffe de telle sorte qu'il le fera mettre en chemise. Sire, vous êtes le soleil. Je vous le proteste, mon souverain maître et seigneur, je ne suis pas un compagnon truand, voleur et désordonné. La révolte et les briganderies ne sont pas de l'équipage d'Apollo. Ce n'est pas moi qui m'irai précipiter dans ces nuées qui éclatent en des bruits de séditions. Je suis un fidèle vassal de Votre Majesté. La même jalousie qu'a le mari pour l'honneur de sa femme, le ressentiment qu'a le fils pour l'amour de son père, un bon vassal les doit avoir pour la gloire de son roi, il doit sécher pour le zèle de sa maison, pour l'accroissement de son service. Toute autre passion qui le transporterait ne serait que fureur. Voilà, Sire, mes maximes d'état. Donc, ne me jugez pas séditieux et pillard à mon habit usé aux coudes. Si vous me faites grâce, Sire, je l'userai aux genoux à prier Dieu soir et matin pour vous ! Hélas ! je ne suis pas extrêmement riche, c'est vrai. Je suis même un peu pauvre. Mais non vicieux

At that moment, our philosopher was greener than an olive. He perceived from the king's cold and indifferent mien that there was no other resource than something very pathetic, and he flung himself at the feet of Louis XI., exclaiming, with gestures of despair:--

"Sire! will your majesty deign to hear me. Sire! break not in thunder over so small a thing as myself. God's great lightning doth not bombard a lettuce. Sire, you are an august and, very puissant monarch; have pity on a poor man who is honest, and who would find it more difficult to stir up a revolt than a cake of ice would to give out a spark! Very gracious sire, kindness is the virtue of a lion and a king. Alas! rigor only frightens minds; the impetuous gusts of the north wind do not make the traveller lay aside his cloak; the sun, bestowing his rays little by little, warms him in such ways that it will make him strip to his shirt. Sire, you are the sun. I protest to you, my sovereign lord and master, that I am not an outcast, thief, and disorderly fellow. Revolt and brigandage belong not to the outfit of Apollo. I am not the man to fling myself into those clouds which break out into seditious clamor. I am your majesty's faithful vassal. That same jealousy which a husband cherisheth for the honor of his wife, the resentment which the son hath for the love of his father, a good vassal should feel for the glory of his king; he should pine away for the zeal of this house, for the aggrandizement of his service. Every other passion which should transport him would be but madness. These, sire, are my maxims of state: then do not judge me to be a seditious and thieving rascal because my garment is worn at the elbows. If you will grant me mercy, sire, I will wear it out on the knees in praying to God for you night and morning! Alas! I am not extremely rich, 'tis true. I am even rather poor. But not vicious on that account. It is not my fault. Every one knoweth that great wealth is not to be drawn from literature, and that those who are best posted in good books do not always have a great fire in winter. The advocate's trade

pour cela. Ce n'est pas ma faute. Chacun sait que les grandes richesses ne se tirent pas des belles-lettres, et que les plus consommés aux bons livres n'ont pas toujours gros feu l'hiver. La seule avocasserie prend tout le grain et ne laisse que la paille aux autres professions scientifiques. Il y a quarante très excellents proverbes sur le manteau troué des philosophes. Oh ! Sire ! la clémence est la seule lumière qui puisse éclairer l'intérieur d'une grande âme. La clémence porte le flambeau devant toutes les autres vertus. Sans elle, ce sont des aveugles qui cherchent Dieu à tâtons. La miséricorde, qui est la même chose que la clémence, fait l'amour des sujets qui est le plus puissant corps de garde à la personne du prince. Qu'est-ce que cela vous fait, à vous Majesté dont les faces sont éblouies, qu'il y ait un pauvre homme de plus sur la terre ? un pauvre innocent philosophe, barbotant dans les ténèbres de la calamité, avec son gousset vide qui résonne sur son ventre creux ?

taketh all the grain, and leaveth only straw to the other scientific professions. There are forty very excellent proverbs anent the hole–ridden cloak of the philosopher. Oh, sire! clemency is the only light which can enlighten the interior of so great a soul. Clemency beareth the torch before all the other virtues. Without it they are but blind men groping after God in the dark. Compassion, which is the same thing as clemency, causeth the love of subjects, which is the most powerful bodyguard to a prince. What matters it to your majesty, who dazzles all faces, if there is one poor man more on earth, a poor innocent philosopher spluttering amid the shadows of calamity, with an empty pocket which resounds against his hollow belly?

D'ailleurs, Sire, je suis un lettré. Les grands rois se font une perle à leur couronne de protéger les lettres. Hercules ne dédaignait pas le titre de Musagetes. Mathias Corvin favorisait Jean de Monroyal, l'ornement des mathématiques. Or, c'est une mauvaise manière de protéger les lettres que de pendre les lettrés. Quelle tache à Alexandre s'il avait fait pendre Aristoteles ! Ce trait ne serait pas un petit moucheron sur le visage de sa réputation pour l'embellir, mais bien un malin ulcère pour le défigurer. Sire ! j'ai fait un très expédient épithalame pour madamoiselle de Flandre et monseigneur le très auguste dauphin. Cela n'est pas d'un boute-feu de rébellion. Votre Majesté voit que je ne suis pas un grimaud, que j'ai étudié excellemment, et que j'ai beaucoup d'éloquence naturelle. Faites-moi grâce, Sire. Cela faisant, vous ferez une action galante à Notre-Dame, et je vous jure que je suis très effrayé de l'idée d'être pendu ! »

Moreover, sire, I am a man of letters. Great kings make a pearl for their crowns by protecting letters. Hercules did not disdain the title of Musagetes. Mathias Corvin favored Jean de Monroyal, the ornament of mathematics. Now, 'tis an ill way to protect letters to hang men of letters. What a stain on Alexander if he had hung Aristoteles! This act would not be a little patch on the face of his reputation to embellish it, but a very malignant ulcer to disfigure it. Sire! I made a very proper epithalamium for Mademoiselle of Flanders and Monseigneur the very august Dauphin. That is not a firebrand of rebellion. Your majesty sees that I am not a scribbler of no reputation, that I have studied excellently well, and that I possess much natural eloquence. Have mercy upon me, sire! In so doing you will perform a gallant deed to our Lady, and I swear to you that I am greatly terrified at the idea of being hanged!"

En parlant ainsi, le désolé Gringoire baisait les pantoufles du roi, et Guillaume Rym disait tout bas à Coppenole : « Il fait bien de se traîner à terre. Les rois sont comme le Jupiter de Crète, ils n'ont des oreilles qu'aux pieds. »

So saying, the unhappy Gringoire kissed the king's slippers, and Guillaume Rym said to Coppenole in a low tone: "He doth well to drag himself on the earth. Kings are like the Jupiter of Crete, they have ears only in their feet."

Et, sans s'occuper du Jupiter de Crète, le chaussetier répondait avec un lourd sourire, l'œil fixé sur Gringoire : « Oh ! que c'est bien cela ! je crois entendre le chancelier Hugonet me demander grâce. »

And without troubling himself about the Jupiter of Crete, the hosier replied with a heavy smile, and his eyes fixed on Gringoire: "Oh! that's it exactly! I seem to hear Chancellor Hugonet craving mercy of me."

Quand Gringoire s'arrêta enfin tout essoufflé, il leva la tête en tremblant vers le roi qui grattait avec son ongle une tache que ses chausses avaient au genou. Puis Sa Majesté se mit à boire au hanap de tisane. Du reste, elle ne soufflait mot, et ce silence torturait Gringoire. Le roi le regarda enfin. « Voilà un terrible braillard ! » dit-il. Puis se tournant vers Tristan l'Hermite : « Bah ! lâchez-le ! »

Gringoire tomba sur le derrière, tout épouvanté de joie.

« En liberté ! grogna Tristan. Votre Majesté ne veut-elle pas qu'on le retienne un peu en cage ?

– Compère, repartit Louis XI, crois-tu que ce soit pour de pareils oiseaux que nous faisons faire des cages de trois cent soixante-sept livres huit sols trois deniers ? – Lâchez-moi incontinent le paillard (Louis XI affectionnait ce mot, qui faisait avec Pasque-Dieu le fond de sa jovialité), et mettez-le hors avec une bourrade !

– Ouf ! s'écria Gringoire, que voilà un grand roi ! »

Et de peur d'un contre-ordre, il se précipita vers la porte que Tristan lui rouvrit d'assez mauvaise grâce. Les soldats sortirent avec lui en le poussant devant eux à grands coups de poing, ce que Gringoire supporta en vrai philosophe stoïcien.

When Gringoire paused at last, quite out of breath, he raised his head tremblingly towards the king, who was engaged in scratching a spot on the knee of his breeches with his finger– nail; then his majesty began to drink from the goblet of ptisan. But he uttered not a word, and this silence tortured Gringoire. At last the king looked at him. "Here is a terrible bawler!" said, he. Then, turning to Tristan l'Hermite, "Bah! let him go!"

Gringoire fell backwards, quite thunderstruck with joy.

"At liberty!" growled Tristan "Doth not your majesty wish to have him detained a little while in a cage?"

"Gossip," retorted Louis XI., "think you that 'tis for birds of this feather that we cause to be made cages at three hundred and sixty–seven livres, eight sous, three deniers apiece? Release him at once, the wanton (Louis XI. was fond of this word which formed, with ~Pasque–Dieu~, the foundation of his joviality), and put him out with a buffet."

"Ugh!" cried Gringoire, "what a great king is here!"

And for fear of a counter order, he rushed towards the door, which Tristan opened for him with a very bad grace. The soldiers left the room with him, pushing him before them with stout thwacks, which Gringoire bore like a true stoical philosopher.

La bonne humeur du roi, depuis que la révolte contre le bailli lui avait été annoncée, perçait dans tout. Cette clémence inusitée n'en était pas un médiocre signe. Tristan l'Hermite dans son coin avait la mine renfrognée d'un dogue qui a vu et qui n'a pas eu.

The king's good humor since the revolt against the bailiff had been announced to him, made itself apparent in every way. This unwonted clemency was no small sign of it. Tristan l'Hermite in his corner wore the surly look of a dog who has had a bone snatched away from him.

Le roi cependant battait gaiement avec les doigts sur le bras de sa chaise la marche de Pont-Audemer. C'était un prince dissimulé, mais qui savait beaucoup mieux cacher ses peines que ses joies. Ces manifestations extérieures de joie à toute bonne nouvelle allaient quelquefois très loin ; ainsi, à la mort de Charles le Téméraire, jusqu'à vouer des balustrades d'argent à Saint-Martin de Tours ; à son avènement au trône jusqu'à oublier d'ordonner les obsèques de son père.

Meanwhile, the king thrummed gayly with his fingers on the arm of his chair, the March of Pont–Audemer. He was a dissembling prince, but one who understood far better how to hide his troubles than his joys. These external manifestations of joy at any good news sometimes proceeded to very great lengths thus, on the death, of Charles the Bold, to the point of vowing silver balustrades to Saint Martin of Tours; on his advent to the throne, so far as forgetting to order his father's obsequies.

« Hé ! Sire ! s'écria tout à coup Jacques Coictier, qu'est devenue la pointe aiguë de maladie pour laquelle Votre Majesté m'avait fait mander ?

"Hé! sire!" suddenly exclaimed Jacques Coictier, "what has become of the acute attack of illness for which your majesty had me summoned?"

— Oh ! dit le roi, vraiment je souffre beaucoup, mon compère. J'ai l'oreille sibilante, et des râteaux de feu qui me raclent la poitrine. »

"Oh!" said the king, "I really suffer greatly, my gossip. There is a hissing in my ear and fiery rakes rack my chest."

Coictier prit la main du roi, et se mit à lui tâter le pouls avec une mine capable.

Coictier took the king's hand, and begun to feel of his pulse with a knowing air.

« Regardez, Coppenole, disait Rym à voix basse. Le voilà entre Coictier et Tristan. C'est là toute sa cour. Un médecin pour lui, un bourreau pour les autres. »

"Look, Coppenole," said Rym, in a low voice. "Behold him between Coictier and Tristan. They are his whole court. A physician for himself, a headsman for others."

En tâtant le pouls du roi, Coictier prenait un air de plus en plus alarmé. Louis XI le regardait avec quelque anxiété. Coictier se rembrunissait à vue d'œil. Le brave homme n'avait d'autre métairie que la mauvaise santé du roi. Il l'exploitait de son mieux.

« Oh ! oh ! murmura-t-il enfin, ceci est grave, en effet.

— N'est-ce pas ? dit le roi inquiet.

— Pulsus creber, anhelans, crepitans, irregularis, continua le médecin.

— Pasque-Dieu ! — Avant trois jours, ceci peut emporter son homme.

— Notre-Dame ! s'écria le roi. Et le remède, compère ?

— J'y songe, Sire. » Il fit tirer la langue à Louis XI, hocha la tête, fit la grimace, et tout au milieu de ces simagrées :

« Pardieu, dit-il tout à coup, il faut que je vous conte qu'il y a une recette des régales vacante, et que j'ai un neveu.

— Je donne ma recette à ton neveu, compère Jacques, répondit le roi ; mais tire-moi ce feu de la poitrine.

— Puisque Votre Majesté est si clémente, reprit le médecin, elle ne refusera pas de m'aider un peu en la bâtisse de ma maison rue Saint-André-des-Arcs.

— Heuh ! dit le roi.

As he felt the king's pulse, Coictier assumed an air of greater and greater alarm. Louis XI. watched him with some anxiety. Coictier grew visibly more gloomy. The brave man had no other farm than the king's bad health. He speculated on it to the best of his ability.

"Oh! oh!" he murmured at length, "this is serious indeed."

"Is it not?" said the king, uneasily.

"~Pulsus creber, anhelans, crepitans, irregularis~," continued the leech.

"~Pasque–Dieu~!" "This may carry off its man in less than three days."

"Our Lady!" exclaimed the king. "And the remedy, gossip?"

"I am meditating upon that, sire." He made Louis XI. put out his tongue, shook his head, made a grimace, and in the very midst of these affectations,––

"Pardieu, sire," he suddenly said, "I must tell you that there is a receivership of the royal prerogatives vacant,

and that I have a nephew." "I give the receivership to your nephew, Gossip Jacques," replied the king; "but draw this fire from my breast."

"Since your majesty is so clement," replied the leech, "you will not refuse to aid me a little in building my house, Rue Saint–André–des–Arcs."

"Heugh!" said the king.

– Je suis au bout de ma finance, poursuivit le docteur, et il serait vraiment dommage que la maison n'eût pas de toit. Non pour la maison, qui est simple et toute bourgeoise, mais pour les peintures de Jehan Fourbault, qui en égaient le lambris. Il y a une Diane en l'air qui vole, mais si excellente, si tendre, si délicate, d'une action si ingénue, la tête si bien coiffée et couronnée d'un croissant, la chair si blanche qu'elle donne de la tentation à ceux qui la regardent trop curieusement. Il y a aussi une Cérès. C'est encore une très belle divinité. Elle est assise sur des gerbes de blé, et coiffée d'une guirlande galante d'épis entrelacés de salsifis et autres fleurs. Il ne se peut rien voir de plus amoureux que ses yeux, de plus rond que ses jambes, de plus noble que son air, de mieux drapé que sa jupe. C'est une des beautés les plus innocentes et les plus parfaites qu'ait produites le pinceau.

– Bourreau ! grommela Louis XI, où en veux-tu venir ?

– Il me faut un toit sur ces peintures, Sire, et, quoique ce soit peu de chose, je n'ai plus d'argent.

– Combien est-ce, ton toit ?

– Mais… un toit de cuivre historié et doré, deux mille livres au plus.

– Ah ! l'assassin ! cria le roi. Il ne m'arrache pas une dent qui ne soit un diamant.

– Ai-je mon toit ? dit Coictier.

– Oui ! et va au diable, mais guéris-moi. »

"I am at the end of my finances," pursued the doctor; and it would really be a pity that the house should not have a roof; not on account of the house, which is simple and thoroughly bourgeois, but because of the paintings of Jehan Fourbault, which adorn its wainscoating. There is a Diana flying in the air, but so excellent, so tender, so delicate, of so ingenuous an action, her hair so well coiffed and adorned with a crescent, her flesh so white, that she leads into temptation those who regard her too curiously. There is also a Ceres. She is another very fair divinity. She is seated on sheaves of wheat and crowned with a gallant garland of wheat ears interlaced with salsify and other flowers. Never were seen more amorous eyes, more rounded limbs, a nobler air, or a more gracefully flowing skirt. She is one of the most innocent and most perfect beauties whom the brush has ever produced."

"Executioner!" grumbled Louis XI., "what are you driving at?"

"I must have a roof for these paintings, sire, and, although 'tis but a small matter, I have no more money."

"How much doth your roof cost?"

"Why a roof of copper, embellished and gilt, two thousand livres at the most."

"Ah, assassin!" cried the king, "He never draws out one of my teeth which is not a diamond."

"Am I to have my roof?" said Coictier.

"Yes; and go to the devil, but cure me."

Jacques Coictier s'inclina profondément et dit : « Sire, c'est un répercussif qui vous sauvera. Nous vous appliquerons sur les reins le grand défensif, composé avec le cérat, le bol d'Arménie, le blanc d'œuf, l'huile et le vinaigre. Vous continuerez votre tisane, et nous répondons de Votre Majesté. »

Jacques Coictier bowed low and said,–– "Sire, it is a repellent which will save you. We will apply to your loins the great defensive composed of cerate, Armenian bole, white of egg, oil, and vinegar. You will continue your ptisan and we will answer for your majesty."

Une chandelle qui brille n'attire pas qu'un moucheron. Maître Olivier, voyant le roi en libéralité et croyant le moment bon, s'approcha à son tour :

A burning candle does not attract one gnat alone. Master Olivier, perceiving the king to be in a liberal mood, and judging the moment to be propitious, approached in his turn.

« Sire…

"Sire––"

– Qu'est-ce encore ? dit Louis XI.

"What is it now?" said Louis XI.

– Sire, Votre Majesté sait que maître Simon Radin est mort ?

"Sire, your majesty knoweth that Simon Radin is dead?"

– Eh bien ?

"Well?"

– C'est qu'il était conseiller du roi sur le fait de la justice du trésor.

"He was councillor to the king in the matter of the courts of the treasury."

– Eh bien ?

"Well?"

– Sire, sa place est vacante. » En parlant ainsi, la figure hautaine de maître Olivier avait quitté l'expression arrogante pour l'expression basse. C'est le seul rechange qu'ait une figure de courtisan. Le roi le regarda très en face, et dit d'un ton sec : « Je comprends. »

"Sire, his place is vacant." As he spoke thus, Master Olivier's haughty face quitted its arrogant expression for a lowly one. It is the only change which ever takes place in a courtier's visage. The king looked him well in the face and said in a dry tone,––"I understand."

Il reprit : « Maître Olivier, le maréchal de Boucicaut disait : « Il n'est don que de roi, il n'est peschier que en la mer. » Je vois que vous êtes de l'avis de monsieur de Boucicaut. Maintenant oyez ceci. Nous avons bonne mémoire. En 68, nous vous avons fait varlet de notre chambre ; en 69, garde du châtel du pont de Saint-Cloud à cent livres tournois de gages (vous les vouliez parisis). En novembre 73, par lettres données à Gergeole, nous vous avons institué concierge du bois de Vincennes, au lieu de Gilbert Acle, écuyer ; en 75, gruyer de la forêt de Rouvray-lez-Saint-Cloud, en place de Jacques Le Maire ; en 78, nous vous avons gracieusement assis, par lettres patentes scellées sur double queue de cire verte, une rente de dix livres parisis, pour vous et votre femme, sur la place aux marchands, sise à l'école Saint-Germain ; en 79, nous vous avons fait gruyer de la forêt de Senart, au lieu de ce pauvre Jehan Daiz ; puis capitaine du château de Loches ; puis gouverneur de Saint-Quentin ; puis capitaine du pont de Meulan, dont vous vous faites appeler comte. Sur les cinq sols d'amende que paie tout barbier qui rase un jour de fête, il y a trois sols pour vous, et nous avons votre reste. Nous avons bien voulu changer votre nom de Le Mauvais, qui ressemblait trop à votre mine. En 74, nous vous avons octroyé, au grand déplaisir de notre noblesse, des armoiries de mille couleurs qui vous font une poitrine de paon. Pasque-Dieu ! n'êtes-vous pas saoul ? La pescherie n'est-elle point assez belle et miraculeuse ? Et ne craignez-vous pas qu'un saumon de plus ne fasse chavirer votre bateau ? L'orgueil vous perdra, mon compère. L'orgueil est toujours talonné de la ruine et de la honte. Considérez ceci, et taisez-vous. » Ces paroles, prononcées avec sévérité, firent revenir à l'insolence la physionomie dépitée de maître Olivier.

He resumed, "Master Olivier, the Marshal de Boucicaut was wont to say, 'There's no master save the king, there are no fishes save in the sea.' I see that you agree with Monsieur de Boucicaut. Now listen to this; we have a good memory. In '68 we made you valet of our chamber: in '69, guardian of the fortress of the bridge of Saint-Cloud, at a hundred livres of Tournay in wages (you wanted them of Paris). In November, '73, by letters given to Gergeole, we instituted you keeper of the Wood of Vincennes, in the place of Gilbert Acle, equerry; in '75, gruyer* of the forest of Rouvray-lez- Saint-Cloud, in the place of Jacques le Maire; in '78, we graciously settled on you, by letters patent sealed doubly with green wax, an income of ten livres parisis, for you and your wife, on the Place of the Merchants, situated at the School Saint-Germain; in '79, we made you gruyer of the forest of Senart, in place of that poor Jehan Daiz; then captain of the Château of Loches; then governor of Saint- Quentin; then captain of the bridge of Meulan, of which you cause yourself to be called comte. Out of the five sols fine paid by every barber who shaves on a festival day, there are three sols for you and we have the rest. We have been good enough to change your name of Le Mauvais (The Evil), which resembled your face too closely. In '76, we granted you, to the great displeasure of our nobility, armorial bearings of a thousand colors, which give you the breast of a peacock. ~Pasque-Dieu~! Are not you surfeited? Is not the draught of fishes sufficiently fine and miraculous? Are you not afraid that one salmon more will make your boat sink? Pride will be your ruin, gossip. Ruin and disgrace always press hard on the heels of pride. Consider this and hold your tongue."⬜

These words, uttered with severity, made Master Olivier's face revert to its insolence.⬜

« Bon, murmura-t-il presque tout haut, on voit bien que le roi est malade aujourd'hui. Il donne tout au médecin. »

Louis XI, loin de s'irriter de cette incartade, reprit avec quelque douceur : « Tenez, j'oubliais encore que je vous ai fait mon ambassadeur à Gand près de madame Marie. Oui, messieurs, ajouta le roi en se tournant vers les Flamands, celui-ci a été ambassadeur. – Là, mon compère, poursuivit-il en s'adressant à maître Olivier, ne nous fâchons pas, nous sommes vieux amis. Voilà qu'il est très tard. Nous avons terminé notre travail. Rasez-moi. »

Nos lecteurs n'ont sans doute pas attendu jusqu'à présent pour reconnaître dans maître Olivier ce Figaro terrible que la providence, cette grande faiseuse de drames, a mêlé si artistement à la longue et sanglante comédie de Louis XI. Ce n'est pas ici que nous entreprendrons de développer cette figure singulière. Ce barbier du roi avait trois noms. À la cour, on l'appelait poliment Olivier le Daim ; parmi le peuple, Olivier le Diable. Il s'appelait de son vrai nom Olivier le Mauvais.

Olivier le Mauvais donc resta immobile, boudant le roi, en regardant Jacques Coictier de travers.

« Oui, oui ! le médecin ! disait-il entre ses dents.

"Good!" he muttered, almost aloud, "'tis easy to see that the king is ill to–day; he giveth all to the leech."

Louis XI. far from being irritated by this petulant insult, resumed with some gentleness, "Stay, I was forgetting that I made you my ambassador to Madame Marie, at Ghent. Yes, gentlemen," added the king turning to the Flemings, "this man hath been an ambassador. There, my gossip," he pursued, addressing Master Olivier, "let us not get angry; we are old friends. 'Tis very late. We have terminated our labors. Shave me."

Our readers have not, without doubt, waited until the present moment to recognize in Master Olivier that terrible Figaro whom Providence, the great maker of dramas, mingled so artistically in the long and bloody comedy of the reign of Louis XI. We will not here undertake to develop that singular figure. This barber of the king had three names. At court he was politely called Olivier le Daim (the Deer); among the people Olivier the Devil. His real name was Olivier le Mauvais.

Accordingly, Olivier le Mauvais remained motionless, sulking at the king, and glancing askance at Jacques Coictier.

"Yes, yes, the physician!" he said between his teeth.

– Eh ! oui, le médecin, reprit Louis XI avec une bonhomie singulière, le médecin a plus de crédit encore que toi. C'est tout simple. Il a prise sur nous par tout le corps, et tu ne nous tiens que par le menton. Va, mon pauvre barbier, cela se retrouvera. Que dirais-tu donc, et que deviendrait ta charge si j'étais un roi comme le roi Chilpéric qui avait pour geste de tenir sa barbe d'une main ? – Allons, mon compère, vaque à ton office, rase-moi. Va chercher ce qu'il te faut. »

Olivier, voyant que le roi avait pris le parti de rire et qu'il n'y avait pas même moyen de le fâcher, sortit en grondant pour exécuter ses ordres.

Le roi se leva, s'approcha de la fenêtre, et tout à coup l'ouvrant avec une agitation extraordinaire : « Oh ! oui ! s'écria-t-il en battant des mains, voilà une rougeur dans le ciel sur la Cité. C'est le bailli qui brûle. Ce ne peut être que cela. Ah ! mon bon peuple ! voilà donc que tu m'aides enfin à l'écroulement des seigneuries ! »

Alors, se tournant vers les Flamands : « Messieurs, venez voir ceci. N'est-ce pas un feu qui rougeoie ? »

Les deux Gantois s'approchèrent.
« Un grand feu, dit Guillaume Rym.

– Oh ! ajouta Coppenole, dont les yeux étincelèrent tout à coup, cela me rappelle le brûlement de la maison du seigneur d'Hymbercourt. Il doit y avoir une grosse révolte là-bas.

"Ah, yes, the physician!" retorted Louis XI., with singular good humor; "the physician has more credit than you. 'Tis very simple; he has taken hold upon us by the whole body, and you hold us only by the chin. Come, my poor barber, all will come right. What would you say and what would become of your office if I were a king like Chilperic, whose gesture consisted in holding his beard in one hand? Come, gossip mine, fulfil your office, shave me. Go get what you need therefor."

Olivier perceiving that the king had made up his mind to laugh, and that there was no way of even annoying him, went off grumbling to execute his orders.

The king rose, approached the window, and suddenly opening it with extraordinary agitation,–– "Oh! yes!" he exclaimed, clapping his hands, "yonder is a redness in the sky over the City. 'Tis the bailiff burning. It can be nothing else but that. Ah! my good people! here you are aiding me at last in tearing down the rights of lordship!"

Then turning towards the Flemings: "Come, look at this, gentlemen. Is it not a fire which gloweth yonder?"

The two men of Ghent drew near.

"A great fire," said Guillaume Rym.

"Oh!" exclaimed Coppenole, whose eyes suddenly flashed, "that reminds me of the burning of the house of the Seigneur d'Hymbercourt. There must be a goodly revolt yonder."

– Vous croyez, maître Coppenole ? » Et le regard de Louis XI était presque aussi joyeux que celui du chaussetier. « N'est-ce pas qu'il sera difficile d'y résister ?

– Croix-Dieu ! Sire ! Votre Majesté ébréchera là-dessus bien des compagnies de gens de guerre !

– Ah ! moi ! c'est différent, repartit le roi. Si je voulais !... »

Le chaussetier répondit hardiment : « Si cette révolte est ce que je suppose, vous auriez beau vouloir, Sire !

– Compère, dit Louis XI, avec deux compagnies de mon ordonnance et une volée de serpentine, on a bon marché d'une populace de manants. »

Le chaussetier, malgré les signes que lui faisait Guillaume Rym, paraissait déterminé à tenir tête au roi.

« Sire, les suisses aussi étaient des manants. Monsieur le duc de Bourgogne était un grand gentilhomme, et il faisait fi de cette canaille. À la bataille de Grandson, Sire, il criait : Gens de canons ! feu sur ces vilains ! et il jurait par Saint-Georges. Mais l'avoyer Scharnachtal se rua sur le beau duc avec sa massue et son peuple, et de la rencontre des paysans à peaux de buffle la luisante armée bourguignonne s'éclata comme une vitre au choc d'un caillou. Il y eut là bien des chevaliers de tués par des marauds ; et l'on trouva monsieur de Château-Guyon, le plus grand seigneur de la Bourgogne, mort avec son grand cheval grison dans un petit pré de marais.

"You think so, Master Coppenole?" And Louis XI.'s glance was almost as joyous as that of the hosier. "Will it not be difficult to resist?"

"Cross of God! Sire! Your majesty will damage many companies of men of war thereon."

"Ah! I! 'tis different," returned the king. "If I willed."

The hosier replied hardily,–– "If this revolt be what I suppose, sire, you might will in vain."

"Gossip," said Louis XI., "with the two companies of my unattached troops and one discharge of a serpentine, short work is made of a populace of louts."

The hosier, in spite of the signs made to him by Guillaume Rym, appeared determined to hold his own against the king.

"Sire, the Swiss were also louts. Monsieur the Duke of Burgundy was a great gentleman, and he turned up his nose at that rabble rout. At the battle of Grandson, sire, he cried: 'Men of the cannon! Fire on the villains!' and he swore by Saint-George. But Advoyer Scharnachtal hurled himself on the handsome duke with his battle-club and his people, and when the glittering Burgundian army came in contact with these peasants in bull hides, it flew in pieces like a pane of glass at the blow of a pebble. Many lords were then slain by low-born knaves; and Monsieur de Château-Guyon, the greatest seigneur in Burgundy, was found dead, with his gray horse, in a little marsh meadow."

– L'ami, repartit le roi, vous parlez d'une bataille. Il s'agit d'une mutinerie. Et j'en viendrai à bout quand il me plaira de froncer le sourcil. » L'autre répliqua avec indifférence : « Cela se peut, Sire. En ce cas, c'est que l'heure du peuple n'est pas venue. » Guillaume Rym crut devoir intervenir.

« Maître Coppenole, vous parlez à un puissant roi.

– Je le sais, répondit gravement le chaussetier.

– Laissez-le dire, monsieur Rym mon ami, dit le roi, j'aime ce franc-parler. Mon père Charles septième disait que la vérité était malade. Je croyais, moi, qu'elle était morte, et qu'elle n'avait point trouvé de confesseur. Maître Coppenole me détrompe. »

Alors, posant familièrement sa main sur l'épaule de Coppenole : « Vous disiez donc, maître Jacques ?...

– Je dis, Sire, que vous avez peut-être raison, que l'heure du peuple n'est pas venue chez vous. » Louis XI le regarda avec son œil pénétrant.

« Et quand viendra cette heure, maître ?
– Vous l'entendrez sonner.
– À quelle horloge, s'il vous plaît ? » Coppenole avec sa contenance tranquille et rustique fit approcher le roi de la fenêtre.

"Friend," returned the king, "you are speaking of a battle. The question here is of a mutiny. And I will gain the upper hand of it as soon as it shall please me to frown." The other replied indifferently,-- "That may be, sire; in that case, 'tis because the people's hour hath not yet come." Guillaume Rym considered it incumbent on him to intervene,--

"Master Coppenole, you are speaking to a puissant king."

"I know it," replied the hosier, gravely.

"Let him speak, Monsieur Rym, my friend," said the king; "I love this frankness of speech. My father, Charles the Seventh, was accustomed to say that the truth was ailing; I thought her dead, and that she had found no confessor. Master Coppenole undeceiveth me."

Then, laying his hand familiarly on Coppenole's shoulder,-- "You were saying, Master Jacques?"

"I say, sire, that you may possibly be in the right, that the hour of the people may not yet have come with you." Louis XI. gazed at him with his penetrating eye,--

"And when will that hour come, master?"

"You will hear it strike."

"On what clock, if you please?" Coppenole, with his tranquil and rustic countenance, made the king approach the window.

« Écoutez, Sire ! Il y a ici un donjon, un beffroi, des canons, des bourgeois, des soldats. Quand le beffroi bourdonnera, quand les canons gronderont, quand le donjon croulera à grand bruit, quand bourgeois et soldats hurleront et s'entre-tueront, c'est l'heure qui sonnera. »

Le visage de Louis devint sombre et rêveur. Il resta un moment silencieux, puis il frappa doucement de la main, comme on flatte une croupe de destrier, l'épaisse muraille du donjon.

« Oh ! que non ! dit-il. N'est-ce pas que tu ne crouleras pas si aisément, ma bonne Bastille ? »

Et se tournant d'un geste brusque vers le hardi flamand : « Avez-vous jamais vu une révolte, maître Jacques ?

– J'en ai fait, dit le chaussetier.

– Comment faites-vous, dit le roi, pour faire une révolte ?

"Listen, sire! There is here a donjon keep, a belfry, cannons, bourgeois, soldiers; when the belfry shall hum, when the cannons shall roar, when the donjon shall fall in ruins amid great noise, when bourgeois and soldiers shall howl and slay each other, the hour will strike."

Louis's face grew sombre and dreamy. He remained silent for a moment, then he gently patted with his hand the thick wall of the donjon, as one strokes the haunches of a steed.

"Oh! no!" said he. "You will not crumble so easily, will you, my good Bastille?"

And turning with an abrupt gesture towards the sturdy Fleming,-- "Have you never seen a revolt, Master Jacques?"

"I have made them," said the hosier.

"How do you set to work to make a revolt?" said the king.

– Ah ! répondit Coppenole, ce n'est pas bien difficile. Il y a cent façons. D'abord il faut qu'on soit mécontent dans la ville. La chose n'est pas rare. Et puis le caractère des habitants. Ceux de Gand sont commodes à la révolte. Ils aiment toujours le fils du prince, le prince jamais. Eh bien ! un matin, je suppose, on entre dans ma boutique, on me dit : Père Coppenole, il y a ceci, il y a cela, la demoiselle de Flandre veut sauver ses ministres, le grand bailli double le tru de l'esgrin, ou autre chose. Ce qu'on veut. Moi, je laisse là l'ouvrage, je sors de ma chausseterie, et je vais dans la rue, et je crie : À sac ! Il y a bien toujours là quelque futaille défoncée. Je monte dessus, et je dis tout haut les premières paroles venues, ce que j'ai sur le cœur ; et quand on est du peuple, Sire, on a toujours quelque chose sur le cœur. Alors on s'attroupe, on crie, on sonne le tocsin, on arme les manants du désarmement des soldats, les gens du marché s'y joignent, et l'on va ! Et ce sera toujours ainsi, tant qu'il y aura des seigneurs dans les seigneuries, des bourgeois dans les bourgs, et des paysans dans les pays.

"Ah!" replied Coppenole, "'tis not very difficult. There are a hundred ways. In the first place, there must be discontent in the city. The thing is not uncommon. And then, the character of the inhabitants. Those of Ghent are easy to stir into revolt. They always love the prince's son; the prince, never. Well! One morning, I will suppose, some one enters my shop, and says to me: 'Father Coppenole, there is this and there is that, the Demoiselle of Flanders wishes to save her ministers, the grand bailiff is doubling the impost on shagreen, or something else,'––what you will. I leave my work as it stands, I come out of my hosier's stall, and I shout: 'To the sack?' There is always some smashed cask at hand. I mount it, and I say aloud, in the first words that occur to me, what I have on my heart; and when one is of the people, sire, one always has something on the heart: Then people troop up, they shout, they ring the alarm bell, they arm the louts with what they take from the soldiers, the market people join in, and they set out. And it will always be thus, so long as there are lords in the seignories, bourgeois in the bourgs, and peasants in the country."

– Et contre qui vous rebellez-vous ainsi ? demanda le roi. Contre vos baillis ? contre vos seigneurs ?

"And against whom do you thus rebel?" inquired the king; "against your bailiffs? against your lords?"

– Quelquefois. C'est selon. Contre le duc aussi, quelquefois. »

"Sometimes; that depends. Against the duke, also, sometimes."

Louis XI alla se rasseoir, et dit avec un sourire : « Ah ! ici, ils n'en sont encore qu'aux baillis ! » En cet instant Olivier le Daim rentra. Il était suivi de deux pages qui portaient les toilettes du roi ; mais ce qui frappa Louis XI, c'est qu'il était en outre accompagné du prévôt de Paris et du chevalier du guet, lesquels paraissaient consternés. Le rancuneux barbier avait aussi l'air consterné, mais content en dessous. C'est lui qui prit la parole :

« Sire, je demande pardon à Votre Majesté de la calamiteuse nouvelle que je lui apporte. » Le roi en se tournant vivement écorcha la natte du plancher avec les pieds de sa chaise : « Qu'est-ce à dire ?

– Sire, reprit Olivier le Daim avec la mine méchante d'un homme qui se réjouit d'avoir à porter un coup violent, ce n'est pas sur le bailli du palais que se rue cette sédition populaire.

– Et sur qui donc ?

– Sur vous, Sire. » Le vieux roi se dressa debout et droit comme un jeune homme : « Explique-toi, Olivier ! explique-toi ! Et tiens bien ta tête, mon compère, car je te jure par la croix de Saint-Lô que si tu nous mens à cette heure, l'épée qui a coupé le cou de monsieur de Luxembourg n'est pas si ébréchée qu'elle ne scie encore le tien ! »

Le serment était formidable. Louis XI n'avait juré que deux fois dans sa vie par la croix de Saint-Lô.

Olivier ouvrit la bouche pour répondre : « Sire...

Louis XI. returned and seated himself, saying, with a smile,-- "Ah! here they have only got as far as the bailiffs." At that instant Olivier le Daim returned. He was followed by two pages, who bore the king's toilet articles; but what struck Louis XI. was that he was also accompanied by the provost of Paris and the chevalier of the watch, who appeared to be in consternation. The spiteful barber also wore an air of consternation, which was one of contentment beneath, however. It was he who spoke first.

"Sire, I ask your majesty's pardon for the calamitous news which I bring." The king turned quickly and grazed the mat on the floor with the feet of his chair,-- "What does this mean?"

"Sire," resumed Olivier le Daim, with the malicious air of a man who rejoices that he is about to deal a violent blow, "'tis not against the bailiff of the courts that this popular sedition is directed."

"Against whom, then?"

"Against you, sire?' The aged king rose erect and straight as a young man,-- "Explain yourself, Olivier! And guard your head well, gossip; for I swear to you by the cross of Saint-Lô that, if you lie to us at this hour, the sword which severed the head of Monsieur de Luxembourg is not so notched that it cannot yet sever yours!"

The oath was formidable; Louis XI. had only sworn twice in the course of his life by the cross of Saint-Lô.

Olivier opened his mouth to reply. "Sire--"

– Mets-toi à genoux ! interrompit violemment le toi. Tristan, veillez sur cet homme ! »

Olivier se mit à genoux, et dit froidement : « Sire, une sorcière a été condamnée à mort par votre cour de parlement. Elle s'est réfugiée dans Notre-Dame. Le peuple l'y veut reprendre de vive force. Monsieur le prévôt et monsieur le chevalier du guet, qui viennent de l'émeute, sont là pour me démentir si ce n'est pas la vérité. C'est Notre-Dame que le peuple assiège.

– Oui-da ! dit le roi à voix basse, tout pâle et tout tremblant de colère. Notre-Dame ! ils assiègent dans sa cathédrale Notre-Dame, ma bonne maîtresse ! – Relève-toi, Olivier. Tu as raison. Je te donne la charge de Simon Radin. Tu as raison. – C'est à moi qu'on s'attaque. La sorcière est sous la sauvegarde de l'église, l'église est sous ma sauvegarde. Et moi qui croyais qu'il s'agissait du bailli ! C'est contre moi ! »

Alors, rajeuni par la fureur, il se mit à marcher à grands pas. Il ne riait plus, il était terrible, il allait et venait, le renard s'était changé en hyène, il semblait suffoqué à ne pouvoir parler, ses lèvres remuaient, et ses poings décharnés se crispaient. Tout à coup il releva la tête, son œil cave parut plein de lumière, et sa voix éclata comme un clairon.

« Main basse, Tristan ! main basse sur ces coquins ! Va ! Tristan mon ami ! tue ! tue ! »

"On your knees!" interrupted the king violently. "Tristan, have an eye to this man."

Olivier knelt down and said coldly,-- "Sire, a sorceress was condemned to death by your court of parliament. She took refuge in Notre-Dame. The people are trying to take her from thence by main force. Monsieur the provost and monsieur the chevalier of the watch, who have just come from the riot, are here to give me the lie if this is not the truth. The populace is besieging Notre-Dame."

"Yes, indeed!" said the king in a low voice, all pale and trembling with wrath. "Notre-Dame! They lay siege to our Lady, my good mistress in her cathedral!--Rise, Olivier. You are right. I give you Simon Radin's charge. You are right. 'Tis I whom they are attacking. The witch is under the protection of this church, the church is under my protection. And I thought that they were acting against the bailiff! 'Tis against myself!"

Then, rendered young by fury, he began to walk up and down with long strides. He no longer laughed, he was terrible, he went and came; the fox was changed into a hyaena. He seemed suffocated to such a degree that he could not speak; his lips moved, and his fleshless fists were clenched. All at once he raised his head, his hollow eye appeared full of light, and his voice burst forth like a clarion:

"Down with them, Tristan! A heavy hand for these rascals! Go, Tristan, my friend! slay! slay!"

Cette éruption passée, il vint se rasseoir, et dit avec une rage froide et concentrée :

This eruption having passed, he returned to his seat, and said with cold and concentrated wrath,--

« Ici, Tristan ! – Il y a près de nous dans cette Bastille les cinquante lances du vicomte de Gif, ce qui fait trois cents chevaux, vous les prendrez. Il y a aussi la compagnie des archers de notre ordonnance de monsieur de Châteaupers, vous la prendrez. Vous êtes prévôt des maréchaux, vous avez les gens de votre prévôté, vous les prendrez. À l'Hôtel Saint-Pol, vous trouverez quarante archers de la nouvelle garde de monsieur le Dauphin, vous les prendrez ; et avec tout cela, vous allez courir à Notre-Dame. – Ah ! messieurs les manants de Paris, vous vous jetez ainsi tout au travers de la couronne de France, de la sainteté de Notre-Dame et de la paix de cette république ! – Extermine, Tristan ! extermine ! et que pas un n'en réchappe que pour Montfaucon. »

"Here, Tristan! There are here with us in the Bastille the fifty lances of the Vicomte de Gif, which makes three hundred horse: you will take them. There is also the company of our unattached archers of Monsieur de Châteaupers: you will take it. You are provost of the marshals; you have the men of your provostship: you will take them. At the Hôtel Saint-Pol you will find forty archers of monsieur the dauphin's new guard: you will take them. And, with all these, you will hasten to Notre–Dame. Ah! messieurs, louts of Paris, do you fling yourselves thus against the crown of France, the sanctity of Notre–Dame, and the peace of this commonwealth! Exterminate, Tristan! exterminate! and let not a single one escape, except it be for Montfauçon."

Tristan s'inclina. « C'est bon, Sire ! »
Il ajouta après un silence : « Et que ferai-je de la sorcière ? »
Cette question fit songer le roi.

Tristan bowed. "'Tis well, sire."

He added, after a silence, "And what shall I do with the sorceress?"

This question caused the king to meditate.

« Ah ! dit-il, la sorcière ! – Monsieur d'Estouteville, qu'est-ce que le peuple en voulait faire ?

"Ah!" said he, "the sorceress! Monsieur d'Estouteville, what did the people wish to do with her?"

– Sire, répondit le prévôt de Paris, j'imagine que, puisque le peuple la vient arracher de son asile de Notre-Dame, c'est que cette impunité le blesse et qu'il la veut pendre. »

"Sire," replied the provost of Paris, "I imagine that since the populace has come to tear her from her asylum in Notre– Dame, 'tis because that impunity wounds them, and they desire to hang her."

Le roi parut réfléchir profondément, puis s'adressant à Tristan l'Hermite : « Eh bien ! mon compère, extermine le peuple et pends la sorcière.

— C'est cela, dit tout bas Rym à Coppenole, punir le peuple de vouloir, et faire ce qu'il veut.

— Il suffit, Sire, répondit Tristan. Si la sorcière est encore dans Notre-Dame, faudra-t-il l'y prendre malgré l'asile ?

— Pasque-Dieu, l'asile ! dit le roi en se grattant l'oreille. Il faut pourtant que cette femme soit pendue. »

Ici, comme pris d'une idée subite, il se rua à genoux devant sa chaise, ôta son chapeau, le posa sur le siège, et regardant dévotement l'une des amulettes de plomb qui le chargeaient :

The king appeared to reflect deeply: then, addressing Tristan l'Hermite, "Well! gossip, exterminate the people and hang the sorceress."

"That's it," said Rym in a low tone to Coppenole, "punish the people for willing a thing, and then do what they wish."

"Enough, sire," replied Tristan. "If the sorceress is still in Notre–Dame, must she be seized in spite of the sanctuary?"

"~Pasque–Dieu~! the sanctuary!" said the king, scratching his ear. "But the woman must be hung, nevertheless."

Here, as though seized with a sudden idea, he flung himself on his knees before his chair, took off his hat, placed it on the seat, and gazing devoutly at one of the leaden amulets which loaded it down,

« Oh ! dit-il les mains jointes, Notre-Dame de Paris, ma gracieuse patronne, pardonnez-moi. Je ne le ferai que cette fois. Il faut punir cette criminelle. Je vous assure, madame la Vierge, ma bonne maîtresse, que c'est une sorcière qui n'est pas digne de votre aimable protection. Vous savez, madame, que bien des princes très pieux ont outrepassé le privilège des églises pour la gloire de Dieu et la nécessité de l'État. Saint Hugues, évêque d'Angleterre, a permis au roi Édouard de prendre un magicien dans son église. Saint Louis de France, mon maître, a transgressé pour le même objet l'église de monsieur saint Paul ; et monsieur Alphonse, fils du roi de Jérusalem, l'église même du Saint-Sépulcre. Pardonnez-moi donc pour cette fois, Notre-Dame de Paris. Je ne le ferai plus, et je vous donnerai une belle statue d'argent, pareille à celle que j'ai donnée l'an passé à Notre-Dame d'Écouys. Ainsi soit-il. »

"Oh!" said he, with clasped hands, "our Lady of Paris, my gracious patroness, pardon me. I will only do it this once. This criminal must be punished. I assure you, madame the virgin, my good mistress, that she is a sorceress who is not worthy of your amiable protection. You know, madame, that many very pious princes have overstepped the privileges of the churches for the glory of God and the necessities of the State. Saint Hugues, bishop of England, permitted King Edward to hang a witch in his church. Saint-Louis of France, my master, transgressed, with the same object, the church of Monsieur Saint-Paul; and Monsieur Alphonse, son of the king of Jerusalem, the very church of the Holy Sepulchre. Pardon me, then, for this once. Our Lady of Paris, I will never do so again, and I will give you a fine statue of silver, like the one which I gave last year to Our Lady of Ecouys. So be it."

Il fit un signe de croix, se releva, se recoiffa, et dit à Tristan :

He made the sign of the cross, rose, donned his hat once more, and said to Tristan,--

« Faites diligence, mon compère. Prenez monsieur de Châteaupers avec vous. Vous ferez sonner le tocsin. Vous écraserez le populaire. Vous pendrez la sorcière. C'est dit. Et j'entends que le pourchas de l'exécution soit fait par vous. Vous m'en rendrez compte. – Allons, Olivier, je ne me coucherai pas cette nuit. Rase-moi. »

"Be diligent, gossip. Take Monsieur Châteaupers with you. You will cause the tocsin to be sounded. You will crush the populace. You will seize the witch. 'Tis said. And I mean the business of the execution to be done by you. You will render me an account of it. Come, Olivier, I shall not go to bed this night. Shave me."

Tristan l'Hermite s'inclina et sortit. Alors le roi, congédiant du geste Rym et Coppenole :

Tristan l'Hermite bowed and departed. Then the king, dismissing Rym and Coppenole with a gesture,--

« Dieu vous garde, messieurs mes bons amis les Flamands. Allez prendre un peu de repos. La nuit s'avance, et nous sommes plus près du matin que du soir. »

Tous deux se retirèrent, et en gagnant leurs appartements sous la conduite du capitaine de la Bastille, Coppenole disait à Guillaume Rym :

« Hum ! j'en ai assez de ce roi qui tousse ! J'ai vu Charles de Bourgogne ivre, il était moins méchant que Louis XI malade.

– Maître Jacques, répondit Rym, c'est que les rois ont le vin moins cruel que la tisane. »

VI PETITE FLAMBE EN BAGUENAUD

En sortant de la Bastille, Gringoire descendit la rue Saint-Antoine de la vitesse d'un cheval échappé. Arrivé à la porte Baudoyer, il marcha droit à la croix de pierre qui se dressait au milieu de cette place, comme s'il eût pu distinguer dans l'obscurité la figure d'un homme vêtu et encapuchonné de noir qui était assis sur les marches de la croix.

« Est-ce vous, maître ? » dit Gringoire.
Le personnage noir se leva.

« Mort et passion ! vous me faites bouillir, Gringoire. L'homme qui est sur la tour de Saint-Gervais vient de crier une heure et demie du matin.

– Oh ! repartit Gringoire, ce n'est pas ma faute, mais celle du guet et du roi. Je viens de l'échapper belle ! Je manque toujours d'être pendu. C'est ma prédestination.

"God guard you, messieurs, my good friends the Flemings. Go, take a little repose. The night advances, and we are nearer the morning than the evening."

Both retired and gained their apartments under the guidance of the captain of the Bastille. Coppenole said to Guillaume Rym,––

"Hum! I have had enough of that coughing king! I have seen Charles of Burgundy drunk, and he was less malignant than Louis XI. when ailing."

"Master Jacques," replied Rym, "'tis because wine renders kings less cruel than does barley water."

CHAPTER VI. LITTLE SWORD IN POCKET.

On emerging from the Bastille, Gringoire descended the Rue Saint–Antoine with the swiftness of a runaway horse. On arriving at the Baudoyer gate, he walked straight to the stone cross which rose in the middle of that place, as though he were able to distinguish in the darkness the figure of a man clad and cloaked in black, who was seated on the steps of the cross.

"Is it you, master?" said Gringoire.

The personage in black rose.

"Death and passion! You make me boil, Gringoire. The man on the tower of Saint–Gervais has just cried half–past one o'clock in the morning."

"Oh," retorted Gringoire, "'tis no fault of mine, but of the watch and the king. I have just had a narrow escape. I always just miss being hung. 'Tis my predestination."

– Tu manques tout, dit l'autre. Mais allons vite. As-tu le mot de passe ?

– Figurez-vous, maître, que j'ai vu le roi. J'en viens. Il a une culotte de futaine. C'est une aventure.

– Oh ! quenouille de paroles ! que me fait ton aventure ? As-tu le mot de passe des truands ?

– Je l'ai. Soyez tranquille. Petite flambe en baguenaud.

– Bien. Autrement nous ne pourrions pénétrer jusqu'à l'église. Les truands barrent les rues. Heureusement il paraît qu'ils ont trouvé de la résistance. Nous arriverons peut-être encore à temps.

– Oui, maître. Mais comment entrerons-nous dans Notre-Dame ?

– J'ai la clef des tours.

– Et comment en sortirons-nous ?

– Il y a derrière le cloître une petite porte qui donne sur le Terrain, et de là sur l'eau. J'en ai pris la clef, et j'y ai amarré un bateau ce matin.

– J'ai joliment manqué d'être pendu ! reprit Gringoire.

– Eh vite ! allons ! » dit l'autre.

Tous deux descendirent à grands pas vers la Cité.

VII CHATEAUPERS À LA RESCOUSSE !

"You lack everything," said the other. "But come quickly. Have you the password?"

"Fancy, master, I have seen the king. I come from him. He wears fustian breeches. 'Tis an adventure."

"Oh! distaff of words! what is your adventure to me! Have you the password of the outcasts?"

"I have it. Be at ease. 'Little sword in pocket.'"

"Good. Otherwise, we could not make our way as far as the church. The outcasts bar the streets. Fortunately, it appears that they have encountered resistance. We may still arrive in time."

"Yes, master, but how are we to get into Notre–Dame?"

"I have the key to the tower."

"And how are we to get out again?"

"Behind the cloister there is a little door which opens on the Terrain and the water. I have taken the key to it, and I moored a boat there this morning."

"I have had a beautiful escape from being hung!" Gringoire repeated.

"Eh, quick! come!" said the other.

Both descended towards the city with long strides.

CHAPTER VII. CHATEAUPERS TO THE RESCUE.

Le lecteur se souvient peut-être de la situation critique où nous avons laissé Quasimodo. Le brave sourd, assailli de toutes parts, avait perdu, sinon tout courage, du moins tout espoir de sauver, non pas lui, il ne songeait pas à lui, mais l'égyptienne. Il courait éperdu sur la galerie. Notre-Dame allait être enlevée par les truands. Tout à coup un grand galop de chevaux emplit les rues voisines, et avec une longue file de torches et une épaisse colonne de cavaliers abattant lances et brides, ces bruits furieux débouchèrent sur la place comme un ouragan :

France ! France ! Taillez les manants ! Châteaupers à la rescousse ! Prévôté ! prévôté !

Les truands effarés firent volte-face.

Quasimodo, qui n'entendait pas, vit les épées nues, les flambeaux, les fers de piques, toute cette cavalerie, en tête de laquelle il reconnut le capitaine Phœbus, il vit la confusion des truands, l'épouvante chez les uns, le trouble chez les meilleurs, et il reprit de ce secours inespéré tant de force qu'il rejeta hors de l'église les premiers assaillants qui enjambaient déjà la galerie.

C'étaient en effet les troupes du roi qui survenaient.

The reader will, perhaps, recall the critical situation in which we left Quasimodo. The brave deaf man, assailed on all sides, had lost, if not all courage, at least all hope of saving, not himself (he was not thinking of himself), but the gypsy. He ran distractedly along the gallery. Notre–Dame was on the point of being taken by storm by the outcasts. All at once, a great galloping of horses filled the neighboring streets, and, with a long file of torches and a thick column of cavaliers, with free reins and lances in rest, these furious sounds debouched on the Place like a hurricane,––

"France! France! cut down the louts! Châteaupers to the rescue! Provostship! Provostship!"

The frightened vagabonds wheeled round.

Quasimodo who did not hear, saw the naked swords, the torches, the irons of the pikes, all that cavalry, at the head of which he recognized Captain Phoebus; he beheld the confusion of the outcasts, the terror of some, the disturbance among the bravest of them, and from this unexpected succor he recovered so much strength, that he hurled from the church the first assailants who were already climbing into the gallery.

It was, in fact, the king's troops who had arrived.

Les truands firent bravement. Ils se défendirent en désespérés. Pris en flanc par la rue Saint-Pierre-aux-Bœufs et en queue par la rue du Parvis, acculés à Notre-Dame qu'ils assaillaient encore et que défendait Quasimodo, tout à la fois assiégeants et assiégés, ils étaient dans la situation singulière où se retrouva depuis, au fameux siège de Turin, en 1640, entre le prince Thomas de Savoie qu'il assiégeait et le marquis de Leganez qui le bloquait, le comte Henri d'Harcourt, Taurinum obsessor idem et obsessus, comme dit son épitaphe.

The vagabonds behaved bravely. They defended themselves like desperate men. Caught on the flank, by the Rue Saint–Pierre–aux–Boeufs, and in the rear through the Rue du Parvis, driven to bay against Notre–Dame, which they still assailed and Quasimodo defended, at the same time besiegers and besieged, they were in the singular situation in which Comte Henri Harcourt, ~Taurinum obsessor idem et obsessus~, as his epitaph says, found himself later on, at the famous siege of Turin, in 1640, between Prince Thomas of Savoy, whom he was besieging, and the Marquis de Leganez, who was blockading him.

La mêlée fut affreuse. À chair de loup dent de chien, comme dit P. Mathieu. Les cavaliers du roi, au milieu desquels Phœbus de Châteaupers se comportait vaillamment, ne faisaient aucun quartier, et la taille reprenait ce qui échappait à l'estoc. Les truands, mal armés, écumaient et mordaient. Hommes, femmes, enfants se jetaient aux croupes et aux poitrails des chevaux, et s'y accrochaient comme des chats avec les dents et les ongles des quatre membres. D'autres tamponnaient à coups de torches le visage des archers. D'autres piquaient des crocs de fer au cou des cavaliers et tiraient à eux. Ils déchiquetaient ceux qui tombaient.

The battle was frightful. There was a dog's tooth for wolf's flesh, as P. Mathieu says. The king's cavaliers, in whose midst Phoebus de Châteaupers bore himself valiantly, gave no quarter, and the slash of the sword disposed of those who escaped the thrust of the lance. The outcasts, badly armed foamed and bit with rage. Men, women, children, hurled themselves on the cruppers and the breasts of the horses, and hung there like cats, with teeth, finger nails and toe nails. Others struck the archers' in the face with their torches. Others thrust iron hooks into the necks of the cavaliers and dragged them down. They slashed in pieces those who fell.

On en remarqua un qui avait une large faulx luisante, et qui faucha longtemps les jambes des chevaux. Il était effrayant. Il chantait une chanson nasillarde, il lançait sans relâche et ramenait sa faulx. À chaque coup, il traçait autour de lui un grand cercle de membres coupés. Il avançait ainsi au plus fourré de la cavalerie, avec la lenteur tranquille, le balancement de tête et l'essoufflement régulier d'un moissonneur qui entame un champ de blé. C'était Clopin Trouillefou. Une arquebusade l'abattit.

One was noticed who had a large, glittering scythe, and who, for a long time, mowed the legs of the horses. He was frightful. He was singing a ditty, with a nasal intonation, he swung and drew back his scythe incessantly. At every blow he traced around him a great circle of severed limbs. He advanced thus into the very thickest of the cavalry, with the tranquil slowness, the lolling of the head and the regular breathing of a harvester attacking a field of wheat. It was Chopin Trouillefou. A shot from an arquebus laid him low.

Cependant les croisées s'étaient rouvertes. Les voisins, entendant les cris de guerre des gens du roi, s'étaient mêlés à l'affaire, et de tous les étages les balles pleuvaient sur les truands. Le Parvis était plein d'une fumée épaisse que la mousqueterie rayait de feu. On y distinguait confusément la façade de Notre-Dame, et l'Hôtel-Dieu décrépit, avec quelques hâves malades qui regardaient du haut de son toit écaillé de lucarnes.

In the meantime, windows had been opened again. The neighbors hearing the war cries of the king's troops, had mingled in the affray, and bullets rained upon the outcasts from every story. The Parvis was filled with a thick smoke, which the musketry streaked with flame. Through it one could confusedly distinguish the front of Notre–Dame, and the decrepit Hôtel–Dieu with some wan invalids gazing down from the heights of its roof all checkered with dormer windows.

Enfin les truands cédèrent. La lassitude, le défaut de bonnes armes, l'effroi de cette surprise, la mousqueterie des fenêtres, le brave choc des gens du roi, tout les abattit. Ils forcèrent la ligne des assaillants, et se mirent à fuir dans toutes les directions, laissant dans le Parvis un encombrement de morts.

At length the vagabonds gave way. Weariness, the lack of good weapons, the fright of this surprise, the musketry from the windows, the valiant attack of the king's troops, all overwhelmed them. They forced the line of assailants, and fled in every direction, leaving the Parvis encumbered with dead.

Quand Quasimodo, qui n'avait pas cessé un moment de combattre, vit cette déroute, il tomba à deux genoux, et leva les mains au ciel ; puis, ivre de joie, il courut, il monta avec la vitesse d'un oiseau à cette cellule dont il avait si intrépidement défendu les approches. Il n'avait plus qu'une pensée maintenant, c'était de s'agenouiller devant celle qu'il venait de sauver une seconde fois.

Lorsqu'il entra dans la cellule, il la trouva vide.

LIVRE ONZIÈME
I LE PETIT SOULIER

Au moment où les truands avaient assailli l'église, la Esmeralda dormait.

When Quasimodo, who had not ceased to fight for a moment, beheld this rout, he fell on his knees and raised his hands to heaven; then, intoxicated with joy, he ran, he ascended with the swiftness of a bird to that cell, the approaches to which he had so intrepidly defended. He had but one thought now; it was to kneel before her whom he had just saved for the second time.

When he entered the cell, he found it empty.

BOOK ELEVENTH.

CHAPTER I. THE LITTLE SHOE.

La Esmeralda was sleeping at the moment when the outcasts assailed the church.

Bientôt la rumeur toujours croissante autour de l'édifice et le bêlement inquiet de sa chèvre éveillée avant elle l'avaient tirée de ce sommeil. Elle s'était levée sur son séant, elle avait écouté, elle avait regardé, puis, effrayée de la lueur et du bruit, elle s'était jetée hors de la cellule et avait été voir. L'aspect de la place, la vision qui s'y agitait, le désordre de cet assaut nocturne, cette foule hideuse, sautelante comme une nuée de grenouilles, à demi entrevue dans les ténèbres, le coassement de cette rauque multitude, ces quelques torches rouges courant et se croisant sur cette ombre comme les feux de nuit qui rayent la surface brumeuse des marais, toute cette scène lui fit l'effet d'une mystérieuse bataille engagée entre les fantômes du sabbat et les monstres de pierre de l'église. Imbue dès l'enfance des superstitions de la tribu bohémienne, sa première pensée fut qu'elle avait surpris en maléfice les étranges êtres propres à la nuit. Alors elle courut épouvantée se tapir dans sa cellule, demandant à son grabat un moins horrible cauchemar.

Soon the ever-increasing uproar around the edifice, and the uneasy bleating of her goat which had been awakened, had roused her from her slumbers. She had sat up, she had listened, she had looked; then, terrified by the light and noise, she had rushed from her cell to see. The aspect of the Place, the vision which was moving in it, the disorder of that nocturnal assault, that hideous crowd, leaping like a cloud of frogs, half seen in the gloom, the croaking of that hoarse multitude, those few red torches running and crossing each other in the darkness like the meteors which streak the misty surfaces of marshes, this whole scene produced upon her the effect of a mysterious battle between the phantoms of the witches' sabbath and the stone monsters of the church. Imbued from her very infancy with the superstitions of the Bohemian tribe, her first thought was that she had caught the strange beings peculiar to the night, in their deeds of witchcraft. Then she ran in terror to cower in her cell, asking of her pallet some less terrible nightmare.

Peu à peu les premières fumées de la peur s'étaient pourtant dissipées ; au bruit sans cesse grandissant, et à plusieurs autres signes de réalité, elle s'était sentie investie, non de spectres, mais d'êtres humains. Alors sa frayeur, sans s'accroître, s'était transformée. Elle avait songé à la possibilité d'une mutinerie populaire pour l'arracher de son asile. L'idée de reperdre encore une fois la vie, Phœbus, qu'elle entrevoyait toujours dans son avenir, le profond néant de sa faiblesse, toute fuite fermée, aucun appui, son abandon, son isolement, ces pensées et mille autres l'avaient accablée. Elle était tombée à genoux, la tête sur son lit, les mains jointes sur sa tête, pleine d'anxiété et de frémissement, et quoique égyptienne, idolâtre et païenne, elle s'était mise à demander avec sanglots grâce au bon Dieu chrétien et à prier Notre-Dame son hôtesse. Car, ne crût-on à rien, il y a des moments dans la vie où l'on est toujours de la religion du temple qu'on a sous la main.

But little by little the first vapors of terror had been dissipated; from the constantly increasing noise, and from many other signs of reality, she felt herself besieged not by spectres, but by human beings. Then her fear, though it did not increase, changed its character. She had dreamed of the possibility of a popular mutiny to tear her from her asylum. The idea of once more recovering life, hope, Phoebus, who was ever present in her future, the extreme helplessness of her condition, flight cut off, no support, her abandonment, her isolation,––these thoughts and a thousand others overwhelmed her. She fell upon her knees, with her head on her bed, her hands clasped over her head, full of anxiety and tremors, and, although a gypsy, an idolater, and a pagan, she began to entreat with sobs, mercy from the good Christian God, and to pray to our Lady, her hostess. For even if one believes in nothing, there are moments in life when one is always of the religion of the temple which is nearest at hand.

Elle resta ainsi prosternée fort longtemps, tremblant, à la vérité, plus qu'elle ne priait, glacée au souffle de plus en plus rapproché de cette multitude furieuse, ne comprenant rien à ce déchaînement, ignorant ce qui se tramait, ce qu'on faisait, ce qu'on voulait, mais pressentant une issue terrible.

She remained thus prostrate for a very long time, trembling in truth, more than praying, chilled by the ever–closer breath of that furious multitude, understanding nothing of this outburst, ignorant of what was being plotted, what was being done, what they wanted, but foreseeing a terrible issue.

Voilà qu'au milieu de cette angoisse elle entend marcher près d'elle. Elle se détourne. Deux hommes, dont l'un portait, une lanterne, venaient d'entrer dans sa cellule. Elle poussa un faible cri.

In the midst of this anguish, she heard some one walking near her. She turned round. Two men, one of whom carried a lantern, had just entered her cell. She uttered a feeble cry.

« Ne craignez rien, dit une voix qui ne lui était pas inconnue, c'est moi.

– Qui ? vous ? demanda-t-elle.

– Pierre Gringoire. » Ce nom la rassura. Elle releva les yeux, et reconnut en effet le poète. Mais il y avait auprès de lui une figure noire et voilée de la tête aux pieds qui la frappa de silence.

« Ah ! reprit Gringoire d'un ton de reproche, Djali m'avait reconnu avant vous ! »

La petite chèvre en effet n'avait pas attendu que Gringoire se nommât. À peine était-il entré qu'elle s'était tendrement frottée à ses genoux, couvrant le poète de caresses et de poils blancs, car elle était en mue. Gringoire lui rendait les caresses.

« Qui est là avec vous ? dit l'égyptienne à voix basse.

– Soyez tranquille, répondit Gringoire. C'est un de mes amis. »

Alors le philosophe, posant sa lanterne à terre, s'accroupit sur la dalle et s'écria avec enthousiasme en serrant Djali dans ses bras : « Oh ! c'est une gracieuse bête, sans doute plus considérable pour sa propreté que pour sa grandeur, mais ingénieuse, subtile et lettrée comme un grammairien ! Voyons, ma Djali, n'as-tu rien oublié de tes jolis tours ? Comment fait maître Jacques Charmolue ?... »

L'homme noir ne le laissa pas achever. Il s'approcha de Gringoire et le poussa rudement par l'épaule. Gringoire se leva.

"Fear nothing," said a voice which was not unknown to her, "it is I."

"Who are you?" she asked.

"Pierre Gringoire." This name reassured her. She raised her eyes once more, and recognized the poet in very fact. But there stood beside him a black figure veiled from head to foot, which struck her by its silence.

"Oh!" continued Gringoire in a tone of reproach, "Djali recognized me before you!"

The little goat had not, in fact, waited for Gringoire to announce his name. No sooner had he entered than it rubbed itself gently against his knees, covering the poet with caresses and with white hairs, for it was shedding its hair. Gringoire returned the caresses.

"Who is this with you?" said the gypsy, in a low voice.

"Be at ease," replied Gringoire. "'Tis one of my friends."

Then the philosopher setting his lantern on the ground, crouched upon the stones, and exclaimed enthusiastically, as he pressed Djali in his arms,-- "Oh! 'tis a graceful beast, more considerable no doubt, for it's neatness than for its size, but ingenious, subtle, and lettered as a grammarian! Let us see, my Djali, hast thou forgotten any of thy pretty tricks? How does Master Jacques Charmolue?..."

The man in black did not allow him to finish. He approached Gringoire and shook him roughly by the shoulder. Gringoire rose. "

« C'est vrai, dit-il, j'oubliais que nous sommes pressés. – Ce n'est pourtant point une raison, mon maître, pour forcener les gens de la sorte. – Ma chère belle enfant, votre vie est en danger, et celle de Djali. On veut vous reprendre. Nous sommes vos amis, et nous venons vous sauver. Suivez-nous.

– Est-il vrai ? s'écria-t-elle bouleversée.

– Oui, très vrai. Venez vite !

– Je le veux bien, balbutia-t-elle. Mais pourquoi votre ami ne parle-t-il pas ?

– Ah ! dit Gringoire, c'est que son père et sa mère étaient des gens fantasques qui l'ont fait de tempérament taciturne. »

Il fallut qu'elle se contentât de cette explication. Gringoire la prit par la main, son compagnon ramassa la lanterne et marcha devant. La peur étourdissait la jeune fille. Elle se laissa emmener. La chèvre les suivait en sautant, si joyeuse de revoir Gringoire qu'elle le faisait trébucher à tout moment pour lui fourrer ses cornes dans les jambes.

« Voilà la vie, disait le philosophe chaque fois qu'il manquait de tomber, ce sont souvent nos meilleurs amis qui nous font choir ! »

'Tis true," said he: "I forgot that we are in haste. But that is no reason master, for getting furious with people in this manner. My dear and lovely child, your life is in danger, and Djali's also. They want to hang you again. We are your friends, and we have come to save you. Follow us."

"Is it true?" she exclaimed in dismay.

"Yes, perfectly true. Come quickly!"

"I am willing," she stammered. "But why does not your friend speak?"

"Ah!" said Gringoire, "'tis because his father and mother were fantastic people who made him of a taciturn temperament."

She was obliged to content herself with this explanation. Gringoire took her by the hand; his companion picked up the lantern and walked on in front. Fear stunned the young girl. She allowed herself to be led away. The goat followed them, frisking, so joyous at seeing Gringoire again that it made him stumble every moment by thrusting its horns between his legs.

"Such is life," said the philosopher, every time that he came near falling down; "'tis often our best friends who cause us to be overthrown."

Ils descendirent rapidement l'escalier des tours, traversèrent l'église, pleine de ténèbres et de solitude et toute résonnante de vacarme, ce qui faisait un affreux contraste, et sortirent dans la cour du cloître par la Porte-Rouge. Le cloître était abandonné, les chanoines s'étaient enfuis dans l'évêché pour y prier en commun ; la cour était vide, quelques laquais effarouchés s'y blottissaient dans les coins obscurs. Ils se dirigèrent vers la petite porte qui donnait de cette cour sur le Terrain. L'homme noir l'ouvrit avec une clef qu'il avait. Nos lecteurs savent que le Terrain était une langue de terre enclose de murs du côté de la Cité, et appartenant au chapitre de Notre-Dame, qui terminait l'île à l'orient derrière l'église. Ils trouvèrent cet enclos parfaitement désert. Là, il y avait déjà moins de tumulte dans l'air. La rumeur de l'assaut des truands leur arrivait plus brouillée et moins criarde. Le vent frais qui suit le fil de l'eau remuait les feuilles de l'arbre unique planté à la pointe du Terrain avec un bruit déjà appréciable. Cependant ils étaient encore fort près du péril. Les édifices les plus rapprochés d'eux étaient l'évêché et l'église. Il y avait visiblement un grand désordre intérieur dans l'évêché. Sa masse ténébreuse était toute sillonnée de lumières qui y couraient d'une fenêtre à l'autre ; comme, lorsqu'on vient de brûler du papier, il reste un sombre édifice de cendre où de vives étincelles font mille courses bizarres. À côté, les énormes tours de Notre-Dame, ainsi vues de derrière avec la longue nef sur laquelle elles se dressent, découpées en noir sur la rouge et vaste lueur qui emplissait le Parvis, ressemblaient aux deux chenets gigantesques d'un feu de cyclopes.

They rapidly descended the staircase of the towers, crossed the church, full of shadows and solitude, and all reverberating with uproar, which formed a frightful contrast, and emerged into the courtyard of the cloister by the red door. The cloister was deserted; the canons had fled to the bishop's palace in order to pray together; the courtyard was empty, a few frightened lackeys were crouching in dark corners. They directed their steps towards the door which opened from this court upon the Terrain. The man in black opened it with a key which he had about him. Our readers are aware that the Terrain was a tongue of land enclosed by walls on the side of the City and belonging to the chapter of Notre–Dame, which terminated the island on the east, behind the church. They found this enclosure perfectly deserted. There was here less tumult in the air. The roar of the outcasts' assault reached them more confusedly and less clamorously. The fresh breeze which follows the current of a stream, rustled the leaves of the only tree planted on the point of the Terrain, with a noise that was already perceptible. But they were still very close to danger. The nearest edifices to them were the bishop's palace and the church. It was plainly evident that there was great internal commotion in the bishop's palace. Its shadowy mass was all furrowed with lights which flitted from window to window; as, when one has just burned paper, there remains a sombre edifice of ashes in which bright sparks run a thousand eccentric courses. Beside them, the enormous towers of Notre–Dame, thus viewed from behind, with the long nave above which they rise cut out in black against the red and vast light which filled the Parvis, resembled two gigantic andirons of some cyclopean fire–grate.⬚

Ce qu'on voyait de Paris de tous côtés oscillait à l'œil dans une ombre mêlée de lumière. Rembrandt a de ces fonds de tableau.

What was to be seen of Paris on all sides wavered before the eye in a gloom mingled with light. Rembrandt has such backgrounds to his pictures.

L'homme à la lanterne marcha droit à la pointe du Terrain. Il y avait là, au bord extrême de l'eau, le débris vermoulu d'une haie de pieux maillée de lattes où une basse vigne accrochait quelques maigres branches étendues comme les doigts d'une main ouverte. Derrière, dans l'ombre que faisait ce treillis, une petite barque était cachée. L'homme fit signe à Gringoire et à sa compagne d'y entrer. La chèvre les y suivit. L'homme y descendit le dernier. Puis il coupa l'amarre du bateau, l'éloigna de terre avec un long croc, et, saisissant deux rames, s'assit à l'avant, en ramant de toutes ses forces vers le large. La Seine est fort rapide en cet endroit, et il eut assez de peine à quitter la pointe de l'île.

The man with the lantern walked straight to the point of the Terrain. There, at the very brink of the water, stood the wormeaten remains of a fence of posts latticed with laths, whereon a low vine spread out a few thin branches like the fingers of an outspread hand. Behind, in the shadow cast by this trellis, a little boat lay concealed. The man made a sign to Gringoire and his companion to enter. The goat followed them. The man was the last to step in. Then he cut the boat's moorings, pushed it from the shore with a long boat–hook, and, seizing two oars, seated himself in the bow, rowing with all his might towards midstream. The Seine is very rapid at this point, and he had a good deal of trouble in leaving the point of the island.

Le premier soin de Gringoire en entrant dans le bateau fut de mettre la chèvre sur ses genoux. Il prit place à l'arrière, et la jeune fille, à qui l'inconnu inspirait une inquiétude indéfinissable, vint s'asseoir et se serrer contre le poète.

Gringoire's first care on entering the boat was to place the goat on his knees. He took a position in the stern; and the young girl, whom the stranger inspired with an indefinable uneasiness, seated herself close to the poet.

Quand notre philosophe sentit le bateau s'ébranler, il battit des mains, et baisa Djali entre les cornes.

When our philosopher felt the boat sway, he clapped his hands and kissed Djali between the horns.

« Oh ! dit-il, nous voilà sauvés tous quatre. »

"Oh!" said he, "now we are safe, all four of us."

Il ajouta, avec une mine de profond penseur : « On est obligé, quelquefois à la fortune, quelquefois à la ruse, de l'heureuse issue des grandes entreprises. »

He added with the air of a profound thinker, "One is indebted sometimes to fortune, sometimes to ruse, for the happy issue of great enterprises."

Le bateau voguait lentement vers la rive droite. La jeune fille observait avec une terreur secrète l'inconnu. Il avait rebouché soigneusement la lumière de sa lanterne sourde. On l'entrevoyait dans l'obscurité, à l'avant du bateau, comme un spectre. Sa carapoue, toujours baissée, lui faisait une sorte de masque, et à chaque fois qu'il entrouvrait en ramant ses bras où pendaient de larges manches noires, on eût dit deux grandes ailes de chauve-souris. Du reste, il n'avait pas encore dit une parole, jeté un souffle. Il ne se faisait dans le bateau d'autre bruit que le va-et-vient de la rame, mêlé au froissement des mille plis de l'eau le long de la barque.

The boat made its way slowly towards the right shore. The young girl watched the unknown man with secret terror. He had carefully turned off the light of his dark lantern. A glimpse could be caught of him in the obscurity, in the bow of the boat, like a spectre. His cowl, which was still lowered, formed a sort of mask; and every time that he spread his arms, upon which hung large black sleeves, as he rowed, one would have said they were two huge bat's wings. Moreover, he had not yet uttered a word or breathed a syllable. No other noise was heard in the boat than the splashing of the oars, mingled with the rippling of the water along her sides.

« Sur mon âme ! s'écria tout à coup Gringoire, nous sommes allègres et joyeux comme des ascalaphes ! Nous observons un silence de pythagoriciens ou de poissons ! Pasque-Dieu ! mes amis, je voudrais bien que quelqu'un me parlât. – La voix humaine est une musique à l'oreille humaine. Ce n'est pas moi qui dis cela, mais Didyme d'Alexandrie, et ce sont d'illustres paroles. – Certes, Didyme d'Alexandrie n'est pas un médiocre philosophe. Une parole, ma belle enfant ! dites-moi, je vous supplie, une parole. – À propos, vous aviez une drôle de petite singulière moue ; la faites-vous toujours ? Savez-vous, ma mie, que le parlement a toute juridiction sur les lieux d'asile, et que vous couriez grand péril dans votre logette de Notre-Dame ? Hélas ! le petit oiseau trochilus fait son nid dans la gueule du crocodile. – Maître, voici la lune qui reparaît. – Pourvu qu'on ne nous aperçoive pas ! – Nous faisons une chose louable en sauvant madamoiselle, et cependant on nous pendrait de par le roi si l'on nous attrapait. Hélas ! les actions humaines se prennent par deux anses. On flétrit en moi ce qu'on couronne en toi. Tel admire César qui blâme Catilina. N'est-ce pas, mon maître ? Que dites-vous de cette philosophie ? Moi, je possède la philosophie d'instinct, de nature, ut apes geometriam.

"On my soul!" exclaimed Gringoire suddenly, "we are as cheerful and joyous as young owls! We preserve the silence of Pythagoreans or fishes! ~Pasque-Dieu~! my friends, I should greatly like to have some one speak to me. The human voice is music to the human ear. 'Tis not I who say that, but Didymus of Alexandria, and they are illustrious words. Assuredly, Didymus of Alexandria is no mediocre philosopher.––One word, my lovely child! say but one word to me, I entreat you. By the way, you had a droll and peculiar little pout; do you still make it? Do you know, my dear, that parliament hath full jurisdiction over all places of asylum, and that you were running a great risk in your little chamber at Notre-Dame? Alas! the little bird trochylus maketh its nest in the jaws of the crocodile.––Master, here is the moon re-appearing. If only they do not perceive us. We are doing a laudable thing in saving mademoiselle, and yet we should be hung by order of the king if we were caught. Alas! human actions are taken by two handles. That is branded with disgrace in one which is crowned in another. He admires Cicero who blames Catiline. Is it not so, master? What say you to this philosophy? I possess philosophy by instinct, by nature, ~ut apes geometriam~.

– Allons ! personne ne me répond. Les fâcheuses humeurs que vous avez là tous deux ! Il faut que je parle tout seul. C'est ce que nous appelons en tragédie un monologue. – Pasque-Dieu ! – Je vous préviens que je viens de voir le roi Louis onzième et que j'en ai retenu ce jurement. – Pasque-Dieu donc ! ils font toujours un fier hurlement dans la Cité. – C'est un vilain méchant vieux roi. Il est tout embrunché dans les fourrures. Il me doit toujours l'argent de mon épithalame, et c'est tout au plus s'il ne m'a pas fait pendre ce soir, ce qui m'aurait fort empêché. – Il est avaricieux pour les hommes de mérite. Il devrait bien lire les quatre livres de Salvien de Cologne Adversus avaritiam. En vérité ! c'est un roi étroit dans ses façons avec les gens de lettres, et qui fait des cruautés fort barbares. C'est une éponge à prendre l'argent posée sur le peuple. Son épargne est la ratelle qui s'enfle de la maigreur de tous les autres membres. Aussi les plaintes contre la rigueur du temps deviennent murmures contre le prince. Sous ce doux sire dévot, les fourches craquent de pendus, les billots pourrissent de sang, les prisons crèvent comme des ventres trop pleins. Ce roi a une main qui prend et une main qui pend. C'est le procureur de dame Gabelle et de monseigneur Gibet. Les grands sont dépouillés de leurs dignités et les petits sans cesse accablés de nouvelles foules. C'est un prince exorbitant. Je n'aime pas ce monarque. Et vous, mon maître ? »

L'homme noir laissait gloser le bavard poète. Il continuait de lutter contre le courant violent et serré qui sépare la poupe de la Cité de la proue de l'île Notre-Dame, que nous nommons aujourd'hui l'île Saint-Louis.

--Come! no one answers me. What unpleasant moods you two are in! I must do all the talking alone. That is what we call a monologue in tragedy.--~Pasque-Dieu~! I must inform you that I have just seen the king, Louis XI., and that I have caught this oath from him,--~Pasque-Dieu~! They are still making a hearty howl in the city.--'Tis a villanous, malicious old king. He is all swathed in furs. He still owes me the money for my epithalamium, and he came within a nick of hanging me this evening, which would have been very inconvenient to me.--He is niggardly towards men of merit. He ought to read the four books of Salvien of Cologne, Adversits Avaritiam. In truth! 'Tis a paltry king in his ways with men of letters, and one who commits very barbarous cruelties. He is a sponge, to soak money raised from the people. His saving is like the spleen which swelleth with the leanness of all the other members. Hence complaints against the hardness of the times become murmurs against the prince. Under this gentle and pious sire, the gallows crack with the hung, the blocks rot with blood, the prisons burst like over full bellies. This king hath one hand which grasps, and one which hangs. He is the procurator of Dame Tax and Monsieur Gibbet. The great are despoiled of their dignities, and the little incessantly overwhelmed with fresh oppressions. He is an exorbitant prince. I love not this monarch. And you, master?"

The man in black let the garrulous poet chatter on. He continued to struggle against the violent and narrow current, which separates the prow of the City and the stem of the island of Notre-Dame, which we call to-day the Isle St. Louis.

« À propos, maître ! reprit Gringoire subitement. Au moment où nous arrivions sur le Parvis à travers ces enragés truands, votre révérence a-t-elle remarqué ce pauvre petit diable auquel votre sourd était en train d'écraser la cervelle sur la rampe de la galerie des rois ? J'ai la vue basse et ne l'ai pu reconnaître. Savez-vous qui ce peut être ? »

"By the way, master!" continued Gringoire suddenly. "At the moment when we arrived on the Parvis, through the enraged outcasts, did your reverence observe that poor little devil whose skull your deaf man was just cracking on the railing of the gallery of the kings? I am near sighted and I could not recognize him. Do you know who he could be?"

L'inconnu ne répondit pas une parole. Mais il cessa brusquement de ramer, ses bras défaillirent comme brisés, sa tête tomba sur sa poitrine, et la Esmeralda l'entendit soupirer convulsivement. Elle tressaillit de son côté. Elle avait déjà entendu de ces soupirs-là.

The stranger answered not a word. But he suddenly ceased rowing, his arms fell as though broken, his head sank on his breast, and la Esmeralda heard him sigh convulsively. She shuddered. She had heard such sighs before.

La barque abandonnée à elle-même dériva quelques instants au gré de l'eau. Mais l'homme noir se redressa enfin, ressaisit les rames, et se remit à remonter le courant. Il doubla la pointe de l'île Notre-Dame, et se dirigea vers le débarcadère du Port-au-Foin.

The boat, abandoned to itself, floated for several minutes with the stream. But the man in black finally recovered himself, seized the oars once more and began to row against the current. He doubled the point of the Isle of Notre Dame, and made for the landing–place of the Port an Foin.

« Ah ! dit Gringoire, voici là-bas le logis Barbeau. Tenez, maître, regardez, ce groupe de toits noirs qui font des angles singuliers, là, au-dessous de ce tas de nuages bas, filandreux, barbouillés et sales, où la lune est tout écrasée et répandue comme un jaune d'œuf dont la coquille est cassée. – C'est un beau logis. Il y a une chapelle couronnée d'une petite voûte pleine d'enrichissements bien coupés. Au-dessus vous pouvez voir le clocher très délicatement percé. Il y a aussi un jardin plaisant, qui consiste en un étang, une volière, un écho, un mail, un labyrinthe, une maison pour les bêtes farouches, et quantité d'allées touffues fort agréables à Vénus. Il y a encore un coquin d'arbre qu'on appelle le luxurieux, pour avoir servi aux plaisirs d'une princesse fameuse et d'un connétable de France galant et bel esprit. – Hélas ! nous autres pauvres philosophes nous sommes à un connétable ce qu'un carré de choux et de radis est au jardin du Louvre. Qu'importe après tout ? La vie humaine pour les grands comme pour nous est mêlée de bien et de mal. La douleur est toujours à côté de la joie, le spondée auprès du dactyle. – Mon maître, il faut que je vous conte cette histoire du logis Barbeau. Cela finit d'une façon tragique. C'était en 1319, sous le règne de Philippe V, le plus long des rois de France. La moralité de l'histoire est que les tentations de la chair sont pernicieuses et malignes. N'appuyons pas trop le regard sur la femme du voisin, si chatouilleux que nos sens soient à sa beauté. La fornication est une pensée fort libertine. L'adultère est une curiosité de la volupté d'autrui... – Ohé ! voilà que le bruit redouble là-bas ! »

"Ah!" said Gringoire, "yonder is the Barbeau mansion.––Stay, master, look: that group of black roofs which make such singular angles yonder, above that heap of black, fibrous grimy, dirty clouds, where the moon is completely crushed and spread out like the yolk of an egg whose shell is broken.––'Tis a fine mansion. There is a chapel crowned with a small vault full of very well carved enrichments. Above, you can see the bell tower, very delicately pierced. There is also a pleasant garden, which consists of a pond, an aviary, an echo, a mall, a labyrinth, a house for wild beasts, and a quantity of leafy alleys very agreeable to Venus. There is also a rascal of a tree which is called 'the lewd,' because it favored the pleasures of a famous princess and aconstable of France, who was a gallant and a wit.––Alas! we poor philosophers are to a constable as a plot of cabbages or a radish bed to the garden of the Louvre. What matters it, after all? human life, for the great as well as for us, is a mixture of good and evil. Pain is always by the side of joy, the spondee by the dactyl.––Master, I must relate to you the history of the Barbeau mansion. It ends in tragic fashion. It was in 1319, in the reign of Philippe V., the longest reign of the kings of France. The moral of the story is that the temptations of the flesh are pernicious and malignant. Let us not rest our glance too long on our neighbor's wife, however gratified our senses may be by her beauty. Fornication is a very libertine thought. Adultery is a prying into the pleasures of others––Ohé! the noise yonder is redoubling!"

Le tumulte en effet croissait autour de Notre-Dame. Ils écoutèrent. On entendait assez clairement des cris de victoire. Tout à coup, cent flambeaux qui faisaient étinceler des casques d'hommes d'armes se répandirent sur l'église à toutes les hauteurs, sur les tours, sur les galeries, sous les arcs-boutants. Ces flambeaux semblaient chercher quelque chose ; et bientôt ces clameurs éloignées arrivèrent distinctement jusqu'aux fugitifs : « L'égyptienne ! la sorcière ! à mort l'égyptienne ! »

The tumult around Notre–Dame was, in fact, increasing. They listened. Cries of victory were heard with tolerable distinctness. All at once, a hundred torches, the light of which glittered upon the helmets of men at arms, spread over the church at all heights, on the towers, on the galleries, on the flying buttresses. These torches seemed to be in search of something; and soon distant clamors reached the fugitives distinctly :––"The gypsy! the sorceress! death to the gypsy!"

La malheureuse laissa tomber sa tête sur ses mains, et l'inconnu se mit à ramer avec furie vers le bord. Cependant notre philosophe réfléchissait. Il pressait la chèvre dans ses bras, et s'éloignait tout doucement de la bohémienne, qui se serrait de plus en plus contre lui, comme au seul asile qui lui restât.

The unhappy girl dropped her head upon her hands, and the unknown began to row furiously towards the shore. Meanwhile our philosopher reflected. He clasped the goat in his arms, and gently drew away from the gypsy, who pressed closer and closer to him, as though to the only asylum which remained to her.

Il est certain que Gringoire était dans une cruelle perplexité. Il songeait que la chèvre aussi, d'après la législation existante, serait pendue si elle était reprise, que ce serait grand dommage, la pauvre Djali ! qu'il avait trop de deux condamnées ainsi accrochées après lui, qu'enfin son compagnon ne demandait pas mieux que de se charger de l'égyptienne. Il se livrait entre ses pensées un violent combat, dans lequel, comme le Jupiter de L'Iliade, il pesait tour à tour l'égyptienne et la chèvre ; et il les regardait l'une après l'autre, avec des yeux humides de larmes, en disant entre ses dents :

It is certain that Gringoire was enduring cruel perplexity. He was thinking that the goat also, "according to existing law," would be hung if recaptured; which would be a great pity, poor Djali! that he had thus two condemned creatures attached to him; that his companion asked no better than to take charge of the gypsy. A violent combat began between his thoughts, in which, like the Jupiter of the Iliad, he weighed in turn the gypsy and the goat; and he looked at them alternately with eyes moist with tears, saying between his teeth:

« Je ne puis pas pourtant vous sauver toutes deux. »

"But I cannot save you both!"

Une secousse les avertit enfin que le bateau abordait. Le brouhaha sinistre remplissait toujours la Cité. L'inconnu se leva, vint à l'égyptienne, et voulut lui prendre le bras pour l'aider à descendre. Elle le repoussa, et se pendit à la manche de Gringoire, qui, de son côté, occupé de la chèvre, la repoussa presque. Alors elle sauta seule à bas du bateau. Elle était si troublée qu'elle ne savait ce qu'elle faisait, où elle allait. Elle demeura ainsi un moment stupéfaite, regardant couler l'eau. Quand elle revint un peu à elle, elle était seule sur le port avec l'inconnu. Il paraît que Gringoire avait profité de l'instant du débarquement pour s'esquiver avec la chèvre dans le pâté de maisons de la rue Grenier-sur-l'eau.

A shock informed them that the boat had reached the land at last. The uproar still filled the city. The unknown rose, approached the gypsy, and endeavored to take her arm to assist her to alight. She repulsed him and clung to the sleeve of Gringoire, who, in his turn, absorbed in the goat, almost repulsed her. Then she sprang alone from the boat. She was so troubled that she did not know what she did or whither she was going. Thus she remained for a moment, stunned, watching the water flow past; when she gradually returned to her senses, she found herself alone on the wharf with the unknown. It appears that Gringoire had taken advantage of the moment of debarcation to slip away with the goat into the block of houses of the Rue Grenier–sur–l'Eau.

La pauvre égyptienne frissonna de se voir seule avec cet homme. Elle voulut parler, crier, appeler Gringoire, sa langue était inerte dans sa bouche, et aucun son ne sortit de ses lèvres. Tout à coup elle sentit la main de l'inconnu sur la sienne. C'était une main froide et forte. Ses dents claquèrent, elle devint plus pâle que le rayon de lune qui l'éclairait. L'homme ne dit pas une parole. Il se mit à remonter à grands pas vers la place de Grève, en la tenant par la main.

The poor gypsy shivered when she beheld herself alone with this man. She tried to speak, to cry out, to call Gringoire; her tongue was dumb in her mouth, and no sound left her lips. All at once she felt the stranger's hand on hers. It was a strong, cold hand. Her teeth chattered, she turned paler than the ray of moonlight which illuminated her. The man spoke not a word. He began to ascend towards the Place de Grève, holding her by the hand.

En cet instant, elle sentit vaguement que la destinée est une force irrésistible. Elle n'avait plus de ressort, elle se laissa entraîner, courant tandis qu'il marchait. Le quai en cet endroit allait en montant. Il lui semblait cependant qu'elle descendait une pente.

At that moment, she had a vague feeling that destiny is an irresistible force. She had no more resistance left in her, she allowed herself to be dragged along, running while he walked. At this spot the quay ascended. But it seemed to her as though she were descending a slope.

Elle regarda de tous côtés. Pas un passant. Le quai était absolument désert. Elle n'entendait de bruit, elle ne sentait remuer des hommes que dans la Cité tumultueuse et rougeoyante, dont elle n'était séparée que par un bras de Seine, et d'où son nom lui arrivait mêlé à des cris de mort. Le reste de Paris était répandu autour d'elle par grands blocs d'ombre.

She gazed about her on all sides. Not a single passer-by. The quay was absolutely deserted. She heard no sound, she felt no people moving save in the tumultuous and glowing city, from which she was separated only by an arm of the Seine, and whence her name reached her, mingled with cries of "Death!" The rest of Paris was spread around her in great blocks of shadows.

Cependant l'inconnu l'entraînait toujours avec le même silence et la même rapidité. Elle ne retrouvait dans sa mémoire aucun des lieux où elle marchait. En passant devant une fenêtre éclairée, elle fit un effort, se raidit brusquement, et cria : « Au secours ! »

Meanwhile, the stranger continued to drag her along with the same silence and the same rapidity. She had no recollection of any of the places where she was walking. As she passed before a lighted window, she made an effort, drew up suddenly, and cried out, "Help!"

Le bourgeois à qui était la fenêtre l'ouvrit, y parut en chemise avec sa lampe, regarda sur le quai avec un air hébété, prononça quelques paroles qu'elle n'entendit pas, et referma son volet. C'était la dernière lueur d'espoir qui s'éteignait.

The bourgeois who was standing at the window opened it, appeared there in his shirt with his lamp, stared at the quay with a stupid air, uttered some words which she did not understand, and closed his shutter again. It was her last gleam of hope extinguished.

L'homme noir ne proféra pas une syllabe, il la tenait bien, et se remit à marcher plus vite. Elle ne résista plus, et le suivit, brisée.

The man in black did not utter a syllable; he held her firmly, and set out again at a quicker pace. She no longer resisted, but followed him, completely broken.

De temps en temps elle recueillait un peu de force, et disait d'une voix entrecoupée par les cahots du pavé et l'essoufflement de la course : « Qui êtes-vous ? qui êtes-vous ? » Il ne répondait point.

From time to time she called together a little strength, and said, in a voice broken by the unevenness of the pavement and the breathlessness of their flight, "Who are you? Who are you?" He made no reply.

Ils arrivèrent ainsi, toujours le long du quai, à une place assez grande. Il y avait un peu de lune. C'était la Grève. On distinguait au milieu une espèce de croix noire debout. C'était le gibet. Elle reconnut tout cela, et vit où elle était.

They arrived thus, still keeping along the quay, at a tolerably spacious square. It was the Grève. In the middle, a sort of black, erect cross was visible; it was the gallows. She recognized all this, and saw where she was.

L'homme s'arrêta, se tourna vers elle, et leva sa carapoue.

« Oh ! bégaya-t-elle pétrifiée, je savais bien que c'était encore lui ! »

C'était le prêtre. Il avait l'air de son fantôme. C'est un effet du clair de lune. Il semble qu'à cette lumière on ne voie que les spectres des choses.

« Écoute », lui dit-il, et elle frémit au son de cette voix funeste qu'elle n'avait pas entendue depuis longtemps. Il continua. Il articulait avec ces saccades brèves et haletantes qui révèlent par leurs secousses de profonds tremblements intérieurs. « Écoute. Nous sommes ici. Je vais te parler. Ceci est la Grève. C'est ici un point extrême. La destinée nous livre l'un à l'autre. Je vais décider de ta vie ; toi, de mon âme. Voici une place et une nuit au delà desquelles on ne voit rien. Écoute-moi donc. Je vais te dire… D'abord ne me parle pas de ton Phœbus. (En disant cela, il allait et venait, comme un homme qui ne peut rester en place, et la tirait après lui.) Ne m'en parle pas. Vois-tu ? si tu prononces ce nom, je ne sais pas ce que je ferai, mais ce sera terrible. »

Cela dit, comme un corps qui retrouve son centre de gravité, il redevint immobile. Mais ses paroles ne décelaient pas moins d'agitation. Sa voix était de plus en plus basse.

The man halted, turned towards her and raised his cowl.

"Oh!" she stammered, almost petrified, "I knew well that it was he again!"

It was the priest. He looked like the ghost of himself; that is an effect of the moonlight, it seems as though one beheld only the spectres of things in that light.

"Listen!" he said to her; and she shuddered at the sound of that fatal voice which she had not heard for a long time. He continued speaking with those brief and panting jerks, which betoken deep internal convulsions. "Listen! we are here. I am going to speak to you. This is the Grève. This is an extreme point. Destiny gives us to one another. I am going to decide as to your life; you will decide as to my soul. Here is a place, here is a night beyond which one sees nothing. Then listen to me. I am going to tell you…In the first place, speak not to me of your Phoebus. (As he spoke thus he paced to and fro, like a man who cannot remain in one place, and dragged her after him.) Do not speak to me of him. Do you see? If you utter that name, I know not what I shall do, but it will be terrible."

Then, like a body which recovers its centre of gravity, he became motionless once more, but his words betrayed no less agitation. His voice grew lower and lower.

« Ne détourne point la tête ainsi. Écoute-moi. C'est une affaire sérieuse. D'abord, voici ce qui s'est passé. – On ne rira pas de tout ceci, je te jure. – Qu'est-ce donc que je disais ? rappelle-le-moi ! ah ! – Il y a un arrêt du parlement qui te rend à l'échafaud. Je viens de te tirer de leurs mains. Mais les voilà qui te poursuivent. Regarde. »

"Do not turn your head aside thus. Listen to me. It is a serious matter. In the first place, here is what has happened.––All this will not be laughed at. I swear it to you.––What was I saying? Remind me! Oh!––There is a decree of Parliament which gives you back to the scaffold. I have just rescued you from their hands. But they are pursuing you. Look!"

Il étendit le bras vers la Cité. Les perquisitions en effet paraissaient y continuer. Les rumeurs se rapprochaient. La tour de la maison du Lieutenant, située vis-à-vis la Grève, était pleine de bruit et de clartés, et l'on voyait des soldats courir sur le quai opposé, avec des torches et ces cris : « L'égyptienne ! où est l'égyptienne ? Mort ! mort ! »

He extended his arm toward the City. The search seemed, in fact, to be still in progress there. The uproar drew nearer; the tower of the lieutenant's house, situated opposite the Grève, was full of clamors and light, and soldiers could be seen running on the opposite quay with torches and these cries, "The gypsy! Where is the gypsy! Death! Death!"

« Tu vois bien qu'ils te poursuivent, et que je ne te mens pas. Moi, je t'aime. – N'ouvre pas la bouche, ne me parle plutôt pas, si c'est pour me dire que tu me hais. Je suis décidé à ne plus entendre cela. – Je viens de te sauver. Laisse-moi d'abord achever. – Je puis te sauver tout à fait. J'ai tout préparé. C'est à toi de vouloir. Comme tu voudras, je pourrai. »

"You see that they are in pursuit of you, and that I am not lying to you. I love you.––Do not open your mouth; refrain from speaking to me rather, if it be only to tell me that you hate me. I have made up my mind not to hear that again.––I have just saved you.––Let me finish first. I can save you wholly. I have prepared everything. It is yours at will. If you wish, I can do it."

Il s'interrompit violemment. « Non, ce n'est pas cela qu'il faut dire. »

He broke off violently. "No, that is not what I should say!"

Et courant, et la faisant courir, car il ne la lâchait pas, il marcha droit au gibet, et le lui montrant du doigt :

As he went with hurried step and made her hurry also, for he did not release her, he walked straight to the gallows, and pointed to it with his finger,––

« Choisis entre nous deux », dit-il froidement.

"Choose between us two," he said, coldly.

Elle s'arracha de ses mains et tomba au pied du gibet en embrassant cet appui funèbre. Puis elle tourna sa belle tête à demi, et regarda le prêtre par-dessus son épaule. On eût dit une sainte Vierge au pied de la croix. Le prêtre était demeuré sans mouvement, le doigt toujours levé vers le gibet, conservant son geste, comme une statue.

Enfin l'égyptienne lui dit : « Il me fait encore moins horreur que vous. »

Alors il laissa retomber lentement son bras, et regarda le pavé avec un profond accablement.

« Si ces pierres pouvaient parler, murmura-t-il, oui, elles diraient que voilà un homme bien malheureux. »

Il reprit. La jeune fille agenouillée devant le gibet et noyée dans sa longue chevelure le laissait parler sans l'interrompre. Il avait maintenant un accent plaintif et doux qui contrastait douloureusement avec l'âpreté hautaine de ses traits.

She tore herself from his hands and fell at the foot of the gibbet, embracing that funereal support, then she half turned her beautiful head, and looked at the priest over her shoulder. One would have said that she was a Holy Virgin at the foot of the cross. The priest remained motionless, his finger still raised toward the gibbet, preserving his attitude like a statue.

At length the gypsy said to him,-- "It causes me less horror than you do."

Then he allowed his arm to sink slowly, and gazed at the pavement in profound dejection.

"If these stones could speak," he murmured, "yes, they would say that a very unhappy man stands here.

He went on. The young girl, kneeling before the gallows, enveloped in her long flowing hair, let him speak on without interruption. He now had a gentle and plaintive accent which contrasted sadly with the haughty harshness of his features.

« Moi, je vous aime. Oh ! cela est pourtant bien vrai. Il ne sort donc rien au dehors de ce feu qui me brûle le cœur ! Hélas ! jeune fille, nuit et jour, oui, nuit et jour, cela ne mérite-t-il aucune pitié ? C'est un amour de la nuit et du jour, vous dis-je, c'est une torture. – Oh ! je souffre trop, ma pauvre enfant ! – C'est une chose digne de compassion, je vous assure. Vous voyez que je vous parle doucement. Je voudrais bien que vous n'eussiez plus cette horreur de moi. – Enfin, un homme qui aime une femme, ce n'est pas sa faute ! – Oh ! mon Dieu ! – Comment ! vous ne me pardonnerez donc jamais ? Vous me haïrez toujours ! C'est donc fini ! C'est là ce qui me rend mauvais, voyez-vous, et horrible à moi-même ! – Vous ne me regardez seulement pas ! Vous pensez à autre chose peut-être tandis que je vous parle debout et frémissant sur la limite de notre éternité à tous deux ! – Surtout ne me parlez pas de l'officier ! Quoi ! je me jetterais à vos genoux, quoi ! je baiserais, non vos pieds, vous ne voudriez pas, mais la terre qui est sous vos pieds, quoi ! je sangloterais comme un enfant, j'arracherais de ma poitrine, non des paroles, mais mon cœur et mes entrailles, pour vous dire que je vous aime, tout serait inutile, tout ! – Et cependant vous n'avez rien dans l'âme que de tendre et de clément, vous êtes rayonnante de la plus belle douceur, vous êtes tout entière suave, bonne, miséricordieuse et charmante. Hélas ! vous n'avez de méchanceté que pour moi seul ! Oh ! quelle fatalité ! »

Il cacha son visage dans ses mains. La jeune fille l'entendit pleurer. C'était la première fois. Ainsi debout et secoué par les sanglots, il était plus misérable et plus suppliant qu'à genoux. Il pleura ainsi un certain temps.

"I love you. Oh! how true that is! So nothing comes of that fire which burns my heart! Alas! young girl, night and day--yes, night and day I tell you,--it is torture. Oh! I suffer too much, my poor child. 'Tis a thing deserving of compassion, I assure you. You see that I speak gently to you. I really wish that you should no longer cherish this horror of me.--After all, if a man loves a woman, 'tis not his fault!--Oh, my God!--What! So you will never pardon me? You will always hate me? All is over then. It is that which renders me evil, do you see? and horrible to myself.--You will not even look at me! You are thinking of something else, perchance, while I stand here and talk to you, shuddering on the brink of eternity for both of us! Above all things, do not speak to me of the officer!--I would cast myself at your knees, I would kiss not your feet, but the earth which is under your feet; I would sob like a child, I would tear from my breast not words, but my very heart and vitals, to tell you that I love you;--all would be useless, all!--And yet you have nothing in your heart but what is tender and merciful. You are radiant with the most beautiful mildness; you are wholly sweet, good, pitiful, and charming. Alas! You cherish no ill will for any one but me alone! Oh! what a fatality!"

He hid his face in his hands. The young girl heard him weeping. It was for the first time. Thus erect and shaken by sobs, he was more miserable and more suppliant than when on his knees. He wept thus for a considerable time.

« Allons ! poursuivit-il ces premières larmes passées, je ne trouve pas de paroles. J'avais pourtant bien songé à ce que je vous dirais. Maintenant je tremble et je frissonne, je défaille à l'instant décisif, je sens quelque chose de suprême qui nous enveloppe, et je balbutie. Oh ! je vais tomber sur le pavé si vous ne prenez pas pitié de moi, pitié de vous. Ne nous condamnez pas tous deux. Si vous saviez combien je vous aime ! quel cœur c'est que mon cœur ! Oh ! quelle désertion de toute vertu ! quel abandon désespéré de moi-même ! Docteur, je bafoue la science ; gentilhomme, je déchire mon nom ; prêtre, je fais du missel un oreiller de luxure, je crache au visage de mon Dieu ! tout cela pour toi, enchanteresse ! pour être plus digne de ton enfer ! et tu ne veux pas du damné ! Oh ! que je te dise tout ! plus encore, quelque chose de plus horrible, oh ! plus horrible !... »

"Come!" he said, these first tears passed, "I have no more words. I had, however, thought well as to what you would say. Now I tremble and shiver and break down at the decisive moment, I feel conscious of something supreme enveloping us, and I stammer. Oh! I shall fall upon the pavement if you do not take pity on me, pity on yourself. Do not condemn us both. If you only knew how much I love you! What a heart is mine! Oh! what desertion of all virtue! What desperate abandonment of myself! A doctor, I mock at science; a gentleman, I tarnish my own name; a priest, I make of the missal a pillow of sensuality, I spit in the face of my God! all this for thee, enchantress! to be more worthy of thy hell! And you will not have the apostate! Oh! let me tell you all! more still, something more horrible, oh! Yet more horrible!...."

En prononçant ces dernières paroles, son air devint tout à fait égaré. Il se tut un instant, et reprit comme se parlant à lui-même, et d'une voix forte : « Caïn, qu'as-tu fait de ton frère ? »

As he uttered these last words, his air became utterly distracted. He was silent for a moment, and resumed, as though speaking to himself, and in a strong voice,--"Cain, what hast thou done with thy brother?"

Il y eut encore un silence, et il poursuivit :

There was another silence, and he went on--

« Ce que j'en ai fait, Seigneur ? Je l'ai recueilli, je l'ai élevé, je l'ai nourri, je l'ai aimé, je l'ai idolâtré, et je l'ai tué ! Oui, Seigneur, voici qu'on vient de lui écraser la tête devant moi sur la pierre de votre maison, et c'est à cause de moi, à cause de cette femme, à cause d'elle... »

"What have I done with him, Lord? I received him, I reared him, I nourished him, I loved him, I idolized him, and I have slain him! Yes, Lord, they have just dashed his head before my eyes on the stone of thine house, and it is because of me, because of this woman, because of her."

Son œil était hagard. Sa voix allait s'éteignant, il répéta encore plusieurs fois, machinalement, avec d'assez longs intervalles, comme une cloche qui prolonge sa dernière vibration : « À cause d'elle... – À cause d'elle... »

His eye was wild. His voice grew ever weaker; he repeated many times, yet, mechanically, at tolerably long intervals, like a bell prolonging its last vibration: "Because of her.--Because of her."

Puis sa langue n'articula plus aucun son perceptible, ses lèvres remuaient toujours cependant. Tout à coup il s'affaissa sur lui-même comme quelque chose qui s'écroule, et demeura à terre sans mouvement, la tête dans les genoux.

Then his tongue no longer articulated any perceptible sound; but his lips still moved. All at once he sank together, like something crumbling, and lay motionless on the earth, with his head on his knees.

Un frôlement de la jeune fille qui retirait son pied de dessous lui le fit revenir. Il passa lentement sa main sur ses joues creuses, et regarda quelques instants avec stupeur ses doigts qui étaient mouillés. « Quoi ! murmura-t-il, j'ai pleuré ! »

A touch from the young girl, as she drew her foot from under him, brought him to himself. He passed his hand slowly over his hollow cheeks, and gazed for several moments at his fingers, which were wet, "What!" he murmured, "I have wept!"

Et se tournant subitement vers l'égyptienne avec une angoisse inexprimable :

And turning suddenly to the gypsy with unspeakable anguish,--

« Hélas ! vous m'avez regardé froidement pleurer ! Enfant ! sais-tu que ces larmes sont des laves ? Est-il donc bien vrai ? de l'homme qu'on hait rien ne touche. Tu me verrais mourir, tu rirais. Oh ! moi je ne veux pas te voir mourir ! Un mot ! un seul mot de pardon ! Ne me dis pas que tu m'aimes, dis-moi seulement que tu veux bien, cela suffira, je te sauverai. Sinon… Oh ! l'heure passe, je t'en supplie par tout ce qui est sacré, n'attends pas que je sois redevenu de pierre comme ce gibet qui te réclame aussi ! Songe que je tiens nos deux destinées dans ma main, que je suis insensé, cela est terrible, que je puis laisser tout choir, et qu'il y a au-dessous de nous un abîme sans fond, malheureuse, où ma chute poursuivra la tienne durant l'éternité ! Un mot de bonté ! dis un mot ! rien qu'un mot ! »

"Alas! you have looked coldly on at my tears! Child, do you know that those tears are of lava? Is it indeed true? Nothing touches when it comes from the man whom one does not love. If you were to see me die, you would laugh. Oh! I do not wish to see you die! One word! A single word of pardon! Say not that you love me, say only that you will do it; that will suffice; I will save you. If not––oh! the hour is passing. I entreat you by all that is sacred, do not wait until I shall have turned to stone again, like that gibbet which also claims you! Reflect that I hold the destinies of both of us in my hand, that I am mad,––it is terrible,––that I may let all go to destruction, and that there is beneath us a bottomless abyss, unhappy girl, whither my fall will follow yours to all eternity! One word of kindness! Say one word! only one word!"

Elle ouvrit la bouche pour lui répondre. Il se précipita à genoux devant elle pour recueillir avec adoration la parole, peut-être attendrie, qui allait sortir de ses lèvres. Elle lui dit : « Vous êtes un assassin ! »

She opened her mouth to answer him. He flung himself on his knees to receive with adoration the word, possibly a tender one, which was on the point of issuing from her lips. She said to him, "You are an assassin!"

Le prêtre la prit dans ses bras avec fureur et se mit à rire d'un rire abominable.

The priest clasped her in his arms with fury, and began to laugh with an abominable laugh.

« Eh bien, oui ! assassin ! dit-il, et je t'aurai. Tu ne veux pas de moi pour esclave, tu m'auras pour maître. Je t'aurai. J'ai un repaire où je te traînerai. Tu me suivras, il faudra bien que tu me suives, ou je te livre ! Il faut mourir, la belle, ou être à moi ! être au prêtre ! être à l'apostat ! être à l'assassin ! dès cette nuit, entends-tu cela ? Allons ! de la joie ! allons ! baise-moi, folle ! La tombe ou mon lit ! »

"Well, yes, an assassin!" he said, "and I will have you. You will not have me for your slave, you shall have me for your master. I will have you! I have a den, whither I will drag you. You will follow me, you will be obliged to follow me, or I will deliver you up! You must die, my beauty, or be mine! belong to the priest! belong to the apostate! belong to the assassin! this very night, do you hear? Come! joy; kiss me, mad girl! The tomb or my bed!"

Son œil pétillait d'impureté et de rage. Sa bouche lascive rougissait le cou de la jeune fille. Elle se débattait dans ses bras. Il la couvrait de baisers écumants.

« Ne me mords pas, monstre ! cria-t-elle. Oh ! l'odieux infect ! laisse-moi ! Je vais t'arracher tes vilains cheveux gris et te les jeter à poignées par la face ! »

Il rougit, il pâlit, puis il la lâcha et la regarda d'un air sombre. Elle se crut victorieuse, et poursuivit :

« Je te dis que je suis à mon Phœbus, que c'est Phœbus que j'aime, que c'est Phœbus qui est beau ! Toi, prêtre, tu es vieux ! tu es laid ! Va-t'en ! »

Il poussa un cri violent, comme le misérable auquel on applique un fer rouge. « Meurs donc ! » dit-il à travers un grincement de dents. Elle vit son affreux regard, et voulut fuir. Il la reprit, il la secoua, il la jeta à terre, et marcha à pas rapides vers l'angle de la Tour-Roland en la traînant après lui sur le pavé par ses belles mains.

Arrivé là, il se tourna vers elle :

« Une dernière fois, veux-tu être à moi ? »

Elle répondit avec force :
« Non. »
Alors il s'écria d'une voix haute :

« Gudule ! Gudule ! voici l'égyptienne ! venge-toi ! »

La jeune fille se sentit saisir brusquement au coude. Elle regarda. C'était un bras décharné qui sortait d'une lucarne dans le mur et qui la tenait comme une main de fer.

His eyes sparkled with impurity and rage. His lewd lips reddened the young girl's neck. She struggled in his arms. He covered her with furious kisses.

"Do not bite me, monster!" she cried. "Oh! the foul, odious monk! leave me! I will tear out thy ugly gray hair and fling it in thy face by the handful!"

He reddened, turned pale, then released her and gazed at her with a gloomy air. She thought herself victorious, and continued,--

"I tell you that I belong to my Phoebus, that 'tis Phoebus whom I love, that 'tis Phoebus who is handsome! you are old, priest! you are ugly! Begone!"

He gave vent to a horrible cry, like the wretch to whom a hot iron is applied. "Die, then!" he said, gnashing his teeth. She saw his terrible look and tried to fly. He caught her once more, he shook her, he flung her on the ground, and walked with rapid strides towards the corner of the Tour– Roland, dragging her after him along the pavement by her beautiful hands.

On arriving there, he turned to her,--

"For the last time, will you be mine?"

She replied with emphasis,--

"No!"

Then he cried in a loud voice,--

"Gudule! Gudule! here is the gypsy! take your vengeance!"

The young girl felt herself seized suddenly by the elbow. She looked. A fleshless arm was stretched from an opening in the wall, and held her like a hand of iron.

« Tiens bien ! dit le prêtre. C'est l'égyptienne échappée. Ne la lâche pas. Je vais chercher les sergents. Tu la verras pendre. »

"Hold her well," said the priest; "'tis the gypsy escaped. Release her not. I will go in search of the sergeants. You shall see her hanged."

Un rire guttural répondit de l'intérieur du mur à ces sanglantes paroles. « Hah ! hah ! hah ! » L'égyptienne vit le prêtre s'éloigner en courant dans la direction du pont Notre-Dame. On entendait une cavalcade de ce côté.

A guttural laugh replied from the interior of the wall to these bloody words--"Hah! hah! hah!"--The gypsy watched the priest retire in the direction of the Pont Notre-Dame. A cavalcade was heard in that direction.

La jeune fille avait reconnu la méchante recluse. Haletante de terreur, elle essaya de se dégager. Elle se tordit, elle fit plusieurs soubresauts d'agonie et de désespoir, mais l'autre la tenait avec une force inouïe. Les doigts osseux et maigres qui la meurtrissaient se crispaient sur sa chair et se rejoignaient à l'entour. On eût dit que cette main était rivée à son bras. C'était plus qu'une chaîne, plus qu'un carcan, plus qu'un anneau de fer, c'était une tenaille intelligente et vivante qui sortait d'un mur.

The young girl had recognized the spiteful recluse. Panting with terror, she tried to disengage herself. She writhed, she made many starts of agony and despair, but the other held her with incredible strength. The lean and bony fingers which bruised her, clenched on her flesh and met around it. One would have said that this hand was riveted to her arm. It was more than a chain, more than a fetter, more than a ring of iron, it was a living pair of pincers endowed with intelligence, which emerged from the wall.

Épuisée, elle retomba contre la muraille, et alors la crainte de la mort s'empara d'elle. Elle songea à la beauté de la vie, à la jeunesse, à la vue du ciel, aux aspects de la nature, à l'amour, à Phœbus, à tout ce qui s'enfuyait et à tout ce qui s'approchait, au prêtre qui la dénonçait, au bourreau qui allait venir, au gibet qui était là. Alors elle sentit l'épouvante lui monter jusque dans les racines des cheveux, et elle entendit le rire lugubre de la recluse qui lui disait tout bas : « Hah ! hah ! hah ! tu vas être pendue ! »

She fell back against the wall exhausted, and then the fear of death took possession of her. She thought of the beauty of life, of youth, of the view of heaven, the aspects of nature, of her love for Phoebus, of all that was vanishing and all that was approaching, of the priest who was denouncing her, of the headsman who was to come, of the gallows which was there. Then she felt terror mount to the very roots of her hair and she heard the mocking laugh of the recluse, saying to her in a very low tone: "Hah! hah! hah! you are going to be hanged!"

Elle se tourna mourante vers la lucarne, et elle vit la figure fauve de la sachette à travers les barreaux.

She turned a dying look towards the window, and she beheld the fierce face of the sacked nun through the bars.

« Que vous ai-je fait ? » dit-elle presque inanimée.

"What have I done to you?" she said, almost lifeless.

La recluse ne répondit pas, elle se mit à marmotter avec une intonation chantante, irritée et railleuse : « Fille d'Égypte ! fille d'Égypte ! fille d'Égypte ! »

The recluse did not reply, but began to mumble with a singsong irritated, mocking intonation: "Daughter of Egypt! daughter of Egypt! daughter of Egypt!"

La malheureuse Esmeralda laissa retomber sa tête sous ses cheveux, comprenant qu'elle n'avait pas affaire à un être humain.

The unhappy Esmeralda dropped her head beneath her flowing hair, comprehending that it was no human being she had to deal with.

Tout à coup la recluse s'écria, comme si la question de l'égyptienne avait mis tout ce temps pour arriver jusqu'à sa pensée : « Ce que tu m'as fait ? dis-tu ! – Ah ! ce que tu m'as fait, égyptienne ! Eh bien ! écoute. – J'avais un enfant, moi ! vois-tu ? j'avais un enfant ! un enfant, te dis-je ! – Une jolie petite fille ! – Mon Agnès, reprit-elle égarée et baisant quelque chose dans les ténèbres. – Eh bien ! vois-tu, fille d'Égypte ? on m'a pris mon enfant, on m'a volé mon enfant, on m'a mangé mon enfant. Voilà ce que tu m'as fait. »

All at once the recluse exclaimed, as though the gypsy's question had taken all this time to reach her brain,--"'What have you done to me?' you say! Ah! what have you done to me, gypsy! Well! listen.--I had a child! you see! I had a child! a child, I tell you!--a pretty little girl!--my Agnes!" she went on wildly, kissing something in the dark.--"Well! do you see, daughter of Egypt? they took my child from me; they stole my child; they ate my child. That is what you have done to me."

La jeune fille répondit comme l'agneau :

The young girl replied like a lamb,--

« Hélas ! je n'étais peut-être pas née alors !

"Alas! perchance I was not born then!"

– Oh ! si ! repartit la recluse, tu devais être née. Tu en étais. Elle serait de ton âge ! Ainsi ! – Voilà quinze ans que je suis ici, quinze ans que je souffre, quinze ans que je prie, quinze ans que je me cogne la tête aux quatre murs. – Je te dis que ce sont des égyptiennes qui me l'ont volée, entends-tu cela ? et qui l'ont mangée avec leurs dents. As-tu un cœur ? figure-toi ce que c'est qu'un enfant qui joue, un enfant qui tette, un enfant qui dort. C'est si innocent ! – Eh bien ! cela, c'est cela qu'on m'a pris, qu'on m'a tué ! Le bon Dieu le sait bien ! – Aujourd'hui, c'est mon tour, je vais manger de l'égyptienne. – Oh ! que je te mordrais bien si les barreaux ne m'empêchaient. J'ai la tête trop grosse ! – La pauvre petite ! pendant qu'elle dormait ! Et si elles l'ont réveillée en la prenant, elle aura eu beau crier, je n'étais pas là ! – Ah ! les mères égyptiennes, vous avez mangé mon enfant ! Venez voir la vôtre. »

"Oh! yes!" returned the recluse, "you must have been born. You were among them. She would be the same age as you! so!––I have been here fifteen years; fifteen years have I suffered; fifteen years have I prayed; fifteen years have I beat my head against these four walls––I tell you that 'twas the gypsies who stole her from me, do you hear that? and who ate her with their teeth.––Have you a heart? imagine a child playing, a child sucking; a child sleeping. It is so innocent a thing!––Well! that, that is what they took from me, what they killed. The good God knows it well! To-day, it is my turn; I am going to eat the gypsy.––Oh! I would bite you well, if the bars did not prevent me! My head is too large!––Poor little one! while she was asleep! And if they woke her up when they took her, in vain she might cry; I was not there!––Ah! gypsy mothers, you devoured my child! come see your own."

Alors elle se mit à rire ou à grincer des dents, les deux choses se ressemblaient sur cette figure furieuse. Le jour commençait à poindre. Un reflet de cendre éclairait vaguement cette scène, et le gibet devenait de plus en plus distinct dans la place. De l'autre côté, vers le pont Notre-Dame, la pauvre condamnée croyait entendre se rapprocher le bruit de cavalerie.

Then she began to laugh or to gnash her teeth, for the two things resembled each other in that furious face. The day was beginning to dawn. An ashy gleam dimly lighted this scene, and the gallows grew more and more distinct in the square. On the other side, in the direction of the bridge of Notre-Dame, the poor condemned girl fancied that she heard the sound of cavalry approaching.

« Madame ! cria-t-elle joignant les mains et tombée sur ses deux genoux, échevelée, éperdue, folle d'effroi, madame ! ayez pitié. Ils viennent. Je ne vous ai rien fait. Voulez-vous me voir mourir de cette horrible façon sous vos yeux ? Vous avez de la pitié, j'en suis sûre. C'est trop affreux. Laissez-moi me sauver. Lâchez-moi ! Grâce ! Je ne veux pas mourir comme cela !

– Rends-moi mon enfant ! dit la recluse.

– Grâce ! grâce !

– Rends-moi mon enfant !

– Lâchez-moi, au nom du ciel !

– Rends-moi mon enfant ! »

Cette fois encore, la jeune fille retomba, épuisée, rompue, ayant déjà le regard vitré de quelqu'un qui est dans la fosse.

« Hélas ! bégaya-t-elle, vous cherchez votre enfant. Moi, je cherche mes parents.

– Rends-moi ma petite Agnès ! poursuivit Gudule. Tu ne sais pas où elle est ? Alors, meurs ! – Je vais te dire. J'étais une fille de joie, j'avais un enfant, on m'a pris mon enfant. – Ce sont les égyptiennes. Tu vois bien qu'il faut que tu meures. Quand ta mère l'égyptienne viendra te réclamer, je lui dirai : La mère, regarde à ce gibet ! – Ou bien rends-moi mon enfant. – Sais-tu où elle est, ma petite fille ? Tiens, que je te montre. Voilà son soulier, tout ce qui m'en reste. Sais-tu où est le pareil ? Si tu le sais, dis-le-moi, et si ce n'est qu'à l'autre bout de la terre, je l'irai chercher en marchant sur les genoux. »

"Madam," she cried, clasping her hands and falling on her knees, dishevelled, distracted, mad with fright; "madam! have pity! They are coming. I have done nothing to you. Would you wish to see me die in this horrible fashion before your very eyes? You are pitiful, I am sure. It is too frightful. Let me make my escape. Release me! Mercy. I do not wish to die like that!"

"Give me back my child!" said the recluse.

"Mercy! Mercy!"

"Give me back my child!"

"Release me, in the name of heaven!"

"Give me back my child!"

Again the young girl fell; exhausted, broken, and having already the glassy eye of a person in the grave.

"Alas!" she faltered, "you seek your child, I seek my parents."

"Give me back my little Agnes!" pursued Gudule. "You do not know where she is? Then die!––I will tell you. I was a woman of the town, I had a child, they took my child. It was the gypsies. You see plainly that you must die. When your mother, the gypsy, comes to reclaim you, I shall say to her: 'Mother, look at that gibbet!––Or, give me back my child. Do you know where she is, my little daughter? Stay! I will show you. Here is her shoe, all that is left me of her. Do you know where its mate is? If you know, tell me, and if it is only at the other end of the world, I will crawl to it on my knees."

En parlant ainsi, de son autre bras tendu hors de la lucarne elle montrait à l'égyptienne le petit soulier brodé. Il faisait déjà assez jour pour en distinguer la forme et les couleurs.

« Montrez-moi ce soulier, dit l'égyptienne en tressaillant. Dieu ! Dieu ! »

Et en même temps, de la main qu'elle avait libre, elle ouvrait vivement le petit sachet orné de verroterie verte qu'elle portait au cou.

– Va ! va ! grommelait Gudule, fouille ton amulette du démon ! »

Tout à coup elle s'interrompit, trembla de tout son corps, et cria avec une voix qui venait du plus profond des entrailles : « Ma fille ! »

L'égyptienne venait de tirer du sachet un petit soulier absolument pareil à l'autre. À ce petit soulier était attaché un parchemin sur lequel ce carme était écrit :

Quand le pareil retrouveras,Ta mère te tendra les bras.

En moins de temps qu'il n'en faut à l'éclair, la recluse avait confronté les deux souliers, lu l'inscription du parchemin, et collé aux barreaux de la lucarne son visage rayonnant d'une joie céleste en criant :

« Ma fille ! ma fille !
– Ma mère ! » répondit l'égyptienne.

Ici nous renonçons à peindre.

Le mur et les barreaux de fer étaient entre elles deux. « Oh ! le mur ! cria la recluse ! Oh ! la voir et ne pas l'embrasser ! Ta main ! ta main ! »

As she spoke thus, with her other arm extended through the window, she showed the gypsy the little embroidered shoe. It was already light enough to distinguish its shape and its colors.

"Let me see that shoe," said the gypsy, quivering. "God! God!"

And at the same time, with her hand which was at liberty, she quickly opened the little bag ornamented with green glass, which she wore about her neck.

"Go on, go on!" grumbled Gudule, "search your demon's amulet!"

All at once, she stopped short, trembled in every limb, and cried in a voice which proceeded from the very depths of her being: "My daughter!"

The gypsy had just drawn from the bag a little shoe absolutely similar to the other. To this little shoe was attached a parchment on which was inscribed this charm,––

When thou shalt find its mate, thy mother will stretch out her arms to thee.

Quicker than a flash of lightning, the recluse had laid the two shoes together, had read the parchment and had put close to the bars of the window her face beaming with celestial joy as she cried,––

"My daughter! my daughter!"

"My mother!" said the gypsy.

Here we are unequal to the task of depicting the scene.

The wall and the iron bars were between them. "Oh! the wall!" cried the recluse. "Oh! to see her and not to embrace her! Your hand! your hand!"

La jeune fille lui passa son bras à travers la lucarne, la recluse se jeta sur cette main, y attacha ses lèvres, et y demeura, abîmée dans ce baiser, ne donnant plus d'autre signe de vie qu'un sanglot qui soulevait ses hanches de temps en temps. Cependant elle pleurait à torrents, en silence, dans l'ombre, comme une pluie de nuit. La pauvre mère vidait par flots sur cette main adorée le noir et profond puits de larmes qui était au dedans d'elle, et où toute sa douleur avait filtré goutté à goutte depuis quinze années.

The young girl passed her arm through the opening; the recluse threw herself on that hand, pressed her lips to it and there remained, buried in that kiss, giving no other sign of life than a sob which heaved her breast from time to time. In the meanwhile, she wept in torrents, in silence, in the dark, like a rain at night. The poor mother poured out in floods upon that adored hand the dark and deep well of tears, which lay within her, and into which her grief had filtered, drop by drop, for fifteen years.⬜

Tout à coup, elle se releva, écarta ses longs cheveux gris de dessus son front, et, sans dire une parole, se mit à ébranler de ses deux mains les barreaux de sa loge plus furieusement qu'une lionne. Les barreaux tinrent bon. Alors elle alla chercher dans un coin de sa cellule un gros pavé qui lui servait d'oreiller, et le lança contre eux avec tant de violence qu'un des barreaux se brisa en jetant mille étincelles. Un second coup effondra tout à fait la vieille croix de fer qui barricadait la lucarne. Alors avec ses deux mains elle acheva de rompre et d'écarter les tronçons rouillés des barreaux. Il y a des moments où les mains d'une femme ont une force surhumaine.

All at once she rose, flung aside her long gray hair from her brow, and without uttering a word, began to shake the bars of her cage cell, with both hands, more furiously than a lioness. The bars held firm. Then she went to seek in the corner of her cell a huge paving stone, which served her as a pillow, and launched it against them with such violence that one of the bars broke, emitting thousands of sparks. A second blow completely shattered the old iron cross which barricaded the window. Then with her two hands, she finished breaking and removing the rusted stumps of the bars. There are moments when woman's hands possess superhuman strength.⬜

Le passage frayé, et il fallut moins d'une minute pour cela, elle saisit sa fille par le milieu du corps et la tira dans sa cellule. « Viens ! que je te repêche de l'abîme ! » murmurait-elle.

A passage broken, less than a minute was required for her to seize her daughter by the middle of her body, and draw her into her cell. "Come let me draw you out of the abyss," she murmured.⬜

Quand sa fille fut dans la cellule, elle la posa doucement à terre, puis la reprit, et la portant dans ses bras comme si ce n'était toujours que sa petite Agnès, elle allait et venait dans l'étroite loge, ivre, forcenée, joyeuse, criant, chantant, baisant sa fille, lui parlant, éclatant de rire, fondant en larmes, le tout à la fois et avec emportement.

When her daughter was inside the cell, she laid her gently on the ground, then raised her up again, and bearing her in her arms as though she were still only her little Agnes, she walked to and fro in her little room,intoxicated, frantic, joyous, crying out, singing, kissing her daughter, talking to her, bursting into laughter, melting into tears, all at once and with vehemence.

« Ma fille ! ma fille ! disait-elle. J'ai ma fille ! la voilà. Le bon Dieu me l'a rendue. Eh vous ! venez tous ! Y a-t-il quelqu'un là pour voir que j'ai ma fille ? Seigneur Jésus, qu'elle est belle ! Vous me l'avez fait attendre quinze ans, mon bon Dieu, mais c'était pour me la rendre belle. – Les égyptiennes ne l'avaient donc pas mangée ! Qui avait dit cela ? Ma petite fille ! ma petite fille ! baise-moi. Ces bonnes égyptiennes ! J'aime les égyptiennes. – C'est bien toi. C'est donc cela que le cœur me sautait chaque fois que tu passais. Moi qui prenais cela pour de la haine ! Pardonne-moi, mon Agnès, pardonne-moi. Tu m'as trouvée bien méchante, n'est-ce pas ? Je t'aime. – Ton petit signe au cou, l'as-tu toujours ? voyons. Elle l'a toujours. Oh ! tu es belle ! C'est moi qui vous ai fait ces grands yeux-là, mademoiselle. Baise-moi. Je t'aime. Cela m'est bien égal que les autres mères aient des enfants, je me moque bien d'elles à présent. Elles n'ont qu'à venir. Voici la mienne. Voilà son cou, ses yeux, ses cheveux, sa main. Trouvez-moi quelque chose de beau comme cela ! Oh ! je vous en réponds qu'elle aura des amoureux, celle-là ! J'ai pleuré quinze ans. Toute ma beauté s'en est allée, et lui est venue. Baise-moi ! »

"My daughter! my daughter!" she said. "I have my daughter! here she is! The good God has given her back to me! Ha you! come all of you! Is there any one there to see that I have my daughter? Lord Jesus, how beautiful she is! You have made me wait fifteen years, my good God, but it was in order to give her back to me beautiful.––Then the gypsies did not eat her! Who said so? My little daughter! my little daughter! Kiss me. Those good gypsies! I love the gypsies!––It is really you! That was what made my heart leap every time that you passed by. And I took that for hatred! Forgive me, my Agnes, forgive me. You thought me very malicious, did you not? I love you. Have you still the little mark on your neck? Let us see. She still has it. Oh! you are beautiful! It was I who gave you those big eyes, mademoiselle. Kiss me. I love you. It is nothing to me that other mothers have children; I scorn them now. They have only to come and see. Here is mine. See her neck, her eyes, her hair, her hands. Find me anything as beautiful as that! Oh! I promise you she will have lovers, that she will! I have wept for fifteen years. All my beauty has departed and has fallen to her. Kiss me."

Elle lui tenait mille autres discours extravagants dont l'accent faisait toute la beauté, dérangeait les vêtements de la pauvre fille jusqu'à la faire rougir, lui lissait sa chevelure de soie avec la main, lui baisait le pied, le genou, le front, les yeux, s'extasiait de tout. La jeune fille se laissait faire, en répétant par intervalles très bas et avec une douceur infinie : « Ma mère !

She addressed to her a thousand other extravagant remarks, whose accent constituted their sole beauty, disarranged the poor girl's garments even to the point of making her blush, smoothed her silky hair with her hand, kissed her foot, her knee, her brow, her eyes, was in raptures over everything. The young girl let her have her way, repeating at intervals and very low and with infinite tenderness, "My mother!"

— Vois-tu, ma petite fille, reprenait la recluse en entrecoupant tous ses mots de baisers, vois-tu, je t'aimerai bien. Nous nous en irons d'ici. Nous allons être bien heureuses. J'ai hérité quelque chose à Reims, dans notre pays. Tu sais, Reims ? Ah ! non, tu ne sais pas cela, toi, tu étais trop petite ! Si tu savais comme tu étais jolie, à quatre mois ! Des petits pieds qu'on venait voir par curiosité d'Épernay qui est à sept lieues ! Nous aurons un champ, une maison. Je te coucherai dans mon lit. Mon Dieu ! mon Dieu ! qui est-ce qui croirait cela ? j'ai ma fille !

"Do you see, my little girl," resumed the recluse, interspersing her words with kisses, "I shall love you dearly? We will go away from here. We are going to be very happy. I have inherited something in Reims, in our country. You know Reims? Ah! no, you do not know it; you were too small! If you only knew how pretty you were at the age of four months! Tiny feet that people came even from Epernay, which is seven leagues away, to see! We shall have a field, a house. I will put you to sleep in my bed. My God! my God! who would believe this? I have my daughter!"

— Ô ma mère ! dit la jeune fille trouvant enfin la force de parler dans son émotion, l'égyptienne me l'avait bien dit. Il y a une bonne égyptienne des nôtres qui est morte l'an passé, et qui avait toujours eu soin de moi comme une nourrice. C'est elle qui m'avait mis ce sachet au cou. Elle me disait toujours : « Petite, garde bien ce bijou. C'est un trésor. Il te fera retrouver ta mère. Tu portes ta mère à ton cou. » Elle l'avait prédit, l'égyptienne ! »

"Oh, my mother!" said the young girl, at length finding strength to speak in her emotion, "the gypsy woman told me so. There was a good gypsy of our band who died last year, and who always cared for me like a nurse. It was she who placed this little bag about my neck. She always said to me: 'Little one, guard this jewel well! 'Tis a treasure. It will cause thee to find thy mother once again. Thou wearest thy mother about thy neck.'--The gypsy predicted it!"

La sachette serra de nouveau sa fille dans ses bras.

The sacked nun again pressed her daughter in her arms.

« Viens, que je te baise ! tu dis cela gentiment. Quand nous serons au pays, nous chausserons un Enfant-Jésus d'église avec les petits souliers. Nous devons bien cela à la bonne sainte Vierge. Mon Dieu ! que tu as une jolie voix ! Quand tu me parlais tout à l'heure, c'était une musique ! Ah ! mon Dieu Seigneur ! J'ai retrouvé mon enfant ! Mais est-ce croyable, cette histoire-là ? On ne meurt de rien, car je ne suis pas morte de joie. »

"Come, let me kiss you! You say that prettily. When we are in the country, we will place these little shoes on an infant Jesus in the church. We certainly owe that to the good, holy Virgin. What a pretty voice you have! When you spoke to me just now, it was music! Ah! my Lord God! I have found my child again! But is this story credible? Nothing will kill one––or I should have died of joy."

Et puis, elle se remit à battre des mains et à rire et à crier : « Nous allons être heureuses ! »

And then she began to clap her hands again and to laugh and to cry out: "We are going to be so happy!"

En ce moment la logette retentit d'un cliquetis d'armes et d'un galop de chevaux qui semblait déboucher du pont Notre-Dame et s'avancer de plus en plus sur le quai. L'égyptienne se jeta avec angoisse dans les bras de la sachette.

At that moment, the cell resounded with the clang of arms and a galloping of horses which seemed to be coming from the Pont Notre–Dame, amid advancing farther and farther along the quay. The gypsy threw herself with anguish into the arms of the sacked nun.

« Sauvez-moi ! sauvez-moi ! ma mère ! les voilà qui viennent ! » La recluse devint pâle.

"Save me! save me! mother! they are coming!"

– Ô ciel ! que dis-tu là ? J'avais oublié ! on te poursuit ! Qu'as-tu donc fait ?

"Oh, heaven! what are you saying? I had forgotten! They are in pursuit of you! What have you done?"

– Je ne sais pas, répondit la malheureuse enfant, mais je suis condamnée à mourir.

"I know not," replied the unhappy child; "but I am condemned to die."

– Mourir ! dit Gudule chancelant comme sous un coup de foudre. Mourir ! reprit-elle lentement et regardant sa fille avec son œil fixe.

"To die!" said Gudule, staggering as though struck by lightning; "to die!" she repeated slowly, gazing at her daughter with staring eyes.

– Oui, ma mère, reprit la jeune fille éperdue, ils veulent me tuer. Voilà qu'on vient me prendre. Cette potence est pour moi ! Sauvez-moi ! sauvez-moi ! Ils arrivent ! sauvez-moi ! »

"Yes, mother," replied the frightened young girl, "they want to kill me. They are coming to seize me. That gallows is for me! Save me! save me! They are coming! Save me!"

La recluse resta quelques instants immobile comme une pétrification, puis elle remua la tête en signe de doute, et tout à coup partant d'un éclat de rire, mais de son rire effrayant qui lui était revenu :

The recluse remained for several moments motionless and petrified, then she moved her head in sign of doubt, and suddenly giving vent to a burst of laughter, but with that terrible laugh which had come back to her,--

« Ho ! ho ! non ! c'est un rêve que tu me dis là. Ah ! oui ! je l'aurais perdue, cela aurait duré quinze ans, et puis je la retrouverais, et cela durerait une minute ! Et on me la reprendrait ! et c'est maintenant qu'elle est belle, qu'elle est grande, qu'elle me parle, qu'elle m'aime, c'est maintenant qu'ils viendraient me la manger, sous mes yeux à moi qui suis la mère ! Oh non ! ces choses-là ne sont pas possibles. Le bon Dieu n'en permet pas comme cela. »

"Ho! ho! no! 'tis a dream of which you are telling me. Ah, yes! I lost her, that lasted fifteen years, and then I found her again, and that lasted a minute! And they would take her from me again! And now, when she is beautiful, when she is grown up, when she speaks to me, when she loves me; it is now that they would come to devour her, before my very eyes, and I her mother! Oh! no! these things are not possible. The good God does not permit such things as that."

Ici la cavalcade parut s'arrêter, et l'on entendit une voix éloignée qui disait :
« Par ici, messire Tristan ! Le prêtre dit que nous la trouverons au Trou aux rats. » Le bruit de chevaux recommença.

Here the cavalcade appeared to halt, and a voice was heard to say in the distance,--
"This way, Messire Tristan! The priest says that we shall find her at the Rat–Hole." The noise of the horses began again.

La recluse se dressa debout avec un cri désespéré. « Sauve-toi ! sauve-toi ! mon enfant ! Tout me revient. Tu as raison. C'est ta mort ! Horreur ! malédiction ! Sauve-toi ! »

The recluse sprang to her feet with a shriek of despair. "Fly! fly! my child! All comes back to me. You are right. It is your death! Horror! Maledictions! Fly!"

Elle mit la tête à la lucarne, et la retira vite.

She thrust her head through the window, and withdrew it again hastily.

« Reste, dit-elle d'une voix basse, brève et lugubre, en serrant convulsivement la main de l'égyptienne plus morte que vive. Reste ! ne souffle pas ! il y a des soldats partout. Tu ne peux sortir. Il fait trop de jour. »

"Remain," she said, in a low, curt, and lugubrious tone, as she pressed the hand of the gypsy, who was more dead than alive. "Remain! Do not breathe! There are soldiers everywhere. You cannot get out. It is too light."

Ses yeux étaient secs et brûlants. Elle resta un moment sans parler. Seulement elle marchait à grands pas dans la cellule, et s'arrêtait par intervalles pour s'arracher des poignées de cheveux gris qu'elle déchirait ensuite avec ses dents.

Her eyes were dry and burning. She remained silent for a moment; but she paced the cell hurriedly, and halted now and then to pluck out handfuls of her gray hairs, which she afterwards tore with her teeth.

Tout à coup elle dit : « Ils approchent. Je vais leur parler. Cache-toi dans ce coin. Ils ne te verront pas. Je leur dirai que tu t'es échappée, que je t'ai lâchée, ma foi ! »

Suddenly she said: "They draw near. I will speak with them. Hide yourself in this corner. They will not see you. I will tell them that you have made your escape. That I released you, i' faith!"

Elle posa sa fille, car elle la portait toujours, dans un angle de la cellule qu'on ne voyait pas du dehors. Elle l'accroupit, l'arrangea soigneusement de manière que ni son pied ni sa main ne dépassassent l'ombre, lui dénoua ses cheveux noirs qu'elle répandit sur sa robe blanche pour la masquer, mit devant elle sa cruche et son pavé, les seuls meubles qu'elle eût, s'imaginant que cette cruche et ce pavé la cacheraient. Et quand ce fut fini, plus tranquille, elle se mit à genoux, et pria. Le jour, qui ne faisait que de poindre, laissait encore beaucoup de ténèbres dans le Trou aux Rats.

She set her daughter (down for she was still carrying her), in one corner of the cell which was not visible from without. She made her crouch down, arranged her carefully so that neither foot nor hand projected from the shadow, untied her black hair which she spread over her white robe to conceal it, placed in front of her her jug and her paving stone, the only articles of furniture which she possessed, imagining that this jug and stone would hide her. And when this was finished she became more tranquil, and knelt down to pray. The day, which was only dawning, still left many shadows in the Rat–Hole.

En cet instant, la voix du prêtre, cette voix infernale, passa très près de la cellule en criant :

At that moment, the voice of the priest, that infernal voice, passed very close to the cell, crying,--

« Par ici, capitaine Phœbus de Châteaupers ! »

"This way, Captain Phoebus de Châteaupers."

À ce nom, à cette voix, la Esmeralda, tapie dans son coin, fit un mouvement.

At that name, at that voice, la Esmeralda, crouching in her corner, made a movement.

« Ne bouge pas ! » dit Gudule.

"Do not stir!" said Gudule.

Elle achevait à peine qu'un tumulte d'hommes, d'épées et de chevaux s'arrêta autour de la cellule. La mère se leva bien vite et s'alla poster devant sa lucarne pour la boucher. Elle vit une grande troupe d'hommes armés, de pied et de cheval, rangée sur la Grève.

She had barely finished when a tumult of men, swords, and horses halted around the cell. The mother rose quickly and went to post herself before her window, in order to stop it up. She beheld a large troop of armed men, both horse and foot, drawn up on the Grève.

Celui qui les commandait mit pied à terre et vint vers elle.

The commander dismounted, and came toward her.

« La vieille, dit cet homme, qui avait une figure atroce, nous cherchons une sorcière pour la pendre : on nous a dit que tu l'avais. »

"Old woman!" said this man, who had an atrocious face, "we are in search of a witch to hang her; we were told that you had her."

La pauvre mère prit l'air le plus indifférent qu'elle put, et répondit : « Je ne sais pas trop ce que vous voulez dire. »

The poor mother assumed as indifferent an air as she could, and replied,-- "I know not what you mean."

L'autre reprit : « Tête-Dieu ! que chantait donc cet effaré d'archidiacre ? Où est-il ? »

The other resumed, "~Tête Dieu~! What was it that frightened archdeacon said? Where is he?"

« Monseigneur, dit un soldat, il a disparu.

"Monseigneur," said a soldier, "he has disappeared."

– Or çà, la vieille folle, repartit le commandant, ne me mens pas. On t'a donné une sorcière à garder. Qu'en as-tu fait ? »

"Come, now, old madwoman," began the commander again, "do not lie. A sorceress was given in charge to you. What have you done with her?"

La recluse ne voulut pas tout nier, de peur d'éveiller des soupçons, et répondit d'un accent sincère et bourru :

The recluse did not wish to deny all, for fear of awakening suspicion, and replied in a sincere and surly tone,--

« Si vous parlez d'une grande jeune fille qu'on m'a accrochée aux mains tout à l'heure, je vous dirai qu'elle m'a mordue et que je l'ai lâchée. Voilà. Laissez-moi en repos. »

"If you are speaking of a big young girl who was put into my hands a while ago, I will tell you that she bit me, and that I released her. There! Leave me in peace."

Le commandant fit une grimace désappointée.

The commander made a grimace of disappointment.

« Ne va pas me mentir, vieux spectre, reprit-il. Je m'appelle Tristan l'Hermite, et je suis le compère du roi. Tristan l'Hermite, entends-tu ? »

"Don't lie to me, old spectre!" said he. "My name is Tristan l'Hermite, and I am the king's gossip. Tristan the Hermit, do you hear?"

Il ajouta, en regardant la place de Grève autour de lui : « C'est un nom qui a de l'écho ici.

He added, as he glanced at the Place de Grève around him, "'Tis a name which has an echo here."

— Vous seriez Satan l'Hermite, répliqua Gudule qui reprenait espoir, que je n'aurais pas autre chose à vous dire et que je n'aurais pas peur de vous.

"You might be Satan the Hermit," replied Gudule, who was regaining hope, "but I should have nothing else to say to you, and I should never be afraid of you."

— Tête-Dieu ! dit Tristan, voilà une commère ! Ah ! la fille sorcière s'est sauvée ! et par où a-t-elle pris ? »

"~Tête–Dieu~," said Tristan, "here is a crone! Ah! So the witch girl hath fled! And in which direction did she go?"

Gudule répondit d'un ton insouciant :

Gudule replied in a careless tone,––

« Par la rue du Mouton, je crois. » Tristan tourna la tête, et fit signe à sa troupe de se préparer à se remettre en marche. La recluse respira.

"Through the Rue du Mouton, I believe." Tristan turned his head and made a sign to his troop to prepare to set out on the march again. The recluse breathed freely once more.

« Monseigneur, dit tout à coup un archer, demandez donc à la vieille fée pourquoi les barreaux de sa lucarne sont défaits de la sorte. » Cette question fit rentrer l'angoisse au cœur de la misérable mère. Elle ne perdit pourtant pas toute présence d'esprit. « Ils ont toujours été ainsi, bégaya-t-elle.

"Monseigneur," suddenly said an archer, "ask the old elf why the bars of her window are broken in this manner." This question brought anguish again to the heart of the miserable mother. Nevertheless, she did not lose all presence of mind. They have always been thus," she stammered.

— Bah ! repartir l'archer, hier encore ils faisaient une belle croix noire qui donnait de la dévotion. »

"Bah!" retorted the archer, "only yesterday they still formed a fine black cross, which inspired devotion."

Tristan jeta un regard oblique à la recluse.

Tristan east a sidelong glance at the recluse.

« Je crois que la commère se trouble ! » L'infortunée sentit que tout dépendait de sa bonne contenance, et la mort dans l'âme elle se mit à ricaner. Les mères ont de ces forces-là.

"I think the old dame is getting confused!" The unfortunate woman felt that all depended on her self– possession, and, although with death in her soul, she began to grin. Mothers possess such strength.

« Bah ! dit-elle, cet homme est ivre. Il y a plus d'un an que le cul d'une charrette de pierres a donné dans ma lucarne et en a défoncé la grille. Que même j'ai injurié le charretier !

– C'est vrai, dit un autre archer, j'y étais. » Il se trouve toujours partout des gens qui ont tout vu. Ce témoignage inespéré de l'archer ranima la recluse, à qui cet interrogatoire faisait traverser un abîme sur le tranchant d'un couteau.

Mais elle était condamnée à une alternative continuelle d'espérance et d'alarme.

« Si c'est une charrette qui a fait cela, repartit le premier soldat, les tronçons des barres devraient être repoussés en dedans, tandis qu'ils sont ramenés en dehors.

– Hé ! hé ! dit Tristan au soldat, tu as un nez d'enquêteur au Châtelet. Répondez à ce qu'il dit, la vieille ! – Mon Dieu ! s'écria-t-elle aux abois et d'une voix malgré elle pleine de larmes, je vous jure, monseigneur, que c'est une charrette qui a brisé ces barreaux. Vous entendez que cet homme l'a vu. Et puis, qu'est-ce que cela fait pour votre égyptienne ?

– Hum ! grommela Tristan.

– Diable ! reprit le soldat flatté de l'éloge du prévôt, les cassures du fer sont toutes fraîches ! »

Tristan hocha la tête. Elle pâlit. « Combien y a-t-il de temps, dites-vous, de cette charrette ?

– Un mois, quinze jours peut-être, monseigneur. Je ne sais plus, moi.

"Bah!" said she, "the man is drunk. 'Tis more than a year since the tail of a stone cart dashed against my window and broke in the grating. And how I cursed the carter, too."

"'Tis true," said another archer, "I was there." Always and everywhere people are to be found who have seen everything. This unexpected testimony from the archer re-encouraged the recluse, whom this interrogatory was forcing to cross an abyss on the edge of a knife.

But she was condemned to a perpetual alternative of hope and alarm.

"If it was a cart which did it," retorted the first soldier, "the stumps of the bars should be thrust inwards, while they actually are pushed outwards."

"Ho! ho!" said Tristan to the soldier, "you have the nose of an inquisitor of the Châtelet. Reply to what he says, old woman." "Good heavens!" she exclaimed, driven to bay, and in a voice that was full of tears in despite of her efforts, "I swear to you, monseigneur, that 'twas a cart which broke those bars. You hear the man who saw it. And then, what has that to do with your gypsy?"

"Hum!" growled Tristan.

"The devil!" went on the soldier, flattered by the provost's praise, "these fractures of the iron are perfectly fresh."

Tristan tossed his head. She turned pale. "How long ago, say you, did the cart do it?"

"A month, a fortnight, perhaps, monseigheur, I know not."

– Elle a d'abord dit plus d'un an, observa le soldat.

"She first said more than a year," observed the soldier.

– Voilà qui est louche ! dit le prévôt.

"That is suspicious," said the provost.

– Monseigneur, cria-t-elle toujours collée devant la lucarne, et tremblant que le soupçon ne les poussât à y passer la tête et à regarder dans la cellule, monseigneur, je vous jure que c'est une charrette qui a brisé cette grille. Je vous le jure par les saints anges du paradis. Si ce n'est pas une charrette, je veux être éternellement damnée et je renie Dieu !

"Monseigneur!" she cried, still pressed against the opening, and trembling lest suspicion should lead them to thrust their heads through and look into her cell; "monseigneur, I swear to you that 'twas a cart which broke this grating. I swear it to you by the angels of paradise. If it was not a cart, may I be eternally damned, and I reject God!"

– Tu mets bien de la chaleur à ce jurement ! » dit Tristan avec son coup d'œil d'inquisiteur.

"You put a great deal of heat into that oath;" said Tristan, with his inquisitorial glance.

La pauvre femme sentait s'évanouir de plus en plus son assurance. Elle en était à faire des maladresses, et elle comprenait avec terreur qu'elle ne disait pas ce qu'il aurait fallu dire.

The poor woman felt her assurance vanishing more and more. She had reached the point of blundering, and she comprehended with terror that she was saying what she ought not to have said.

Ici, un autre soldat arriva en criant : « Monseigneur, la vieille fée ment. La sorcière ne s'est pas sauvée par la rue Mouton. La chaîne de la rue est restée tendue toute la nuit, et le garde-chaîne n'a vu passer personne. »

Here another soldier came up, crying,-- "Monsieur, the old hag lies. The sorceress did not flee through the Rue de Mouton. The street chain has remained stretched all night, and the chain guard has seen no one pass."

Tristan, dont la physionomie devenait à chaque instant plus sinistre, interpella la recluse : « Qu'as-tu à dire à cela ? »

Tristan, whose face became more sinister with every moment, addressed the recluse,-- "What have you to say to that?"

Elle essaya encore de faire tête à ce nouvel incident : « Que je ne sais, monseigneur, que j'ai pu me tromper. Je crois qu'elle a passé l'eau en effet.

She tried to make head against this new incident, "That I do not know, monseigneur; that I may have been mistaken. I believe, in fact, that she crossed the water."

– C'est le côté opposé, dit le prévôt. Il n'y a pourtant pas grande apparence qu'elle ait voulu rentrer dans la Cité où on la poursuivait. Tu mens, la vieille !

"That is in the opposite direction," said the provost, "and it is not very likely that she would wish to re-enter the city, where she was being pursued. You are lying, old woman."

— Et puis, ajouta le premier soldat, il n'y a de bateau ni de ce côté de l'eau ni de l'autre.

— Elle aura passé à la nage, répliqua la recluse défendant le terrain pied à pied.

— Est-ce que les femmes nagent ? dit le soldat.

— Tête-Dieu ! la vieille ! tu mens ! tu mens ! reprit Tristan avec colère. J'ai bonne envie de laisser là cette sorcière, et de te pendre, toi. Un quart d'heure de question te tirera peut-être la vérité du gosier. Allons ! tu vas nous suivre. »

Elle saisit ces paroles avec avidité.

« Comme vous voudrez, monseigneur. Faites. Faites. La question, je veux bien. Emmenez-moi. Vite, vite ! partons tout de suite. » Pendant ce temps-là, pensait-elle, ma fille se sauvera.

« Mort-Dieu ! dit le prévôt, quel appétit du chevalet ! Je ne comprends rien à cette folle. » Un vieux sergent du guet à tête grise sortit des rangs, et s'adressant au prévôt :

« Folle en effet, monseigneur ! Si elle a lâché l'égyptienne, ce n'est pas sa faute, car elle n'aime pas les égyptiennes. Voilà quinze ans que je fais le guet, et que je l'entends tous les soirs maugréer les femmes bohèmes avec des exécrations sans fin. Si celle que nous poursuivons est, comme je le crois, la petite danseuse à la chèvre, elle déteste celle-là surtout. »

"And then," added the first soldier, "there is no boat either on this side of the stream or on the other."

"She swam across," replied the recluse, defending her ground foot by foot.

"Do women swim?" said the soldier.

"~Tête Dieu~! old woman! You are lying!" repeated Tristan angrily. "I have a good mind to abandon that sorceress and take you. A quarter of an hour of torture will, perchance, draw the truth from your throat. Come! You are to follow us."

She seized on these words with avidity.

"As you please, monseigneur. Do it. Do it. Torture. I am willing. Take me away. Quick, quick! let us set out at once!--During that time," she said to herself, "my daughter will make her escape."

"'S death!" said the provost, "what an appetite for the rack! I understand not this madwoman at all." An old, gray-haired sergeant of the guard stepped out of the ranks, and addressing the provost,--

"Mad in sooth, monseigneur. If she released the gypsy, it was not her fault, for she loves not the gypsies. I have been of the watch these fifteen years, and I hear her every evening cursing the Bohemian women with endless imprecations. If the one of whom we are in pursuit is, as I suppose, the little dancer with the goat, she detests that one above all the rest."

Gudule fit un effort et dit : « Celle-là surtout. » Le témoignage unanime des hommes du guet confirma au prévôt les paroles du vieux sergent. Tristan l'Hermite, désespérant de rien tirer de la recluse, lui tourna le dos, et elle le vit avec une anxiété inexprimable se diriger lentement vers son cheval.

Gudule made an effort and said,–– "That one above all." The unanimous testimony of the men of the watch confirmed the old sergeant's words to the provost. Tristan l'Hermite, in despair at extracting anything from the recluse, turned his back on her, and with unspeakable anxiety she beheld him direct his course slowly towards his horse.

« Allons, disait-il entre ses dents, en route ! remettons-nous à l'enquête. Je ne dormirai pas que l'égyptienne ne soit pendue. »

"Come!" he said, between his teeth, "March on! let us set out again on the quest. I shall not sleep until that gypsy is hanged."

Cependant il hésita encore quelque temps avant de monter à cheval. Gudule palpitait entre la vie et la mort en le voyant promener autour de la place cette mine inquiète d'un chien de chasse qui sent près de lui le gîte de la bête et résiste à s'éloigner. Enfin il secoua la tête et sauta en selle. Le cœur si horriblement comprimé de Gudule se dilata, et elle dit à voix basse en jetant un coup d'œil sur sa fille, qu'elle n'avait pas encore osé regarder depuis qu'ils étaient là : « Sauvée ! »

But he still hesitated for some time before mounting his horse. Gudule palpitated between life and death, as she beheld him cast about the Place that uneasy look of a hunting dog which instinctively feels that the lair of the beast is close to him, and is loath to go away. At length he shook his head and leaped into his saddle. Gudule's horribly compressed heart now dilated, and she said in a low voice, as she cast a glance at her daughter, whom she had not ventured to look at while they were there, "Saved!"

La pauvre enfant était restée tout ce temps dans son coin, sans souffler, sans remuer, avec l'idée de la mort debout devant elle. Elle n'avait rien perdu de la scène entre Gudule et Tristan, et chacune des angoisses de sa mère avait retenti en elle. Elle avait entendu tous les craquements successifs du fil qui la tenait suspendue sur le gouffre, elle avait cru vingt fois le voir se briser, et commençait enfin à respirer et à se sentir le pied en terre ferme. En ce moment, elle entendit une voix qui disait au prévôt :

The poor child had remained all this time in her corner, without breathing, without moving, with the idea of death before her. She had lost nothing of the scene between Gudule and Tristan, and the anguish of her mother had found its echo in her heart. She had heard all the successive snappings of the thread by which she hung suspended over the gulf; twenty times she had fancied that she saw it break, and at last she began to breathe again and to feel her foot on firm ground. At that moment she heard a voice saying to the provost:

« Corbœuf ! monsieur le prévôt, ce n'est pas mon affaire, à moi homme d'armes, de pendre les sorcières. La quenaille de peuple est à bas. Je vous laisse besogner tout seul. Vous trouverez bon que j'aille rejoindre ma compagnie, pour ce qu'elle est sans capitaine. »

Cette voix, c'était celle de Phœbus de Châteaupers. Ce qui se passa en elle est ineffable. Il était donc là, son ami, son protecteur, son appui, son asile, son Phœbus ! Elle se leva, et avant que sa mère eût pu l'en empêcher, elle s'était jetée à la lucarne en criant :

« Phœbus ! à moi, mon Phœbus ! »

Phœbus n'y était plus. Il venait de tourner au galop l'angle de la rue de la Coutellerie. Mais Tristan n'était pas encore parti.

La recluse se précipita sur sa fille avec un rugissement. Elle la retira violemment en arrière en lui enfonçant ses ongles dans le cou. Une mère tigresse n'y regarde pas de si près. Mais il était trop tard, Tristan avait vu.

« Hé ! hé ! s'écria-t-il avec un rire qui déchaussait toutes ses dents et faisait ressembler sa figure au museau d'un loup, deux souris dans la souricière !

– Je m'en doutais », dit le soldat.

Tristan lui frappa sur l'épaule :

« Tu es un bon chat ! – Allons, ajouta-t-il, où est Henriet Cousin ? »

Un homme qui n'avait ni le vêtement ni la mine des soldats sortit de leurs rangs. Il portait un costume mi-parti gris et brun, les cheveux plats, des manches de cuir, et un paquet de cordes à sa grosse main. Cet homme accompagnait toujours Tristan, qui accompagnait toujours Louis XI.

"~Corboeuf~! Monsieur le Prevôt, 'tis no affair of mine, a man of arms, to hang witches. The rabble of the populace is suppressed. I leave you to attend to the matter alone. You will allow me to rejoin my company, who are waiting for their captain."

The voice was that of Phoebus de Châteaupers; that which took place within her was ineffable. He was there, her friend, her protector, her support, her refuge, her Phoebus. She rose, and before her mother could prevent her, she had rushed to the window, crying,––

"Phoebus! aid me, my Phoebus!"

Phoebus was no longer there. He had just turned the corner of the Rue de la Coutellerie at a gallop. But Tristan had not yet taken his departure.

The recluse rushed upon her daughter with a roar of agony. She dragged her violently back, digging her nails into her neck. A tigress mother does not stand on trifles. But it was too late. Tristan had seen.

"Hé! hé!" he exclaimed with a laugh which laid bare all his teeth and made his face resemble the muzzle of a wolf, "two mice in the trap!"

"I suspected as much," said the soldier.

Tristan clapped him on the shoulder,––

"You are a good cat! Come!" he added, "where is Henriet Cousin?"

A man who had neither the garments nor the air of a soldier, stepped from the ranks. He wore a costume half gray, half brown, flat hair, leather sleeves, and carried a bundle of ropes in his huge hand. This man always attended Tristan, who always attended Louis XI.

« L'ami, dit Tristan l'Hermite, je présume que voilà la sorcière que nous cherchions. Tu vas me pendre cela. As-tu ton échelle ?

– Il y en a une là sous le hangar de la Maison-aux-Piliers, répondit l'homme. Est-ce à cette justice-là que nous ferons la chose ? poursuivit-il en montrant le gibet de pierre.

– Oui.

– Ho hé ! reprit l'homme avec un gros rire plus bestial encore que celui du prévôt, nous n'aurons pas beaucoup de chemin à faire.

– Dépêche ! dit Tristan. Tu riras après. »

Cependant, depuis que Tristan avait vu sa fille et que tout espoir était perdu, la recluse n'avait pas encore dit une parole. Elle avait jeté la pauvre égyptienne à demi morte dans le coin du caveau, et s'était replacée à la lucarne, ses deux mains appuyées à l'angle de l'entablement comme deux griffes. Dans cette attitude, on la voyait promener intrépidement sur tous ces soldats son regard, qui était redevenu fauve et insensé. Au moment où Henriet Cousin s'approcha de la loge, elle lui fit une figure tellement sauvage qu'il recula.

« Monseigneur, dit-il en revenant au prévôt, laquelle faut-il prendre ?

– La jeune.

– Tant mieux. Car la vieille paraît malaisée.

– Pauvre petite danseuse à la chèvre ! » dit le vieux sergent du guet.

"Friend," said Tristan l'Hermite, "I presume that this is the sorceress of whom we are in search. You will hang me this one. Have you your ladder?"

"There is one yonder, under the shed of the Pillar–House," replied the man. "Is it on this justice that the thing is to be done?" he added, pointing to the stone gibbet.

"Yes."

"Ho, hé!" continued the man with a huge laugh, which was still more brutal than that of the provost, "we shall not have far to go."

"Make haste!" said Tristan, "you shall laugh afterwards."

In the meantime, the recluse had not uttered another word since Tristan had seen her daughter and all hope was lost. She had flung the poor gypsy, half dead, into the corner of the cellar, and had placed herself once more at the window with both hands resting on the angle of the sill like two claws. In this attitude she was seen to cast upon all those soldiers her glance which had become wild and frantic once more. At the moment when Rennet Cousin approached her cell, she showed him so savage a face that he shrank back.

"Monseigneur," he said, returning to the provost, "which am I to take?"

"The young one."

"So much the better, for the old one seemeth difficult."

"Poor little dancer with the goat!" said the old sergeant of the watch.

Henriet Cousin se rapprocha de la lucarne. L'œil de la mère fit baisser le sien. Il dit assez timidement : « Madame… » Elle l'interrompit d'une voix très basse et furieuse : « Que demandes-tu ?

– Ce n'est pas vous, dit-il, c'est l'autre.

– Quelle autre ?

– La jeune. » Elle se mit à secouer la tête en criant : « Il n'y a personne ! Il n'y a personne ! Il n'y a personne !

– Si ! reprit le bourreau, vous le savez bien. Laissez-moi prendre la jeune. Je ne veux pas vous faire de mal, à vous. » Elle dit avec un ricanement étrange : « Ah ! tu ne veux pas me faire de mal, à moi !

– Laissez-moi l'autre, madame ; c'est monsieur le prévôt qui le veut. » Elle répéta d'un air de folie : « Il n'y a personne.

– Je vous dis que si ! répliqua le bourreau. Nous avons tous vu que vous étiez deux.

– Regarde plutôt ! dit la recluse en ricanant. Fourre ta tête par la lucarne. »

Le bourreau examina les ongles de la mère, et n'osa pas.

« Dépêche ! » cria Tristan qui venait de ranger sa troupe en cercle autour du Trou aux Rats et qui se tenait à cheval près du gibet.

Henriet revint au prévôt encore une fois, tout embarrassé. Il avait posé sa corde à terre, et roulait d'un air gauche son chapeau dans ses mains.

« Monseigneur, demanda-t-il, par où entrer ?

« Par la porte.

Rennet Cousin approached the window again. The mother's eyes made his own droop. He said with a good deal of timidity,-- "Madam"-- She interrupted him in a very low but furious voice,-- "What do you ask?"

"It is not you," he said, "it is the other."

"What other?"

"The young one." She began to shake her head, crying,-- "There is no one! there is no one! there is no one!"

"Yes, there is!" retorted the hangman, "and you know it well. Let me take the young one. I have no wish to harm you." She said, with a strange sneer,-- "Ah! so you have no wish to harm me!"

"Let me have the other, madam; 'tis monsieur the provost who wills it." She repeated with a look of madness,-- "There is no one here."

"I tell you that there is!" replied the executioner. "We have all seen that there are two of you."

"Look then!" said the recluse, with a sneer. "Thrust your head through the window."

The executioner observed the mother's finger-nails and dared not.

"Make haste!" shouted Tristan, who had just ranged his troops in a circle round the Rat-Hole, and who sat on his horse beside the gallows.

Rennet returned once more to the provost in great embarrassment. He had flung his rope on the ground, and was twisting his hat between his hands with an awkward air.

"Monseigneur," he asked, "where am I to enter?"

"By the door."

– Il n'y en a pas.

– Par la fenêtre.

– Elle est trop étroite.

– Élargis-la, dit Tristan avec colère. N'as-tu pas des pioches ? »

Du fond de son antre, la mère, toujours en arrêt, regardait. Elle n'espérait plus rien, elle ne savait plus ce qu'elle voulait, mais elle ne voulait pas qu'on lui prît sa fille.

Henriet Cousin alla chercher la caisse d'outils des basses œuvres sous le hangar de la Maison-aux-Piliers. Il en retira aussi la double échelle qu'il appliqua sur-le-champ au gibet. Cinq ou six hommes de la prévôté s'armèrent de pics et de leviers, et Tristan se dirigea avec eux vers la lucarne.

« La vieille, dit le prévôt d'un ton sévère, livre-nous cette fille de bonne grâce. »

Elle le regarda comme quand on ne comprend pas.

« Tête-Dieu ! reprit Tristan, qu'as-tu donc à empêcher cette sorcière d'être pendue comme il plaît au roi ? »

La misérable se mit à rire de son rire farouche.

« Ce que j'y ai ? C'est ma fille. » L'accent dont elle prononça ce mot fit frissonner jusqu'à Henriet Cousin lui-même.

« J'en suis fâché, repartit le prévôt. Mais c'est le bon plaisir du roi. »

Elle cria en redoublant son rire terrible : « Qu'est-ce que cela me fait, ton roi ? Je te dis que c'est ma fille !

"There is none."

"By the window."

"'Tis too small."

"Make it larger," said Tristan angrily. "Have you not pickaxes?"

The mother still looked on steadfastly from the depths of her cavern. She no longer hoped for anything, she no longer knew what she wished, except that she did not wish them to take her daughter.

Rennet Cousin went in search of the chest of tools for the night man, under the shed of the Pillar–House. He drew from it also the double ladder, which he immediately set up against the gallows. Five or six of the provost's men armed themselves with picks and crowbars, and Tristan betook himself, in company with them, towards the window.

"Old woman," said the provost, in a severe tone, "deliver up to us that girl quietly."

She looked at him like one who does not understand.

"~Tête Dieu~!" continued Tristan, "why do you try to prevent this sorceress being hung as it pleases the king?"

The wretched woman began to laugh in her wild way.

"Why? She is my daughter." The tone in which she pronounced these words made even Henriet Cousin shudder.

"I am sorry for that," said the provost, "but it is the king's good pleasure."

She cried, redoubling her terrible laugh,–– "What is your king to me? I tell you that she is my daughter!"

– Percez le mur », dit Tristan.

Il suffisait, pour pratiquer une ouverture assez large, de desceller une assise de pierre au-dessous de la lucarne.

Quand la mère entendit les pics et les leviers saper sa forteresse, elle poussa un cri épouvantable, puis elle se mit à tourner avec une vitesse effrayante autour de sa loge, habitude de bête fauve que la cage lui avait donnée. Elle ne disait plus rien, mais ses yeux flamboyaient. Les soldats étaient glacés au fond du cœur.

Tout à coup elle prit son pavé, rit, et le jeta à deux poings sur les travailleurs. Le pavé, mal lancé, car ses mains tremblaient, ne toucha personne, et vint s'arrêter sous les pieds du cheval de Tristan. Elle grinça des dents.

Cependant, quoique le soleil ne fût pas encore levé, il faisait grand jour, une belle teinte rose égayait les vieilles cheminées vermoulues de la Maison-aux-Piliers. C'était l'heure où les fenêtres les plus matinales de la grande ville s'ouvrent joyeusement sur les toits. Quelques manants, quelques fruitiers allant aux halles sur leur âne, commençaient à traverser la Grève, ils s'arrêtaient un moment devant ce groupe de soldats amoncelés autour du Trou aux Rats, le considéraient d'un air étonné, et passaient outre.

"Pierce the wall," said Tristan.

In order to make a sufficiently wide opening, it sufficed to dislodge one course of stone below the window.

When the mother heard the picks and crowbars mining her fortress, she uttered a terrible cry; then she began to stride about her cell with frightful swiftness, a wild beasts' habit which her cage had imparted to her. She no longer said anything, but her eyes flamed. The soldiers were chilled to the very soul.

All at once she seized her paving stone, laughed, and hurled it with both fists upon the workmen. The stone, badly flung (for her hands trembled), touched no one, and fell short under the feet of Tristan's horse. She gnashed her teeth.

In the meantime, although the sun had not yet risen, it was broad daylight; a beautiful rose color enlivened the ancient, decayed chimneys of the Pillar-House. It was the hour when the earliest windows of the great city open joyously on the roofs. Some workmen, a few fruit-sellers on their way to the markets on their asses, began to traverse the Grève; they halted for a moment before this group of soldiers clustered round the Rat-Hole, stared at it with an air of astonishment and passed on.

La recluse était allée s'asseoir près de sa fille, la couvrant de son corps, devant elle, l'œil fixe, écoutant la pauvre enfant qui ne bougeait pas, et qui murmurait à voix basse pour toute parole : « Phœbus ! Phœbus ! » À mesure que le travail des démolisseurs semblait s'avancer, la mère se reculait machinalement, et serrait de plus en plus la jeune fille contre le mur. Tout à coup la recluse vit la pierre (car elle faisait sentinelle et ne la quittait pas du regard) s'ébranler, et elle entendit la voix de Tristan qui encourageait les travailleurs. Alors elle sortit de l'affaissement où elle était tombée depuis quelques instants, et s'écria, et tandis qu'elle parlait sa voix tantôt déchirait l'oreille comme une scie, tantôt balbutiait comme si toutes les malédictions se fussent pressées sur ses lèvres pour éclater à la fois.

The recluse had gone and seated herself by her daughter, covering her with her body, in front of her, with staring eyes, listening to the poor child, who did not stir, but who kept murmuring in a low voice, these words only, "Phoebus! Phoebus!" In proportion as the work of the demolishers seemed to advance, the mother mechanically retreated, and pressed the young girl closer and closer to the wall. All at once, the recluse beheld the stone (for she was standing guard and never took her eyes from it), move, and she heard Tristan's voice encouraging the workers. Then she aroused from the depression into which she had fallen during the last few moments, cried out, and as she spoke, her voice now rent the ear like a saw, then stammered as though all kind of maledictions were pressing to her lips to burst forth at once.

« Ho ! ho ! ho ! Mais c'est horrible ! Vous êtes des brigands ! Est-ce que vous allez vraiment me prendre ma fille ? je vous dis que c'est ma fille ! Oh ! les lâches ! Oh ! les laquais bourreaux ! les misérables goujats assassins ! Au secours ! au secours ! au feu ! Mais est-ce qu'ils me prendront mon enfant comme cela ? Qui est-ce donc qu'on appelle le bon Dieu ? »

"Ho! ho! ho! Why this is terrible! You are ruffians! Are you really going to take my daughter? Oh! the cowards! Oh! the hangman lackeys! the wretched, blackguard assassins! Help! help! fire! Will they take my child from me like this? Who is it then who is called the good God?"

Alors s'adressant à Tristan, écumante, l'œil hagard, à quatre pattes comme une panthère, et toute hérissée :

Then, addressing Tristan, foaming at the mouth, with wild eyes, all bristling and on all fours like a female panther,—

« Approche un peu me prendre ma fille ! Est-ce que tu ne comprends pas que cette femme te dit que c'est sa fille ? Sais-tu ce que c'est qu'un enfant qu'on a ? Hé ! loup-cervier, n'as-tu jamais gîté avec ta louve ? n'en as-tu jamais eu un louveteau ? et si tu as des petits, quand ils hurlent, est-ce que tu n'as rien dans le ventre que cela remue ?

– Mettez bas la pierre, dit Tristan, elle ne tient plus. »

Les leviers soulevèrent la lourde assise. C'était, nous l'avons dit, le dernier rempart de la mère.

Elle se jeta dessus, elle voulut la retenir, elle égratigna la pierre avec ses ongles, mais le bloc massif, mis en mouvement par six hommes, lui échappa et glissa doucement jusqu'à terre le long des leviers de fer.

La mère, voyant l'entrée faite, tomba devant l'ouverture en travers, barricadant la brèche avec son corps, tordant ses bras, heurtant la dalle de sa tête, et criant d'une voix enrouée de fatigue qu'on entendait à peine :

« Au secours ! au feu ! au feu !
– Maintenant, prenez la fille », dit Tristan toujours impassible.

La mère regarda les soldats d'une manière si formidable qu'ils avaient plus envie de reculer que d'avancer.

« Allons donc, reprit le prévôt. Henriet Cousin, toi ! »

Personne ne fit un pas.

Le prévôt jura : « Tête-Christ ! mes gens de guerre ! peur d'une femme !

– Monseigneur, dit Henriet, vous appelez cela une femme ?

"Draw near and take my daughter! Do not you understand that this woman tells you that she is my daughter? Do you know what it is to have a child? Eh! lynx, have you never lain with your female? have you never had a cub? and if you have little ones, when they howl have you nothing in your vitals that moves?"

"Throw down the stone," said Tristan; "it no longer holds."

The crowbars raised the heavy course. It was, as we have said, the mother's last bulwark.

She threw herself upon it, she tried to hold it back; she scratched the stone with her nails, but the massive block, set in movement by six men, escaped her and glided gently to the ground along the iron levers.

The mother, perceiving an entrance effected, fell down in front of the opening, barricading the breach with her body, beating the pavement with her head, and shrieking with a voice rendered so hoarse by fatigue that it was hardly audible,––

"Help! fire! fire!"

"Now take the wench," said Tristan, still impassive.

The mother gazed at the soldiers in such formidable fashion that they were more inclined to retreat than to advance.

"Come, now," repeated the provost. "Here you, Rennet Cousin!"

No one took a step.

The provost swore,–– "~Tête de Christ~! my men of war! afraid of a woman!"

"Monseigneur," said Rennet, "do you call that a woman?"

– Elle a une crinière de lion ! dit un autre.

– Allons ! repartit le prévôt, la baie est assez large. Entrez-y trois de front, comme à la brèche de Pontoise. Finissons, mort-Mahom ! Le premier qui recule, j'en fais deux morceaux ! »

Placés entre le prévôt et la mère, tous deux menaçants, les soldats hésitèrent un moment, puis, prenant leur parti, s'avancèrent vers le Trou aux Rats.

Quand la recluse vit cela, elle se dressa brusquement sur les genoux, écarta ses cheveux de son visage, puis laissa retomber ses mains maigres et écorchées sur ses cuisses. Alors de grosses larmes sortirent une à une de ses yeux, elles descendaient par une ride le long de ses joues comme un torrent par le lit qu'il s'est creusé.

En même temps elle se mit à parler, mais d'une voix si suppliante, si douce, si soumise et si poignante, qu'à l'entour de Tristan plus d'un vieil argousin qui aurait mangé de la chair humaine s'essuyait les yeux.

"She has the mane of a lion," said another.

"Come!" repeated the provost, "the gap is wide enough. Enter three abreast, as at the breach of Pontoise. Let us make an end of it, death of Mahom! I will make two pieces of the first man who draws back!"

Placed between the provost and the mother, both threatening, the soldiers hesitated for a moment, then took their resolution, and advanced towards the Rat–Hole.

When the recluse saw this, she rose abruptly on her knees, flung aside her hair from her face, then let her thin flayed hands fall by her side. Then great tears fell, one by one, from her eyes; they flowed down her cheeks through a furrow, like a torrent through a bed which it has hollowed for itself.

At the same time she began to speak, but in a voice so supplicating, so gentle, so submissive, so heartrending, that more than one old convict–warder around Tristan who must have devoured human flesh wiped his eyes.

« Messeigneurs ! messieurs les sergents, un mot ! C'est une chose qu'il faut que je vous dise. C'est ma fille, voyez-vous ? ma chère petite fille que j'avais perdue ! Écoutez. C'est une histoire. Figurez-vous que je connais très bien messieurs les sergents. Ils ont toujours été bons pour moi dans le temps que les petits garçons me jetaient des pierres parce que je faisais la vie d'amour. Voyez-vous ? vous me laisserez mon enfant, quand vous saurez ! je suis une pauvre fille de joie. Ce sont les bohémiennes qui me l'ont volée. Même que j'ai gardé son soulier quinze ans. Tenez, le voilà. Elle avait ce pied-là. À Reims ! La Chantefleurie ! rue Folle-Peine ! Vous avez connu cela peut-être. C'était moi. Dans votre jeunesse, alors, c'était un beau temps. On passait de bons quarts d'heure. Vous aurez pitié de moi, n'est-ce pas, messeigneurs ? Les égyptiennes me l'ont volée, elles me l'ont cachée quinze ans. Je la croyais morte. Figurez-vous, mes bons amis, que je la croyais morte, j'ai passé quinze ans ici, dans cette cave, sans feu l'hiver. C'est dur, cela. Le pauvre cher petit soulier ! j'ai tant crié que le bon Dieu m'a entendue. Cette nuit, il m'a rendu ma fille. C'est un miracle du bon Dieu. Elle n'était pas morte. Vous ne me la prendrez pas, j'en suis sûre. Encore si c'était moi, je ne dirais pas, mais elle, une enfant de seize ans ! laissez-lui le temps de voir le soleil ! – Qu'est-ce qu'elle vous a fait ? rien du tout. Moi non plus. Si vous saviez que je n'ai qu'elle, que je suis vieille, que c'est une bénédiction que la sainte Vierge m'envoie. Et puis, vous êtes si bons tous ! Vous ne saviez pas que c'était ma fille, à présent vous le savez. Oh ! je l'aime ! Monsieur le grand prévôt, j'aimerais mieux un trou à mes entrailles qu'une égratignure à son doigt ! C'est vous qui avez l'air d'un bon seigneur ! Ce que je vous dis là vous explique la chose, n'est-il pas vrai ? Oh ! si vous avez eu une mère, monseigneur ! vous

"Messeigneurs! messieurs the sergeants, one word. There is one thing which I must say to you. She is my daughter, do you see? my dear little daughter whom I had lost! Listen. It is quite a history. Consider that I knew the sergeants very well. They were always good to me in the days when the little boys threw stones at me, because I led a life of pleasure. Do you see? You will leave me my child when you know! I was a poor woman of the town. It was the Bohemians who stole her from me. And I kept her shoe for fifteen years. Stay, here it is. That was the kind of foot which she had. At Reims! La Chantefleurie! Rue Folle–Peine! Perchance, you knew about that. It was I. In your youth, then, there was a merry time, when one passed good hours. You will take pity on me, will you not, gentlemen? The gypsies stole her from me; they hid her from me for fifteen years. I thought her dead. Fancy, my good friends, believed her to be dead. I have passed fifteen years here in this cellar, without a fire in winter. It is hard. The poor, dear little shoe! I have cried so much that the good God has heard me. This night he has given my daughter back to me. It is a miracle of the good God. She was not dead. You will not take her from me, I am sure. If it were myself, I would say nothing; but she, a child of sixteen! Leave her time to see the sun! What has she done to you? nothing at all. Nor have I. If you did but know that she is all I have, that I am old, that she is a blessing which the Holy Virgin has sent to me! And then, you are all so good! You did not know that she was my daughter; but now you do know it. Oh! I love her! Monsieur, the grand provost. I would prefer a stab in my own vitals to a scratch on her finger! You have the air of such a good lord! What I have told you explains the matter, does it not? Oh! if you have had a mother, monsiegneur! you are the captain, leave me my child! Consider that I pray you on my knees, as one prays to Jesus Christ! I ask nothing of any one; I am from Reims, gentlemen; I own a little field inherited from my uncle, Mahiet Pradon. I am no beggar. I wish nothing, but I do want my child! oh! I want to keep my child! The good God, who is the master, has not given her

êtes le capitaine, laissez-moi mon enfant ! Considérez que je vous prie à genoux, comme on prie un Jésus-Christ ! Je ne demande rien à personne, je suis de Reims, messeigneurs, j'ai un petit champ de mon oncle Mahiet Pradon. Je ne suis pas une mendiante. Je ne veux rien, mais je veux mon enfant ! Oh ! je veux garder mon enfant ! Le bon Dieu, qui est le maître, ne me l'a pas rendue pour rien ! Le roi ! vous dites le roi ! Cela ne lui fera déjà pas beaucoup de plaisir qu'on tue ma petite fille ! Et puis le roi est bon ! C'est ma fille ! c'est ma fille, à moi ! elle n'est pas au roi ! elle n'est pas à vous ! je veux m'en aller ! nous voulons nous en aller ! Enfin, deux femmes qui passent, dont l'une est la mère et l'autre la fille, on les laisse passer ! Laissez-nous passer ! nous sommes de Reims. Oh ! vous êtes bien bons, messieurs les sergents, je vous aime tous. Vous ne me prendrez pas ma chère petite, c'est impossible ! N'est-ce pas que c'est tout à fait impossible ? Mon enfant ! mon enfant ! »

back to me for nothing! The king! you say the king! It would not cause him much pleasure to have my little daughter killed! And then, the king is good! she is my daughter! she is my own daughter! She belongs not to the king! she is not yours! I want to go away! we want to go away! and when two women pass, one a mother and the other a daughter, one lets them go! Let us pass! we belong in Reims. Oh! you are very good, messieurs the sergeants, I love you all. You will not take my dear little one, it is impossible! It is utterly impossible, is it not? My child, mychild!"

Nous n'essaierons pas de donner une idée de son geste, de son accent, des larmes qu'elle buvait en parlant, des mains qu'elle joignait et puis tordait, des sourires navrants, des regards noyés, des gémissements, des soupirs, des cris misérables et saisissants qu'elle mêlait à ses paroles désordonnées, folles et décousues. Quand elle se tut, Tristan l'Hermite fronça le sourcil, mais c'était pour cacher une larme qui roulait dans son œil de tigre. Il surmonta pourtant cette faiblesse, et dit d'un ton bref :

We will not try to give an idea of her gestures, her tone, of the tears which she swallowed as she spoke, of the hands which she clasped and then wrung, of the heart-breaking smiles, of the swimming glances, of the groans, the sighs, the miserable and affecting cries which she mingled with her disordered, wild, and incoherent words. When she became silent Tristan l'Hermite frowned, but it was to conceal a tear which welled up in his tiger's eye. He conquered this weakness, however, and said in a curt tone,--

« Le roi le veut. »

"The king wills it."

Puis, il se pencha à l'oreille d'Henriet Cousin, et lui dit tout bas :

Then he bent down to the ear of Rennet Cousin, and said to him in a very low tone,--

« Finis vite ! » Le redoutable prévôt sentait peut-être le cœur lui manquer, à lui aussi.

"Make an end of it quickly!" Possibly, the redoubtable provost felt his heart also failing him.

Le bourreau et les sergents entrèrent dans la logette. La mère ne fit aucune résistance, seulement elle se traîna vers sa fille et se jeta à corps perdu sur elle.

The executioner and the sergeants entered the cell. The mother offered no resistance, only she dragged herself towards her daughter and threw herself bodily upon her.

L'égyptienne vit les soldats s'approcher. L'horreur de la mort la ranima.

The gypsy beheld the soldiers approach. The horror of death reanimated her,--

« Ma mère ! cria-t-elle avec un inexprimable accent de détresse, ma mère ! ils viennent ! défendez-moi !

"Mother!" she shrieked, in a tone of indescribable distress, "Mother! they are coming! defend me!"

– Oui, mon amour, je te défends ! » répondit la mère d'une voix éteinte, et, la serrant étroitement dans ses bras, elle la couvrit de baisers. Toutes deux ainsi à terre, la mère sur la fille, faisaient un spectacle digne de pitié.

"Yes, my love, I am defending you!" replied the mother, in a dying voice; and clasping her closely in her arms, she covered her with kisses. The two lying thus on the earth, the mother upon the daughter, presented a spectacle worthy of pity.

Henriet Cousin prit la jeune fille par le milieu du corps sous ses belles épaules. Quand elle sentit cette main, elle fit : « Heuh ! » et s'évanouit. Le bourreau, qui laissait tomber goutte à goutte de grosses larmes sur elle, voulut l'enlever dans ses bras. Il essaya de détacher la mère, qui avait pour ainsi dire noué ses deux mains autour de la ceinture de sa fille, mais elle était si puissamment cramponnée à son enfant qu'il fut impossible de l'en séparer. Henriet Cousin alors traîna la jeune fille hors de la loge, et la mère après elle. La mère aussi tenait ses yeux fermés.

Rennet Cousin grasped the young girl by the middle of her body, beneath her beautiful shoulders. When she felt that hand, she cried, "Heuh!" and fainted. The executioner who was shedding large tears upon her, drop by drop, was about to bear her away in his arms. He tried to detach the mother, who had, so to speak, knotted her hands around her daughter's waist; but she clung so strongly to her child, that it was impossible to separate them. Then Rennet Cousin dragged the young girl outside the cell, and the mother after her. The mother's eyes were also closed.

Le soleil se levait en ce moment, et il y avait déjà sur la place un assez bon amas de peuple qui regardait à distance ce qu'on traînait ainsi sur le pavé vers le gibet. Car c'était la mode du prévôt Tristan aux exécutions. Il avait la manie d'empêcher les curieux d'approcher.

At that moment, the sun rose, and there was already on the Place a fairly numerous assembly of people who looked on from a distance at what was being thus dragged along the pavement to the gibbet. For that was Provost Tristan's way at executions. He had a passion for preventing the approach of the curious.

Il n'y avait personne aux fenêtres. On voyait seulement de loin, au sommet de celle des tours de Notre-Dame qui domine la Grève, deux hommes détachés en noir sur le ciel clair du matin, qui semblaient regarder.

There was no one at the windows. Only at a distance, at the summit of that one of the towers of Notre-Dame which commands the Grève, two men outlined in black against the light morning sky, and who seemed to be looking on, were visible.

Henriet Cousin s'arrêta avec ce qu'il traînait au pied de la fatale échelle, et, respirant à peine, tant la chose l'apitoyait, il passa la corde autour du cou adorable de la jeune fille. La malheureuse enfant sentit l'horrible attouchement du chanvre. Elle souleva ses paupières, et vit le bras décharné du gibet de pierre, étendu au-dessus de sa tête. Alors elle se secoua, et cria d'une voix haute et déchirante : « Non ! non ! je ne veux pas ! » La mère, dont la tête était enfouie et perdue sous les vêtements de sa fille, ne dit pas une parole ; seulement on vit frémir tout son corps et on l'entendit redoubler ses baisers sur son enfant. Le bourreau profita de ce moment pour dénouer vivement les bras dont elle étreignait la condamnée. Soit épuisement, soit désespoir, elle le laissa faire. Alors il prit la jeune fille sur son épaule, d'où la charmante créature retombait gracieusement pliée en deux sur sa large tête. Puis il mit le pied sur l'échelle pour monter.

Rennet Cousin paused at the foot of the fatal ladder, with that which he was dragging, and, barely breathing, with so much pity did the thing inspire him, he passed the rope around the lovely neck of the young girl. The unfortunate child felt the horrible touch of the hemp. She raised her eyelids, and saw the fleshless arm of the stone gallows extended above her head. Then she shook herself and shrieked in a loud and heartrending voice: "No! no! I will not!" Her mother, whose head was buried and concealed in her daughter's garments, said not a word; only her whole body could be seen to quiver, and she was heard to redouble her kisses on her child. The executioner took advantage of this moment to hastily loose the arms with which she clasped the condemned girl. Either through exhaustion or despair, she let him have his way. Then he took the young girl on his shoulder, from which the charming creature hung, gracefully bent over his large head. Then he set his foot on the ladder in order to ascend.

En ce moment la mère, accroupie sur le pavé, ouvrit tout à fait les yeux. Sans jeter un cri, elle se redressa avec une expression terrible, puis, comme une bête sur sa proie, elle se jeta sur la main du bourreau et le mordit. Ce fut un éclair. Le bourreau hurla de douleur. On accourut. On retira avec peine sa main sanglante d'entre les dents de la mère. Elle gardait un profond silence. On la repoussa assez brutalement, et l'on remarqua que sa tête retombait lourdement sur le pavé. On la releva. Elle se laissa de nouveau retomber. C'est qu'elle était morte.

At that moment, the mother who was crouching on the pavement, opened her eyes wide. Without uttering a cry, she raised herself erect with a terrible expression; then she flung herself upon the hand of the executioner, like a beast on its prey, and bit it. It was done like a flash of lightning. The headsman howled with pain. Those near by rushed up. With difficulty they withdrew his bleeding hand from the mother's teeth. She preserved a profound silence. They thrust her back with much brutality, and noticed that her head fell heavily on the pavement. They raised her, she fell back again. She was dead.

Le bourreau, qui n'avait pas lâché la jeune fille, se remit à monter l'échelle.

The executioner, who had not loosed his hold on the young girl, began to ascend the ladder once more.

II « LA CREATURA BELLA BIANCO VESTITA » (DANTE)

CHAPTER II. THE BEAUTIFUL CREATURE CLAD IN WHITE. (Dante.)

Quand Quasimodo vit que la cellule était vide, que l'égyptienne n'y était plus, que pendant qu'il la défendait on l'avait enlevée, il prit ses cheveux à deux mains et trépigna de surprise et de douleur. Puis il se mit à courir par toute l'église, cherchant sa bohémienne, hurlant des cris étranges à tous les coins de mur, semant ses cheveux rouges sur le pavé. C'était précisément le moment où les archers du roi entraient victorieux dans Notre-Dame, cherchant aussi l'égyptienne. Quasimodo les y aida, sans se douter, le pauvre sourd, de leurs fatales intentions ; il croyait que les ennemis de l'égyptienne, c'étaient les truands. Il mena lui-même Tristan l'Hermite à toutes les cachettes possibles, lui ouvrit les portes secrètes, les doubles fonds d'autel, les arrière-sacristies. Si la malheureuse y eût été encore, c'est lui qui l'eût livrée.

When Quasimodo saw that the cell was empty, that the gypsy was no longer there, that while he had been defending her she had been abducted, he grasped his hair with both hands and stamped with surprise and pain; then he set out to run through the entire church seeking his Bohemian, howling strange cries to all the corners of the walls, strewing his red hair on the pavement. It was just at the moment when the king's archers were making their victorious entrance into Notre–Dame, also in search of the gypsy. Quasimodo, poor, deaf fellow, aided them in their fatal intentions, without suspecting it; he thought that the outcasts were the gypsy's enemies. He himself conducted Tristan l'Hermite to all possible hiding–places, opened to him the secret doors, the double bottoms of the altars, the rear sacristries. If the unfortunate girl had still been there, it would have been he himself who would have delivered her up.

Quand la lassitude de ne rien trouver eut rebuté Tristan qui ne se rebutait pas aisément, Quasimodo continua de chercher tout seul. Il fit vingt fois, cent fois le tour de l'église, de long en large, du haut en bas, montant, descendant, courant, appelant, criant, flairant, furetant, fouillant, fourrant sa tête dans tous les trous, poussant une torche sous toutes les voûtes, désespéré, fou. Un mâle qui a perdu sa femelle n'est pas plus rugissant ni plus hagard.

When the fatigue of finding nothing had disheartened Tristan, who was not easily discouraged, Quasimodo continued the search alone. He made the tour of the church twenty times, length and breadth, up and down, ascending and descending, running, calling, shouting, peeping, rummaging, ransacking, thrusting his head into every hole, pushing a torch under every vault, despairing, mad. A male who has lost his female is no more roaring nor more haggard.

Enfin quand il fut sûr, bien sûr qu'elle n'y était plus, que c'en était fait, qu'on la lui avait dérobée, il remonta lentement l'escalier des tours, cet escalier qu'il avait escaladé avec tant d'emportement et de triomphe le jour où il l'avait sauvée. Il repassa par les mêmes lieux, la tête basse, sans voix, sans larmes, presque sans souffle. L'église était déserte de nouveau et retombée dans son silence. Les archers l'avaient quittée pour traquer la sorcière dans la Cité. Quasimodo, resté seul dans cette vaste Notre-Dame, si assiégée et si tumultueuse le moment d'auparavant, reprit le chemin de la cellule où l'égyptienne avait dormi tant de semaines sous sa garde.

At last when he was sure, perfectly sure that she was no longer there, that all was at an end, that she had been snatched from him, he slowly mounted the staircase to the towers, that staircase which he had ascended with so much eagerness and triumph on the day when he had saved her. He passed those same places once more with drooping head, voiceless, tearless, almost breathless. The church was again deserted, and had fallen back into its silence. The archers had quitted it to track the sorceress in the city. Quasimodo, left alone in that vast Notre–Dame, so besieged and tumultuous but a short time before, once more betook himself to the cell where the gypsy had slept for so many weeks under his guardianship.

En s'en approchant, il se figurait qu'il allait peut-être l'y retrouver. Quand, au détour de la galerie qui donne sur le toit des bas côtés, il aperçut l'étroite logette avec sa petite fenêtre et sa petite porte, tapie sous un grand arc-boutant comme un nid d'oiseau sous une branche, le cœur lui manqua, au pauvre homme, et il s'appuya contre un pilier pour ne pas tomber. Il s'imagina qu'elle y était peut-être rentrée, qu'un bon génie l'y avait sans doute ramenée, que cette logette était trop tranquille, trop sûre et trop charmante pour qu'elle n'y fût point, et il n'osait faire un pas de plus, de peur de briser son illusion. « Oui, se disait-il en lui-même, elle dort peut-être, ou elle prie. Ne la troublons pas. »

As he approached it, he fancied that he might, perhaps, find her there. When, at the turn of the gallery which opens on the roof of the side aisles, he perceived the tiny cell with its little window and its little door crouching beneath a great flying buttress like a bird's nest under a branch, the poor man's heart failed him, and he leaned against a pillar to keep from falling. He imagined that she might have returned thither, that some good genius had, no doubt, brought her back, that this chamber was too tranquil, too safe, too charming for her not to be there, and he dared not take another step for fear of destroying his illusion. "Yes," he said to himself, "perchance she is sleeping, or praying. I must not disturb her."

Enfin il rassembla son courage, il avança sur la pointe des pieds, il regarda, il entra. Vide ! la cellule était toujours vide. Le malheureux sourd en fit le tour à pas lents, souleva le lit et regarda dessous, comme si elle pouvait être cachée entre la dalle et le matelas, puis il secoua la tête et demeura stupide. Tout à coup il écrasa furieusement sa torche du pied, et, sans dire une parole, sans pousser un soupir, il se précipita de toute sa course la tête contre le mur et tomba évanoui sur le pavé.

At length he summoned up courage, advanced on tiptoe, looked, entered. Empty. The cell was still empty. The unhappy deaf man walked slowly round it, lifted the bed and looked beneath it, as though she might be concealed between the pavement and the mattress, then he shook his head and remained stupefied. All at once, he crushed his torch under his foot, and, without uttering a word, without giving vent to a sigh, he flung himself at full speed, head foremost against the wall, and fell fainting on the floor.

Quand il revint à lui, il se jeta sur le lit, il s'y roula, il baisa avec frénésie la place tiède encore où la jeune fille avait dormi, il y resta quelques minutes immobile comme s'il allait y expirer, puis il se releva, ruisselant de sueur, haletant, insensé, et se mit à cogner les murailles de sa tête avec l'effrayante régularité du battant de ses cloches, et la résolution d'un homme qui veut l'y briser. Enfin il tomba une seconde fois, épuisé ; il se traîna sur les genoux hors de la cellule et s'accroupit en face de la porte, dans une attitude d'étonnement.

When he recovered his senses, he threw himself on the bed and rolling about, he kissed frantically the place where the young girl had slept and which was still warm; he remained there for several moments asmotionless as though he were about to expire; then he rose, dripping with perspiration, panting, mad, and began to beat his head against the wall with the frightful regularity of the clapper of his bells, and the resolution of a man determined to kill himself. At length he fell a second time, exhausted; he dragged himself on his knees outside the cell, and crouched down facing the door, in an attitude of astonishment.

Il resta ainsi plus d'une heure sans faire un mouvement, l'œil fixé sur la cellule déserte, plus sombre et plus pensif qu'une mère assise entre un berceau vide et un cercueil plein. Il ne prononçait pas un mot ; seulement, à de longs intervalles, un sanglot remuait violemment tout son corps, mais un sanglot sans larmes, comme ces éclairs d'été qui ne font pas de bruit.

He remained thus for more than an hour without making a movement, with his eye fixed on the deserted cell, more gloomy, and more pensive than a mother seated between an empty cradle and a full coffin. He uttered not a word; only at long intervals, a sob heaved his body violently, but it was a tearless sob, like summer lightning which makes no noise.

Il paraît que ce fut alors que, cherchant au fond de sa rêverie désolée quel pouvait être le ravisseur inattendu de l'égyptienne, il songea à l'archidiacre. Il se souvint que dom Claude avait seul une clef de l'escalier qui menait à la cellule, il se rappela ses tentatives nocturnes sur la jeune fille, la première à laquelle lui Quasimodo avait aidé, la seconde qu'il avait empêchée. Il se rappela mille détails, et ne douta bientôt plus que l'archidiacre ne lui eût pris l'égyptienne. Cependant tel était son respect du prêtre, la reconnaissance, le dévouement, l'amour pour cet homme avaient de si profondes racines dans son cœur qu'elles résistaient, même en ce moment, aux ongles de la jalousie et du désespoir.

It appears to have been then, that, seeking at the bottom of his lonely thoughts for the unexpected abductor of the gypsy, he thought of the archdeacon. He remembered that Dom Claude alone possessed a key to the staircase leading to the cell; he recalled his nocturnal attempts on the young girl, in the first of which he, Quasimodo, had assisted, the second of which he had prevented. He recalled a thousand details, and soon he no longer doubted that the archdeacon had taken the gypsy. Nevertheless, such was his respect for the priest, such his gratitude, his devotion, his love for this man had taken such deep root in his heart, that they resisted, even at this moment, the talons of jealousy and despair.

Il songeait que l'archidiacre avait fait cela, et la colère de sang et de mort qu'il en eût ressentie contre tout autre, du moment où il s'agissait de Claude Frollo, se tournait chez le pauvre sourd en accroissement de douleur.

He reflected that the archdeacon had done this thing, and the wrath of blood and death which it would have evoked in him against any other person, turned in the poor deaf man, from the moment when Claude Frollo was in question, into an increase of grief and sorrow.

Au moment où sa pensée se fixait ainsi sur le prêtre, comme l'aube blanchissait les arcs-boutants, il vit à l'étage supérieur de Notre-Dame, au coude que fait la balustrade extérieure qui tourne autour de l'abside, une figure qui marchait. Cette figure venait de son côté. Il la reconnut. C'était l'archidiacre.

At the moment when his thought was thus fixed upon the priest, while the daybreak was whitening the flying buttresses, he perceived on the highest story of Notre–Dame, at the angle formed by the external balustrade as it makes the turn of the chancel, a figure walking. This figure was coming towards him. He recognized it. It was the archdeacon.

Claude allait d'un pas grave et lent. Il ne regardait pas devant lui en marchant, il se dirigeait vers la tour septentrionale, mais son visage était tourné de côté, vers la rive droite de la Seine, et il tenait la tête haute, comme s'il eût tâché de voir quelque chose par-dessus les toits. Le hibou a souvent cette attitude oblique. Il vole vers un point et en regarde un autre. — Le prêtre passa ainsi au-dessus de Quasimodo sans le voir.

Claude was walking with a slow, grave step. He did not look before him as he walked, he was directing his course towards the northern tower, but his face was turned aside towards the right bank of the Seine, and he held his head high, as though trying to see something over the roofs. The owl often assumes this oblique attitude. It flies towards one point and looks towards another. In this manner the priest passed above Quasimodo without seeing him.

Le sourd, que cette brusque apparition avait pétrifié, le vit s'enfoncer sous la porte de l'escalier de la tour septentrionale. Le lecteur sait que cette tour est celle d'où l'on voit l'Hôtel de Ville. Quasimodo se leva et suivit l'archidiacre.

The deaf man, who had been petrified by this sudden apparition, beheld him disappear through the door of the staircase to the north tower. The reader is aware that this is the tower from which the Hôtel-de-Ville is visible. Quasimodo rose and followed the archdeacon.

Quasimodo monta l'escalier de la tour pour le monter, pour savoir pourquoi le prêtre le montait. Du reste, le pauvre sonneur ne savait ce qu'il ferait, lui Quasimodo, ce qu'il dirait, ce qu'il voulait. Il était plein de fureur et plein de crainte. L'archidiacre et l'égyptienne se heurtaient dans son cœur.

Quasimodo ascended the tower staircase for the sake of ascending it, for the sake of seeing why the priest was ascending it. Moreover, the poor bellringer did not know what he (Quasimodo) should do, what he should say, what he wished. He was full of fury and full of fear. The archdeacon and the gypsy had come into conflict in his heart.

Quand il fut parvenu au sommet de la tour, avant de sortir de l'ombre de l'escalier et d'entrer sur la plate-forme, il examina avec précaution où était le prêtre. Le prêtre lui tournait le dos. Il y a une balustrade percée à jour qui entoure la plate-forme du clocher. Le prêtre, dont les yeux plongeaient sur la ville, avait la poitrine appuyée à celui des quatre côtés de la balustrade qui regarde le pont Notre-Dame.

When he reached the summit of the tower, before emerging from the shadow of the staircase and stepping upon the platform, he cautiously examined the position of the priest. The priest's back was turned to him. There is an openwork balustrade which surrounds the platform of the bell tower. The priest, whose eyes looked down upon the town, was resting his breast on that one of the four sides of the balustrades which looks upon the Pont Notre–Dame.▮

Quasimodo, s'avançant à pas de loup derrière lui, alla voir ce qu'il regardait ainsi.

Quasimodo, advancing with the tread of a wolf behind him, went to see what he was gazing at thus.▮

L'attention du prêtre était tellement absorbée ailleurs qu'il n'entendit point le sourd marcher près de lui.

The priest's attention was so absorbed elsewhere that he did not hear the deaf man walking behind him.▮

C'est un magnifique et charmant spectacle que Paris, et le Paris d'alors surtout, vu du haut des tours Notre-Dame aux fraîches lueurs d'une aube d'été. On pouvait être, ce jour-là, en juillet. Le ciel était parfaitement serein. Quelques étoiles attardées s'y éteignaient sur divers points, et il y en avait une très brillante au levant dans le plus clair du ciel. Le soleil était au moment de paraître. Paris commençait à remuer. Une lumière très blanche et très pure faisait saillir vivement à l'œil tous les plans que ses mille maisons présentent à l'orient. L'ombre géante des clochers allait de toit en toit d'un bout de la grande ville à l'autre. Il y avait déjà des quartiers qui parlaient et qui faisaient du bruit. Ici un coup de cloche, là un coup de marteau, là-bas le cliquetis compliqué d'une charrette en marche.

Paris is a magnificent and charming spectacle, and especially at that day, viewed from the top of the towers of Notre– Dame, in the fresh light of a summer dawn. The day might have been in July. The sky was perfectly serene. Some tardy stars were fading away at various points, and there was a very brilliant one in the east, in the brightest part of the heavens. The sun was about to appear; Paris was beginning to move. A very white and very pure light brought out vividly to the eye all the outlines that its thousands of houses present to the east. The giant shadow of the towers leaped from roof to roof, from one end of the great city to the other. There were several quarters from which were already heard voices and noisy sounds. Here the stroke of a bell, there the stroke of a hammer, beyond, the complicated clatter of a cart in motion.▮

Déjà quelques fumées se dégorgeaient çà et là sur toute cette surface de toits comme par les fissures d'une immense solfatare. La rivière, qui fronce son eau aux arches de tant de ponts, à la pointe de tant d'îles, était toute moirée de plis d'argent. Autour de la ville, au dehors des remparts, la vue se perdait dans un grand cercle de vapeurs floconneuses à travers lesquelles on distinguait confusément la ligne indéfinie des plaines et le gracieux renflement des coteaux. Toutes sortes de rumeurs flottantes se dispersaient sur cette cité à demi réveillée. Vers l'orient le vent du matin chassait à travers le ciel quelques blanches ouates arrachées à la toison de brume des collines.

Already several columns of smoke were being belched forth from the chimneys scattered over the whole surface of roofs, as through the fissures of an immense sulphurous crater. The river, which ruffles its waters against the arches of so many bridges, against the points of so many islands, was wavering with silvery folds. Around the city, outside the ramparts, sight was lost in a great circle of fleecy vapors through which one confusedly distinguished the indefinite line of the plains, and the graceful swell of the heights. All sorts of floating sounds were dispersed over this half-awakened city. Towards the east, the morning breeze chased a few soft white bits of wool torn from the misty fleece of the hills.

Dans le Parvis, quelques bonnes femmes qui avaient en main leur pot au lait se montraient avec étonnement le délabrement singulier de la grande porte de Notre-Dame et deux ruisseaux de plomb figés entre les fentes des grès. C'était tout ce qui restait du tumulte de la nuit. Le bûcher allumé par Quasimodo entre les tours s'était éteint. Tristan avait déjà déblayé la place et fait jeter les morts à la Seine. Les rois comme Louis XI ont soin de laver vite le pavé après un massacre.

In the Parvis, some good women, who had their milk jugs in their hands, were pointing out to each other, with astonishment, the singular dilapidation of the great door of Notre-Dame, and the two solidified streams of lead in the crevices of the stone. This was all that remained of the tempest of the night. The bonfire lighted between the towers by Quasimodo had died out. Tristan had already cleared up the Place, and had the dead thrown into the Seine. Kings like Louis XI. are careful to clean the pavement quickly after a massacre.

En dehors de la balustrade de la tour, précisément au-dessous du point où s'était arrêté le prêtre, il y avait une de ces gouttières de pierre fantastiquement taillées qui hérissent les édifices gothiques, et dans une crevasse de cette gouttière deux jolies giroflées en fleur, secouées et rendues comme vivantes par le souffle de l'air, se faisaient des salutations folâtres. Au-dessus des tours, en haut, bien loin au fond du ciel, on entendait de petits cris d'oiseaux.

Mais le prêtre n'écoutait, ne regardait rien de tout cela. Il était de ces hommes pour lesquels il n'y a pas de matins, pas d'oiseaux, pas de fleurs. Dans cet immense horizon qui prenait tant d'aspects autour de lui, sa contemplation était concentrée sur un point unique.

Quasimodo brûlait de lui demander ce qu'il avait fait de l'égyptienne. Mais l'archidiacre semblait en ce moment être hors du monde. Il était visiblement dans une de ces minutes violentes de la vie où l'on ne sentirait pas la terre crouler. Les yeux invariablement fixés sur un certain lieu, il demeurait immobile et silencieux ; et ce silence et cette immobilité avaient quelque chose de si redoutable que le sauvage sonneur frémissait devant et n'osait s'y heurter. Seulement, et c'était encore une manière d'interroger l'archidiacre, il suivit la direction de son rayon visuel, et de cette façon le regard du malheureux sourd tomba sur la place de Grève.

Outside the balustrade of the tower, directly under the point where the priest had paused, there was one of those fantastically carved stone gutters with which Gothic edifices bristle, and, in a crevice of that gutter, two pretty wallflowers in blossom, shaken out and vivified, as it were, by the breath of air, made frolicsome salutations to each other. Above the towers, on high, far away in the depths of the sky, the cries of little birds were heard.

But the priest was not listening to, was not looking at, anything of all this. He was one of the men for whom there are no mornings, no birds, no flowers. In that immense horizon, which assumed so many aspects about him, his contemplation was concentrated on a single point.

Quasimodo was burning to ask him what he had done with the gypsy; but the archdeacon seemed to be out of the world at that moment. He was evidently in one of those violent moments of life when one would not feel the earth crumble. He remained motionless and silent, with his eyes steadily fixed on a certain point; and there was something so terrible about this silence and immobility that the savage bellringer shuddered before it and dared not come in contact with it. Only, and this was also one way of interrogating the archdeacon, he followed the direction of his vision, and in this way the glance of the unhappy deaf man fell upon the Place de Grève.

Il vit ainsi ce que le prêtre regardait. L'échelle était dressée près du gibet permanent. Il y avait quelque peuple dans la place et beaucoup de soldats. Un homme traînait sur le pavé une chose blanche à laquelle une chose noire était accrochée. Cet homme s'arrêta au pied du gibet.

Thus he saw what the priest was looking at. The ladder was erected near the permanent gallows. There were some people and many soldiers in the Place. A man was dragging a white thing, from which hung something black, along the pavement. This man halted at the foot of the gallows.

Ici il se passa quelque chose que Quasimodo ne vit pas bien. Ce n'est pas que son œil unique n'eût conservé sa longue portée, mais il y avait un gros de soldats qui empêchait de distinguer tout. D'ailleurs en cet instant le soleil parut, et un tel flot de lumière déborda par-dessus l'horizon qu'on eût dit que toutes les pointes de Paris, flèches, cheminées, pignons, prenaient feu à la fois.

Here something took place which Quasimodo could not see very clearly. It was not because his only eye had not preserved its long range, but there was a group of soldiers which prevented his seeing everything. Moreover, at that moment the sun appeared, and such a flood of light overflowed the horizon that one would have said that all the points in Paris, spires, chimneys, gables, had simultaneously taken fire.

Cependant l'homme se mit à monter l'échelle. Alors Quasimodo le revit distinctement. Il portait une femme sur son épaule, une jeune fille vêtue de blanc, cette jeune fille avait un nœud au cou. Quasimodo la reconnut.

Meanwhile, the man began to mount the ladder. Then Quasimodo saw him again distinctly. He was carrying a woman on his shoulder, a young girl dressed in white; that young girl had a noose about her neck. Quasimodo recognized her.

C'était elle.

It was she.

L'homme parvint ainsi au haut de l'échelle. Là il arrangea le nœud. Ici le prêtre, pour mieux voir, se mit à genoux sur la balustrade.

The man reached the top of the ladder. There he arranged the noose. Here the priest, in order to see the better, knelt upon the balustrade.

Tout à coup l'homme repoussa brusquement l'échelle du talon, et Quasimodo qui ne respirait plus depuis quelques instants vit se balancer au bout de la corde, à deux toises au-dessus du pavé, la malheureuse enfant avec l'homme accroupi les pieds sur ses épaules. La corde fit plusieurs tours sur elle-même, et Quasimodo vit courir d'horribles convulsions le long du corps de l'égyptienne. Le prêtre de son côté, le cou tendu, l'œil hors de la tête, contemplait ce groupe épouvantable de l'homme et de la jeune fille, de l'araignée et de la mouche.

Au moment où c'était le plus effroyable, un rire de démon, un rire qu'on ne peut avoir que lorsqu'on n'est plus homme, éclata sur le visage livide du prêtre.

Quasimodo n'entendit pas ce rire, mais il le vit.

Le sonneur recula de quelques pas derrière l'archidiacre, et tout à coup, se ruant sur lui avec fureur, de ses deux grosses mains il le poussa par le dos dans l'abîme sur lequel dom Claude était penché.

Le prêtre cria : « Damnation ! » et tomba.

La gouttière au-dessus de laquelle il se trouvait l'arrêta dans sa chute. Il s'y accrocha avec des mains désespérées, et, au moment où il ouvrit la bouche pour jeter un second cri, il vit passer au rebord de la balustrade, au-dessus de sa tête, la figure formidable et vengeresse de Quasimodo.

Alors il se tut.

L'abîme était au-dessous de lui. Une chute de plus de deux cents pieds, et le pavé.

All at once the man kicked away the ladder abruptly, and Quasimodo, who had not breathed for several moments, beheld the unhappy child dangling at the end of the rope two fathoms above the pavement, with the man squatting on her shoulders. The rope made several gyrations on itself, and Quasimodo beheld horrible convulsions run along the gypsy's body. The priest, on his side, with outstretched neck and eyes starting from his head, contemplated this horrible group of the man and the young girl,--the spider and the fly.

At the moment when it was most horrible, the laugh of a demon, a laugh which one can only give vent to when one is no longer human, burst forth on the priest's livid face.

Quasimodo did not hear that laugh, but he saw it.

The bellringer retreated several paces behind the archdeacon, and suddenly hurling himself upon him with fury, with his huge hands he pushed him by the back over into the abyss over which Dom Claude was leaning.

The priest shrieked: "Damnation!" and fell.

The spout, above which he had stood, arrested him in his fall. He clung to it with desperate hands, and, at the moment when he opened his mouth to utter a second cry, he beheld the formidable and avenging face of Quasimodo thrust over the edge of the balustrade above his head.

Then he was silent.

The abyss was there below him. A fall of more than two hundred feet and the pavement.

Dans cette situation terrible, l'archidiacre ne dit pas une parole, ne poussa pas un gémissement. Seulement il se tordit sur la gouttière avec des efforts inouïs pour remonter. Mais ses mains n'avaient pas de prise sur le granit, ses pieds rayaient la muraille noircie, sans y mordre. Les personnes qui ont monté sur les tours de Notre-Dame savent qu'il y a un renflement de la pierre immédiatement au-dessous de la balustrade. C'est sur cet angle rentrant que s'épuisait le misérable archidiacre. Il n'avait pas affaire à un mur à pic, mais à un mur qui fuyait sous lui.

In this terrible situation, the archdeacon said not a word, uttered not a groan. He merely writhed upon the spout, with incredible efforts to climb up again; but his hands had no hold on the granite, his feet slid along the blackened wall without catching fast. People who have ascended the towers of Notre–Dame know that there is a swell of the stone immediately beneath the balustrade. It was on this retreating angle that miserable archdeacon exhausted himself. He had not to deal with a perpendicular wall, but with one which sloped away beneath him.

Quasimodo n'eût eu pour le tirer du gouffre qu'à lui tendre la main, mais il ne le regardait seulement pas. Il regardait la Grève. Il regardait le gibet. Il regardait l'égyptienne.

Quasimodo had but to stretch out his hand in order to draw him from the gulf; but he did not even look at him. He was looking at the Grève. He was looking at the gallows. He was looking at the gypsy.

Le sourd s'était accoudé sur la balustrade à la place où était l'archidiacre le moment d'auparavant, et là, ne détachant pas son regard du seul objet qu'il y eût pour lui au monde en ce moment, il était immobile et muet comme un homme foudroyé, et un long ruisseau de pleurs coulait en silence de cet œil qui jusqu'alors n'avait encore versé qu'une seule larme.

The deaf man was leaning, with his elbows on the balustrade, at the spot where the archdeacon had been a moment before, and there, never detaching his gaze from the only object which existed for him in the world at that moment, he remained motionless and mute, like a man struck by lightning, and a long stream of tears flowed in silence from that eye which, up to that time, had never shed but one tear.

Cependant l'archidiacre haletait. Son front chauve ruisselait de sueur, ses ongles saignaient sur la pierre, ses genoux s'écorchaient au mur.

Meanwhile, the archdeacon was panting. His bald brow was dripping with perspiration, his nails were bleeding against the stones, his knees were flayed by the wall.

Il entendait sa soutane accrochée à la gouttière craquer et se découdre à chaque secousse qu'il lui donnait. Pour comble de malheur, cette gouttière était terminée par un tuyau de plomb qui fléchissait sous le poids de son corps. L'archidiacre sentait ce tuyau ployer lentement. Il se disait, le misérable, que quand ses mains seraient brisées de fatigue, quand sa soutane serait déchirée, quand ce plomb serait ployé, il faudrait tomber, et l'épouvante le prenait aux entrailles. Quelquefois, il regardait avec égarement une espèce d'étroit plateau formé à quelque dix pieds plus bas par des accidents de sculpture, et il demandait au ciel dans le fond de son âme en détresse de pouvoir finir sa vie sur cet espace de deux pieds carrés, dût-elle durer cent années. Une fois, il regarda au-dessous de lui dans la place, dans l'abîme ; la tête qu'il releva fermait les yeux et avait les cheveux tout droits.

He heard his cassock, which was caught on the spout, crack and rip at every jerk that he gave it. To complete his misfortune, this spout ended in a leaden pipe which bent under the weight of his body. The archdeacon felt this pipe slowly giving way. The miserable man said to himself that, when his hands should be worn out with fatigue, when his cassock should tear asunder, when the lead should give way, he would be obliged to fall, and terror seized upon his very vitals. Now and then he glanced wildly at a sort of narrow shelf formed, ten feet lower down, by projections of the sculpture, and he prayed heaven, from the depths of his distressed soul, that he might be allowed to finish his life, were it to last two centuries, on that space two feet square. Once, he glanced below him into the Place, into the abyss; the head which he raised again had its eyes closed and its hair standing erect.

C'était quelque chose d'effrayant que le silence de ces deux hommes. Tandis que l'archidiacre à quelques pieds de lui agonisait de cette horrible façon, Quasimodo pleurait et regardait la Grève.

There was something frightful in the silence of these two men. While the archdeacon agonized in this terrible fashion a few feet below him, Quasimodo wept and gazed at the Grève.

L'archidiacre, voyant que tous ses soubresauts ne servaient qu'à ébranler le fragile point d'appui qui lui restait, avait pris le parti de ne plus remuer. Il était là, embrassant la gouttière, respirant à peine, ne bougeant plus, n'ayant plus d'autres mouvements que cette convulsion machinale du ventre qu'on éprouve dans les rêves quand on croit se sentir tomber. Ses yeux fixes étaient ouverts d'une manière maladive et étonnée. Peu à peu cependant, il perdait du terrain, ses doigts glissaient sur la gouttière, il sentait de plus en plus la faiblesse de ses bras et la pesanteur de son corps, la courbure du plomb qui le soutenait s'inclinait à tout moment d'un cran vers l'abîme.

The archdeacon, seeing that all his exertions served only to weaken the fragile support which remained to him, decided to remain quiet. There he hung, embracing the gutter, hardly breathing, no longer stirring, making no longer any other movements than that mechanical convulsion of the stomach, which one experiences in dreams when one fancies himself falling. His fixed eyes were wide open with a stare. He lost ground little by little, nevertheless, his fingers slipped along the spout; he became more and more conscious of the feebleness of his arms and the weight of his body. The curve of the lead which sustained him inclined more and more each instant towards the abyss.

Il voyait au-dessous de lui, chose affreuse, le toit de Saint-Jean-le-Rond petit comme une carte ployée en deux. Il regardait l'une après l'autre les impassibles sculptures de la tour, comme lui suspendues sur le précipice, mais sans terreur pour elles ni pitié pour lui. Tout était de pierre autour de lui, devant ses yeux, les monstres béants, au-dessous, tout au fond, dans la place, le pavé, au-dessus de sa tête, Quasimodo qui pleurait.

He beheld below him, a frightful thing, the roof of Saint– Jean le Rond, as small as a card folded in two. He gazed at the impressive carvings, one by one, of the tower, suspended like himself over the precipice, but without terror for themselves or pity for him. All was stone around him; before his eyes, gaping monsters; below, quite at the bottom, in the Place, the pavement; above his head, Quasimodo weeping.

Il y avait dans le Parvis quelques groupes de braves curieux qui cherchaient tranquillement à deviner quel pouvait être le fou qui s'amusait d'une si étrange manière. Le prêtre leur entendait dire, car leur voix arrivait jusqu'à lui, claire et grêle : « Mais il va se rompre le cou ! »

In the Parvis there were several groups of curious good people, who were tranquilly seeking to divine who the madman could be who was amusing himself in so strange a manner. The priest heard them saying, for their voices reached him, clear and shrill: "Why, he will break his neck!"

Quasimodo pleurait.

Quasimodo wept.

Enfin l'archidiacre, écumant de rage et d'épouvante, comprit que tout était inutile. Il rassembla pourtant tout ce qui lui restait de force pour un dernier effort. Il se roidit sur la gouttière, repoussa le mur de ses deux genoux, s'accrocha des mains à une fente des pierres, et parvint à regrimper d'un pied peut-être ; mais cette commotion fit ployer brusquement le bec de plomb sur lequel il s'appuyait. Du même coup la soutane s'éventra. Alors sentant tout manquer sous lui, n'ayant plus que ses mains roidies et défaillantes qui tinssent à quelque chose, l'infortuné ferma les yeux et lâcha la gouttière. Il tomba.

At last the archdeacon, foaming with rage and despair, understood that all was in vain. Nevertheless, he collected all the strength which remained to him for a final effort. He stiffened himself upon the spout, pushed against the wall with both his knees, clung to a crevice in the stones with his hands, and succeeded in climbing back with one foot, perhaps; but this effort made the leaden beak on which he rested bend abruptly. His cassock burst open at the same time. Then, feeling everything give way beneath him, with nothing but his stiffened and failing hands to support him, the unfortunate man closed his eyes and let go of the spout. He fell.

Quasimodo le regarda tomber.

Quasimodo watched him fall.

Une chute de si haut est rarement perpendiculaire. L'archidiacre lancé dans l'espace tomba d'abord la tête en bas et les deux mains étendues, puis il fit plusieurs tours sur lui-même. Le vent le poussa sur le toit d'une maison où le malheureux commença à se briser. Cependant il n'était pas mort quand il y arriva. Le sonneur le vit essayer encore de se retenir au pignon avec les ongles. Mais le plan était trop incliné, et il n'avait plus de force. Il glissa rapidement sur le toit comme une tuile qui se détache, et alla rebondir sur le pavé. Là, il ne remua plus.

A fall from such a height is seldom perpendicular. The archdeacon, launched into space, fell at first head foremost, with outspread hands; then he whirled over and over many times; the wind blew him upon the roof of a house, where the unfortunate man began to break up. Nevertheless, he was not dead when he reached there. The bellringer saw him still endeavor to cling to a gable with his nails; but the surface sloped too much, and he had no more strength. He slid rapidly along the roof like a loosened tile, and dashed upon the pavement. There he no longer moved.

Quasimodo alors releva son œil sur l'égyptienne dont il voyait le corps, suspendu au gibet, frémir au loin sous sa robe blanche des derniers tressaillements de l'agonie, puis il le rabaissa sur l'archidiacre étendu au bas de la tour et n'ayant plus forme humaine, et il dit avec un sanglot qui souleva sa profonde poitrine : « Oh ! tout ce que j'ai aimé ! »

Then Quasimodo raised his eyes to the gypsy, whose body he beheld hanging from the gibbet, quivering far away beneath her white robe with the last shudderings of anguish, then he dropped them on the archdeacon, stretched out at the base of the tower, and no longer retaining the human form, and he said, with a sob which heaved his deep chest,-- "Oh! all that I have ever loved!"

III MARIAGE DE PHŒBUS

Vers le soir de cette Journée, quand les officiers judiciaires de l'évêque vinrent relever sur le pavé du Parvis le cadavre disloqué de l'archidiacre, Quasimodo avait disparu de Notre-Dame.

CHAPTER III. THE MARRIAGE OF PHOEBUS.

Towards evening on that day, when the judiciary officers of the bishop came to pick up from the pavement of the Parvis the dislocated corpse of the archdeacon, Quasimodo had disappeared.

Il courut beaucoup de bruits sur cette aventure. On ne douta pas que le jour ne fût venu où, d'après leur pacte, Quasimodo, c'est-à-dire le diable, devait emporter Claude Frollo, c'est-à-dire le sorcier. On présuma qu'il avait brisé le corps en prenant l'âme, comme les singes qui cassent la coquille pour manger la noix.

A great many rumors were in circulation with regard to this adventure. No one doubted but that the day had come when, in accordance with their compact, Quasimodo, that is to say, the devil, was to carry off Claude Frollo, that is to say, the sorcerer. It was presumed that he had broken the body when taking the soul, like monkeys who break the shell to get at the nut.

C'est pourquoi l'archidiacre ne fut pas inhumé en terre sainte.

Louis XI mourut l'année d'après, au mois d'août 1483.

This is why the archdeacon was not interred in consecrated earth.

Louis XI. died a year later, in the month of August, 1483.

Quant à Pierre Gringoire, il parvint à sauver la chèvre, et il obtint des succès en tragédie. Il paraît qu'après avoir goûté de l'astrologie, de la philosophie, de l'architecture, de l'hermétique, de toutes les folies, il revint à la tragédie, qui est la plus folle de toutes. C'est ce qu'il appelait avoir fait une fin tragique.

As for Pierre Gringoire, he succeeded in saving the goat, and he won success in tragedy. It appears that, after having tasted astrology, philosophy, architecture, hermetics,--all vanities, he returned to tragedy, vainest pursuit of all. This is what he called "coming to a tragic end."

Voici, au sujet de ses triomphes dramatiques, ce qu'on lit dès 1483 dans les comptes de l'ordinaire : « À Jehan Marchand et Pierre Gringoire, charpentier et compositeur, qui ont fait et composé le mystère fait au Châtelet de Paris à l'entrée de monsieur le légat, ordonné des personnages, iceux revêtus et habillés ainsi que audit mystère était requis, et pareillement, d'avoir fait les échafauds qui étaient à ce nécessaires ; et pour ce faire, cent livres. »

This is what is to be read, on the subject of his dramatic triumphs, in 1483, in the accounts of the "Ordinary:" "To Jehan Marchand and Pierre Gringoire, carpenter and composer, who have made and composed the mystery made at the Châtelet of Paris, at the entry of Monsieur the Legate, and have ordered the personages, clothed and dressed the same, as in the said mystery was required; and likewise, for having made the scaffoldings thereto necessary; and for this deed,--one hundred livres."

Phœbus de Châteaupers aussi fit une fin tragique, il se maria.

Phoebus de Châteaupers also came to a tragic end. He married.

IV MARIAGE DE QUASIMODO

CHAPTER IV. THE MARRIAGE OF QUASIMODO.

Nous venons de dire que Quasimodo avait disparu de Notre-Dame le jour de la mort de l'égyptienne et de l'archidiacre. On ne le revit plus en effet, on ne sut ce qu'il était devenu.

We have just said that Quasimodo disappeared from Notre- Dame on the day of the gypsy's and of the archdeacon's death. He was not seen again, in fact; no one knew what had become of him.

Dans la nuit qui suivit le supplice de la Esmeralda, les gens des basses œuvres avaient détaché son corps du gibet et l'avaient porté, selon l'usage, dans la cave de Montfaucon.

During the night which followed the execution of la Esmeralda, the night men had detached her body from the gibbet, and had carried it, according to custom, to the cellar of Montfauçon.

Montfaucon était, comme dit Sauval, « le plus ancien et le plus superbe gibet du royaume ».

Montfauçon was, as Sauval says, "the most ancient and the most superb gibbet in the kingdom."

Entre les faubourgs du Temple et de Saint-Martin, à environ cent soixante toises des murailles de Paris, à quelques portées d'arbalète de la Courtille, on voyait au sommet d'une éminence douce, insensible, assez élevée pour être aperçue de quelques lieues à la ronde, un édifice de forme étrange, qui ressemblait assez à un cromlech celtique, et où il se faisait aussi des sacrifices humains.

Between the faubourgs of the Temple and Saint Martin, about a hundred and sixty toises from the walls of Paris, a few bow shots from La Courtille, there was to be seen on the crest of a gentle, almost imperceptible eminence, but sufficiently elevated to be seen for several leagues round about, an edifice of strange form, bearing considerable resemblance to a Celtic cromlech, and where also human sacrifices were offered.

Qu'on se figure, au couronnement d'une butte de plâtre, un gros parallélépipède de maçonnerie, haut de quinze pieds, large de trente, long de quarante, avec une porte, une rampe extérieure et une plate-forme ; sur cette plate-forme seize énormes piliers de pierre brute, debout, hauts de trente pieds, disposés en colonnade autour de trois des quatre côtés du massif qui les supporte, liés entre eux à leur sommet par de fortes poutres où pendent des chaînes d'intervalle en intervalle ; à toutes ces chaînes, des squelettes ; aux alentours dans la plaine, une croix de pierre et deux gibets de second ordre qui semblent pousser de bouture autour de la fourche centrale ; au-dessus de tout cela, dans le ciel, un vol perpétuel de corbeaux. Voilà Montfaucon.

Let the reader picture to himself, crowning a limestone hillock, an oblong mass of masonry fifteen feet in height, thirty wide, forty long, with a gate, an external railing and a platform; on this platform sixteen enormous pillars of rough hewn stone, thirty feet in height, arranged in a colonnade round three of the four sides of the mass which support them, bound together at their summits by heavy beams, whence hung chains at intervals; on all these chains, skeletons; in the vicinity, on the plain, a stone cross and two gibbets of secondary importance, which seemed to have sprung up as shoots around the central gallows; above all this, in the sky, a perpetual flock of crows; that was Montfauçon.

À la fin du quinzième siècle, le formidable gibet, qui datait de 1328, était déjà fort décrépit. Les poutres étaient vermoulues, les chaînes rouillées, les piliers verts de moisissure. Les assises de pierre de taille étaient toutes refendues à leur jointure, et l'herbe poussait sur cette plate-forme où les pieds ne touchaient pas. C'était un horrible profil sur le ciel que celui de ce monument ; la nuit surtout, quand il y avait un peu de lune sur ces crânes blancs, ou quand la bise du soir froissait chaînes et squelettes et remuait tout cela dans l'ombre. Il suffisait de ce gibet présent là pour faire de tous les environs des lieux sinistres.

At the end of the fifteenth century, the formidable gibbet which dated from 1328, was already very much dilapidated; the beams were wormeaten, the chains rusted, the pillars green with mould; the layers of hewn stone were all cracked at their joints, and grass was growing on that platform which no feet touched. The monument made a horrible profile against the sky; especially at night when there was a little moonlight on those white skulls, or when the breeze of evening brushed the chains and the skeletons, and swayed all these in the darkness. The presence of this gibbet sufficed to render gloomy all the surrounding places.

Le massif de pierre qui servait de base à l'odieux édifice était creux. On y avait pratiqué une vaste cave, fermée d'une vieille grille de fer détraquée, où l'on jetait non seulement les débris humains qui se détachaient des chaînes de Montfaucon, mais les corps de tous les malheureux exécutés aux autres gibets permanents de Paris.

The mass of masonry which served as foundation to the odious edifice was hollow. A huge cellar had been constructed there, closed by an old iron grating, which was out of order, into which were cast not only the human remains, which were taken from the chains of Montfauçon, but also the bodies of all the unfortunates executed on the other permanent gibbets of Paris.

Dans ce profond charnier où tant de poussières humaines et tant de crimes ont pourri ensemble, bien des grands du monde, bien des innocents sont venus successivement apporter leurs os, depuis Enguerrand de Marigni, qui étrenna Montfaucon et qui était un juste, jusqu'à l'amiral de Coligni, qui en fit la clôture et qui était un juste.

To that deep charnel-house, where so many human remains and so many crimes have rotted in company, many great ones of this world, many innocent people, have contributed their bones, from Enguerrand de Marigni, the first victim, and a just man, to Admiral de Coligni, who was its last, and who was also a just man.

Quant à la mystérieuse disparition de Quasimodo, voici tout ce que nous avons pu découvrir.

As for the mysterious disappearance of Quasimodo, this is all that we have been able to discover.

Deux ans environ ou dix-huit mois après les événements qui terminent cette histoire, quand on vint rechercher dans la cave de Montfaucon le cadavre d'Olivier le Daim, qui avait été pendu deux jours auparavant, et à qui Charles VIII accordait la grâce d'être enterré à Saint-Laurent en meilleure compagnie, on trouva parmi toutes ces carcasses hideuses deux squelettes dont l'un tenait l'autre singulièrement embrassé.

About eighteen months or two years after the events which terminate this story, when search was made in that cavern for the body of Olivier le Daim, who had been hanged two days previously, and to whom Charles VIII had granted the favor of being buried in Saint Laurent, in better company, they found among all those hideous carcasses two skeletons, one of which held the other in its embrace.

L'un de ces deux squelettes, qui était celui d'une femme, avait encore quelques lambeaux de robe d'une étoffe qui avait été blanche, et on voyait autour de son cou un collier de grains d'adrézarach avec un petit sachet de soie, orné de verroterie verte, qui était ouvert et vide. Ces objets avaient si peu de valeur que le bourreau sans doute n'en avait pas voulu. L'autre, qui tenait celui-ci étroitement embrassé, était un squelette d'homme.

One of these skeletons, which was that of a woman, still had a few strips of a garment which had once been white, and around her neck was to be seen a string of adrézarach beads with a little silk bag ornamented with green glass, which was open and empty. These objects were of so little value that the executioner had probably not cared for them. The other, which held this one in a close embrace, was the skeleton of a man.

On remarqua qu'il avait la colonne vertébrale déviée, la tête dans les omoplates, et une jambe plus courte que l'autre. Il n'avait d'ailleurs aucune rupture de vertèbre à la nuque, et il était évident qu'il n'avait pas été pendu. L'homme auquel il avait appartenu était donc venu là, et il y était mort. Quand on voulut le détacher du squelette qu'il embrassait, il tomba en poussière.

It was noticed that his spinal column was crooked, his head seated on his shoulder blades, and that one leg was shorter than the other. Moreover, there was no fracture of the vertebrae at the nape of the neck, and it was evident that he had not been hanged. Hence, the man to whom it had belonged had come thither and had died there. When they tried to detach the skeleton which he held in his embrace, he fell to dust.

Made in the USA
Middletown, DE
11 November 2021